W0199838

hänssler

Emil-Ernst Ronner

Krone des Lebens

Blanche Gamond
Ein Leben
für den Glauben

Wir sind der Meinung, daß es die Geschichte Blanche Gamonds nicht nur verdient, gelesen und überdacht zu werden, sondern daß sie uns auch wertvoll sein kann. Heute ist es leicht, sich zum Christentum zu bekennen. Wir leben in Frieden und Freuden. Da hatten es die ersten Christen und eine große Zahl von Nachfolgern der Reformatoren anders, weshalb es gut ist, wenn Werke, die in Zeiten der Verfolgung geschrieben wurden, immer wieder erscheinen, damit sie uns die Wahrheit des Wortes unseres Heilands in Erinnerung rufen: »Wer mir nachfolgen will, der nehme sein Kreuz auf sich und folge mir nach.« Da uns der Herr alle Dinge im Überfluß zukommen läßt, wollen wir uns bemühen, ihm uns selber ganz hinzugeben, Tag und Nacht zu arbeiten und mit dem Apostel zu sagen:

»Herr, mein ganzes Leben weihe ich dir.«

MERLE D'AUBIGNÉ, 1869

Die Deutsche Bibliothek – CIP-Einheitsaufnahme

Ronner, Emil Ernst:
Krone des Lebens: Blanche Gamond, ein Leben für den Glauben /
Emil Ernst Ronner. – 3. Aufl., Neuausg. – Neuhausen-Stuttgart:
Hänssler, 1993
(TELOS-Extra; Nr. 1)
Früher als: TELOS-Taschenbuch; Nr. 286
ISBN 3-7751-0504-2
NE: GT

3. Auflage
ISBN 3-7751-0504-2 (Hänssler)
ISBN 3-89397-728-7 (CLV)
Das vorliegende Buch war bisher unter dem Titel »Krone des Lebens: Blanche Gamond, ein Leben für den Glauben«
als TELOS-Taschenbuch Nr. 286 erhältlich.
TELOS EXTRA, Nr. 1
Bestell-Nr. 74.101
© Copyright 1980 by Hänssler-Verlag, Neuhausen-Stuttgart
Titelbild: Autumn landscape with a view of Het Steen. –
Peter Paul Rubens; mit freundlicher Erlaubnis von
The National Gallery, London
Umschlaggestaltung: Daniel Dolmetsch
Printed in Germany

Inhalt

Die Glocke von Saint-Paul

«Sie ist nicht mehr da, Monseigneur», stammelte der schreckensbleiche Abbé Vernon und ließ verzweifelt die Schultern sinken.

«Nicht mehr da?» fragte der Bischof, erstaunt aufhorchend, «was soll das heißen?»

«Daß sie verschwunden ist, Monseigneur, spurlos verschwunden.»

«Aber das ist doch nicht möglich...»

«Und dennoch ist es so. Mit diesen meinen eigenen Augen habe ich mich unter dem leeren Glockenstuhl davon überzeugt. Sie ist tatsächlich verschwunden.»

Der Bischof, der bisher am Schreibtisch gesessen, erhob sich und trat auf den ihn entgeistert anstarrenden Abbé zu. Unmut schob seine Brauen zusammen. «Aber eine Glocke pflegt doch nicht mir nichts, dir nichts zu verschwinden? Die trägt doch keiner so ganz einfach davon?»

Abbé Vernon zuckte die Schultern. «Und doch scheint sie fortgetragen worden zu sein.»

«Wie und wann wurde das festgestellt?»

«Monseigneur, es war den Ketzern doch befohlen, rechtzeitig auf Weihnachten hin die Glocke aus ihrem Tempel herunterzuholen und für die Kathedrale auszuliefern?»

«So hatten wir es angeordnet.»

«Und da wir bereits den 23. Dezember haben...»

«Es ist noch nicht Weihnachten, es bleibt ihnen also noch Zeit.»

«Monseigneur, es war aber nichts geschehen, was den

Schluß zugelassen hätte, daß Ihrem Befehl auch wirklich nachgelebt wird.»

«Und weiter, was folgert Ihr daraus?»

«So habe ich mich denn verpflichtet gefühlt, vorsorglich bei Piffard vorzusprechen.»

«So ganz von Euch aus?»

«Monseigneur, es geschah in ehrlicher Besorgnis.»

«Und was hat dieser Piffard gesagt?»

«O Monseigneur, der Ketzerpfarrer hat sich, wie wäre es anders möglich, geradezu empörend betragen.»

«Und wie das?»

«Wenn wir die Glocke haben wollten, müßten wir uns schon selber um sie kümmern, hat er uns gesagt.»

«Unverschämt, das ist tatsächlich unverschämt. Und weiter?»

«Auf mein Drängen hin hat mich dann Piffard zum Tempel geführt. Mit einem diabolischen Grinsen, das mir nichts Gutes verhieß. Und dort habe ich entdeckt, nun eben, daß der Glockenstuhl leer, daß die Glocke nicht mehr da ist.»

«Daß die Glocke nicht mehr da ist. Daß sie von den Ketzern gestohlen wurde, daß sie sie irgendwo versteckt halten, daß sie sich geweigert haben, unseren Befehlen zu gehorchen. Daß sie sich der Insubordination schuldig gemacht haben, daß sie es wagen, sich über unsere Verfügungen lächerlich zu machen und damit unsere heilige Kirche zu verhöhnen.» Hier unterbrach der Bischof, Louis Albe de Roquemartine, der 92. Bischof von Saint-Paul-Trois-Châteaux, seine in leidenschaftlichem Ton vorgebrachte Anklage, preßte die Fingerspitzen seiner schönen Hände gegeneinander, atmete tief und hatte nachher, wenigstens äußerlich, seine Ruhe und seine Würde beinahe wiedererlangt. «Das wird seine Folgen haben, mein lieber Abbé. Wir danken Euch für Eure Besorgnis, die, wie mir scheint, unsere Kirche vor einer unwürdigen Situation bewahrt hat. Wir werden uns unverzüglich an den königlichen Kommissär wenden und ihn ersuchen, ein paar Kompanien seiner Soldaten in unsere von ketzerischem Unglauben verseuchte Stadt zu legen und den Anhängern der angeblich reformierten Religion ihren Hochmut und ihre Unverschämtheit auszutreiben.»

Abbé Vernon verabschiedete sich hastig, von einer Zentnerlast befreit und mit Genugtuung im Herzen, dieweil der Bischof, innerlich doch noch nicht völlig im Gleichgewicht, ans Fenster trat und in den Garten hinunterschaute, über den der in kleinen Flocken niederrieselnde Schnee bereits eine dünne Decke gebreitet hatte.

Der Bischof war sich der Tragweite seines Entschlusses durchaus bewußt. Durch seinen Befehl würde mit Saint-Paul-Trois-Châteaux die erste Stadt im Dauphiné von königlichen Truppen heimgesucht werden. Ihm, dem Bischof Albe de Roquemartine, war es vorbehalten gewesen, die Brandfackel der öffentlichen Verfolgung in das Gezücht jener zu schleudern, die allen Rechtgläubigen ein Ärgernis, ja einen Greuel bedeuteten. Sie hatten es gewollt, so sollten sie haben, was sie herausgefordert hatten. Was er heute, am 23. Dezember des Jahres 1682, auslöste, würde in die Geschichte eingehen. Er schloß die Augen und genoß ein paar Herzschläge lang das Bewußtsein der Macht, die ihm gegeben war.

Wenn auch die Glocke der Hugenotten verstummt war, so hatte sie nun doch noch das Sturmzeichen gegeben.

Im Jahre 1682 war, allerdings nur dem Buchstaben nach, das Edikt von Nantes noch immer in Kraft, mit dem Heinrich IV. im Jahr 1598 den Anhängern der reformierten Religion Freiheit in der Ausübung ihres Glaubens für alle Zeiten zugesichert hatte. Dieses Edikt war von Heinrichs Nachfolger, Ludwig XIII., feierlich bestätigt worden, und auch Ludwig XIV. hatte diese von seinem Großvater erlassene Verordnung der Toleranz, die den zwei Millionen Hugenotten in Frankreich eine erträgliche Existenz unter den immer noch privilegierten achtzehn Millionen Katholiken zusicherte, zuerst 1643 und 1652 noch ein zweites Mal als immerwährend und unwiderruflich anerkannt.

Doch seit langem schon waren im Lande Kräfte am Werk, die mit fanatischem Eifer und systematisch durch Täuschungen und juristische Spitzfindigkeiten das Edikt zu Ungunsten der Hugenotten umzudeuten sich bemühten und damit das Ziel verfolgten, Frankreich von den Hugenotten zu säubern und so das Edikt, diesen Schandfleck auf dem Schild Frankreichs, überflüssig zu machen und endlich auszumerzen.

Diesen Bemühungen stand der König, der in Fragen des Glaubens kein eigenes Urteil besaß und dem ganz andere Dinge am Herzen lagen, lange Zeit gleichgültig gegenüber. Aber seine Ratgeber verstanden es mit Geschick und Geduld, den Monarchen mehr und mehr für die Verwirklichung ihres Anliegens zu gewinnen, ja ihn schließlich davon zu überzeugen, daß es nicht nur seiner eigenen Bekehrung zu einem sittlich geordneten Leben, sondern dazu noch der Bekehrung der Ketzer in seinem Staate bedürfe, um Sühne für seinen bisherigen, durch wüste Ausschweifungen gekennzeichneten Lebenswandel zu erlangen.

Immer williger lieh er seinem ihn in dieser Richtung beeinflussenden jesuitischen Beichtvater Père Lachaise das Ohr, und diese um 1680 in Erscheinung tretende Bekehrung des Königs stand in unmittelbarem Zusammenhang mit seinem schließlichen Einverständnis zur Ausrottung des reformierten Glaubens. Mit Recht schrieb Henri Martin in seiner ausführlichen Darstellung der Zeit: «Die Bekehrung Ludwigs erwies sich für Frankreich als unheilvoller als seine vorherige sittliche Zügellosigkeit.»

Am 17. Oktober 1685 hatten dann Ludwigs XIV. Ratgeber den Monarchen so weit, daß er auf dem zierlichen Barocktisch der Madame de Maintenon in deren Salon in Fontainebleau den Widerruf des Ediktes von Nantes unterzeichnete. Doch kehren wir ins Jahr 1682 zurück!

«Man darf diese Dinge nicht überstürzen», schrieb Madame de Maintenon, «man muß bekehren und nicht verfolgen.» Diese Bekehrung erfolgte nun allerdings auf sonderbare Weise zum Teil durch eine mählich fortschreitende Entrechtung der Hugenotten, was zahlreiche unter diesen veranlaßte, mit ihren Familien Frankreich zu verlassen, zum andern durch Soldaten, die als «Bekehrer» eingesetzt wurden. Die Aufgabe dieser «gestiefelten Missionare», wie Madame de Sévigné die in farbenprächtigen Uniformen steckenden königlichen Soldaten stolz bezeichnete, bestand darin, die Reformierten allein durch ihr Erscheinen in Angst und Schrecken zu versetzen, sich in ihren Häusern einzuquartieren und sie auszuplündern, um sie auf solche Weise zu veranlassen, ihren reformierten Glauben aufzugeben und römisch zu werden. Der Intendant Marillac rühmte sich, in einem einzigen Jahr 30000 Hugenotten bekehrt zu haben, was selbst Madame de Maintenon stutzig machte und zu der Bemerkung veranlaßte: «Ich vermag nicht zu glauben, daß alle diese Bekehrungen ehrlich sind; aber es ist doch zu hoffen, daß wenigstens die Kinder dieser Bekehrten wieder rechtgläubig sein werden. Betet zu Gott, daß er sie erleuchte. Nichts liegt dem König mehr am Herzen, als alle seine Untertanen in den Schoß der Kirche zurückzuführen und die Ketzerei zu vernichten. Das wird ihm vor Gott und den Menschen größten Ruhm einbringen.»

Die Verfügung, ein reformiertes Kirchengebäude zu schließen oder gar niederzureißen – im Gegensatz zu den katholischen Kirchen wurden die reformierten Gotteshäuser «Temple» genannt –, war leicht zu erwirken. Es genügte, daß ein Katholik oder ein zum Katholizismus übergetretener Protestant in einem «Temple» festgestellt wurde. So kam es immer wieder vor, daß die Reformierten mit Gewalt einen Katholiken aus ihrem «Temple» wegtrugen, da dieser sich nur eingeschlichen hatte, um den Katholiken zu einem Vorwand zu verhelfen, die Kirche nachher zerstören zu können. Im Jahre 1660 zählte man in Frankreich 813 reformierte Gotteshäuser, von denen bis 1684 – das Edikt von Nantes wurde erst 1685 aufgehoben – 570 geschlossen oder zerstört wurden.

Es kam häufig vor, daß man Kinder aus reformierten Familien raubte und nachher die Eltern anhielt, für die katholische Erziehung ihrer Kinder hohe Kostgelder zu entrichten. Rückfällige Personen, die sich zum Katholizismus bekehrt hatten, dann aber wieder als sogenannte Relaps zum reformierten Glauben zurückwechselten, wurden schwer gebüßt und oft mit dem Tode bestraft.

Solcherart war es in jener Zeit, da die Reformierten von Saint-Paul-Trois-Châteaux ihre Glocke nächtlicherweile herunternahmen und versteckten, um die Glaubensfreiheit der Hugenotten bestellt.

Der 23. Dezember des Jahres 1682 verdämmerte.

Der 92. Bischof von Saint-Paul-Trois-Châteaux hatte eben den ihm vom Sekretär vorgelegten Brief an den königlichen Kommissär im Dauphiné unterzeichnet, als der Haushofmeister eintrat und einen Besucher meldete, der sich nicht abweisen lasse und vorgebe, für Monseigneur eine Mitteilung von größter Wichtigkeit zu haben.

«Und welcher Art soll diese Mitteilung sein?»

«Darüber, Monseigneur, hat sich der Mann nicht äußern wollen.»

Der Bischof überlegte. «Dann mag er, sobald die Lichter da sind, eintreten.»

Der Haushofmeister nahm die Weisung mit einer Verbeugung entgegen und entfernte sich, indessen Louis Albe ans Fenster trat und gedankenvoll in den Winterabend hinaussah. Es schneite immer noch und über der inzwischen recht ansehnlich gewordenen Schneedecke lag ein schwaches blaues Schimmern. In wenigen Tagen schon würde nun also für die Hugenotten in Saint-Paul ein anderes Leben beginnen, überlegte er. Aber auch ihm würde eine Zeit der Unannehmlichkeiten und vermehrter Umtriebe bevorstehen.

Da kam der Haushofmeister zurück und stellte die beiden silbernen Kerzenstöcke auf den Schreibtisch des Prälaten, zog die schweren dunkelroten Sammetvorhänge vor das Fenster und legte schließlich noch Holz nach im Kamin, verkrüppeltes Holz alter Rebstöcke.

Der Bischof trat vor das aufflammende Feuer, streckte die Hände der Wärme entgegen und erwartete so den Eintritt des geheimnisvollen Besuchers.

Dieser war ein älterer Mann von gedrungener Gestalt mit einem dunklen, bartumrahmten Gesicht. Seine Haltung war kriecherisch.

«Ihr behauptet, eine Meldung von einiger Wichtigkeit für uns zu haben?»

«Von allergrößter Wichtigkeit, Monseigneur.» Der Mann verbeugte sich tief, und der Bischof sah das Weiße seiner nach oben gedrehten Augäpfel hell aufschimmern.

«Wer seid Ihr?»

«Pierre Louvier, Monseigneur.»

«Von hier?»

«Zu dienen, Monseigneur.»

«So sprecht und faßt Euch kurz, denn unsere Zeit ist beschränkt.»

«Es betrifft die Glocke der Ketzer.»

«Ah!» Das hatte er nicht erwartet. Der Bischof trat einen

Schritt zurück, um den Mann besser betrachten zu können. Er konnte sich nicht erinnern, dieses Gesicht vorher je gesehen zu haben. War alles eine Falle? Ein zweites freches Spiel der Ketzer, von Piffard ausgeheckt, dem alles zuzutrauen war?

«Ich weiß, wo die Glocke vergraben liegt.»

«Ist das die Wahrheit?»

«Monseigneur...»

«An welcher Stelle?»

«Monseigneur...» und Louvier sah unterwürfig zum Bischof auf, «Monseigneur werden Verständnis dafür haben...»

«Fünf Pistolen.»

«Monseigneur, ich bitte, zu bedenken...»

«Zehn, zwölf.» Man hörte seiner Stimme an, wie widerlich ihm der Handel war.

«Achtzehn, Monseigneur.»

«Einverstanden. Der Haushofmeister wird Euch das Geld nachher aushändigen.»

«Monseigneur verpflichtet mich zu ewiger Dankbarkeit.»

«Und das Geheimnis?»

«Monseigneur, ich gehörte auch einmal zur angeblich reformierten Religion, bis ich durch die Gnade der Vorsehung aus dem Irrtum hinausgeführt worden bin. Aber ich habe unter den Ketzern auch heute noch Bekannte, die mich, da ich ihnen versicherte, im Herzen nach wie vor einer der Ihrigen zu sein, ins Vertrauen gezogen haben. Ich war dabei, als in der Nacht vom 21. Dezember die Glocke heruntergeholt wurde, ich war dabei, als man sie fortschaffte, auf einem Karren, dessen Räder mit Lappen umwickelt waren, ich habe zugeschaut, wie man die Glocke in einem vorbereiteten Versteck vergrub.»

«Und wo ist dieses Versteck?»

«Außerhalb der Stadt. Im Weingarten Michel Gamonds. Dicht hinter der Mauer, in der Abfallgrube.»

«Ist das weit von hier?»

«Der gnädige Herr könnte zum Abendessen zurück sein.»

Der Bischof starrte überlegend in das Feuer. «Es ist tatsächlich eine interessante Meldung, die, wenn sie der Wahrheit entspricht...»

«Monseigneur!»

«...achtzehn Pistolen wohl wert ist. Wir werden veranlassen, daß das Versteck unverzüglich gehörig bewacht und damit ein nochmaliges Verschwinden der Glocke verhindert wird. Man wird sie später im Triumph in die Stadt zurückbringen. Es ist gut, Louvier, wir werden dem Haushofmeister die erforderlichen Weisungen erteilen.»

Der Dunkle verbeugte sich, murmelte Dankesworte und entfernte sich.

Nachdem der Bischof mit dem Haushofmeister gesprochen hatte, trat er wieder ans Feuer. Michel Gamond? Wer war dieser Michel Gamond, der seinen Rebgarten vor der Stadt als Versteck für die gestohlene Ketzerglocke zur Verfügung gestellt hatte? «Wir werden veranlassen, daß ihm die Dragoner in besonderer Weise aufsässig sein werden, wir werden ihn klein kriegen, wer er auch sei.»

Noch am gleichen Abend ließ er sich vom Gemeindeschreiber die gewünschten Auskünfte erteilen.

«Michel Gamond ist ein Ketzer, doch ein wohlhabender Mann.»

«Den wir ihm abgewöhnen werden.»

«Monseigneur?»

«Den Reichtum, meinen wir», lächelte der Bischof.

«Ach so, natürlich. Seine Frau heißt Benoîte Malarte*.»

* Zu jener Zeit behielt eine Frau auch nach ihrer Verheiratung ihren Mädchennamen bei. Die Frau Michel Gamonds wurde also nicht Frau

«Sind Kinder da?»

«Zwei. Der Sohn Claude und eine Tochter Blanche.»

«Und ihr Alter?»

«Der Sohn wird zwanzig, einundzwanzig Jahre alt sein. Seit einigen Jahren hält er sich nicht mehr in Saint-Paul, sondern in Paris auf.»

«In welcher Eigenschaft?»

«Monseigneur, das entzieht sich meiner Kenntnis. Ich habe gehört, er diene beim Militär, doch ist das nicht verbürgt.»

«Und die Tochter?»

Der Gemeindeschreiber überlegte. «Sie wird achtzehn sein», rechnete er aus. «Ehe ich herkam, habe ich in den Büchern nachgeschlagen. Sie ist 1664 hier in Saint-Paul geboren worden. Monseigneur hat sie bestimmt schon gesehen. Sie fällt auf durch ihr ungewöhnlich schönes, rotgoldenes Haar.»

Der Bischof lächelte. «Nicht, daß wir wüßten. Wir pflegen die Frauen und Töchter der Ketzer nicht so genau zu betrachten.»

«Verzeihung, Monseigneur. Michel Gamond hat ein Haus in der Stadt. Ein schönes Haus. Und außerhalb der Stadt besitzt er Äcker und Felder, Weingärten und ausgedehnte Maulbeerbaumpflanzungen. Die Seide hat Gamond reich gemacht.»

«Ist da nicht zu bedauern, daß er in seinem Irrtum verharrt?»

Zu dieser ihm verfänglich vorkommenden Frage wagte sich der Gemeindeschreiber nicht zu äußern.

«Wir werden versuchen, mit ihm zu reden. Vielleicht werden ihn die Dragoner zugänglicher machen für unser Angebot.»

Gamond, sondern weiterhin, wie vor ihrem Ehestand, Benoîte Malarte genannt. (Siehe Seite 15 unten).

In den ersten Wochen des neuen Jahres kam dann aus Montélimar die Schreckenskunde, daß dort der achtundzwanzigjährige Advokat Moses Chamier um seines reformierten Glaubens willen hingerichtet worden sei.

«Entsetzlich», flüsterte Benoîte Malarte und legte den Löffel auf den Teller. Sie hätte jetzt keinen Bissen mehr hinuntergebracht. «Und wessen haben sie ihn beschuldigt?»

«Er war einer der hundertzwanzig Reformierten, die sich nach Bourdeaux aufgemacht hatten, um dort an einer religiösen Versammlung teilzunehmen. Unterwegs wurden sie von Dragonern überfallen. Sie setzten sich den Angreifern gegenüber zur Wehr, wurden aber, da sie ja keine Waffen auf sich trugen, bald überwältigt. Vor dem Hause seines eigenen Vaters, der auch ein Advokat ist, ist Chamier gerädert worden», fuhr Michel Gamond in seinem Berichte fort.

«Gerädert?» fragte Blanche Gamond und richtete den Blick ihrer großen Augen nachdenklich durch das Gemäuer in eine nur ihr erkennbare Ferne. Ihr volles, rötliches Haar, das ihr ebenmäßiges, eher bleiches Gesicht umrahmte, war in der Tat von auffallender Schönheit.

«Er ist ein frommer Mann gewesen, der mit seinem Mut und seiner Standhaftigkeit alle Zuschauer mit Staunen erfüllte.»

«Daß Menschen auch nur die Grausamkeit aufbringen können, zuzuschauen, wie einer zu Tode gemartert wird!» entsetzte sich Blanches Mutter.

«Und doch hat er mit seinem zuversichtlichen Sterben vielleicht noch mehr als in seinem Leben für Gott gezeugt», sagte Michel Gamond nachdenklich. «Märtyrer sind bekanntlich der Samen der Kirche.»

«Wie hat er denn sterbend für Gott zeugen können?» fragte Blanche mit ihrer ruhigen, dunklen Stimme den Vater.

«Er hat weder geklagt noch geschrien, sondern immer

nur und immer wieder Gott gepriesen, als sie ihm, während er auf dem Rade lag, mit einer Eisenstange die Glieder zerschlugen.»

«Furchtbar!»

«Fünfzigmal haben sie zugeschlagen, ehe sie ihm den Gnadenstoß versetzten. Er muß unvorstellbare Schmerzen ausgestanden haben, und trotzdem haben sie erst nach drei Tagen den Entschluß gefaßt, ihn fertig zu machen.»

«Wer so etwas übers Herz bringt, ist kein Mensch.»

Während der Mahlzeit und nachher, als sie den Tisch abräumte, kreisten Blanche Gamonds Gedanken unablässig um das Martyrium des Herrn Chamier. Immerzu mußte sie an ihn denken, der Gott gelobt und gepriesen hatte, während ihm die Henkersknechte die Glieder brachen. Und ein Erschrecken durchzuckte sie, als mit einemmal die Frage vor ihr stand, ob sie wie die Märtyrer das Rad oder das Feuer ertragen könnte, wenn Gott sie für eine solche Prüfung ausersehen sollte. Und sie trat, um sich zu prüfen, ans Kamin und streckte die Hände in die Flammen. Aber als das Feuer ihre Finger verbrannte, schauerte sie zusammen und fuhr mit den Händen zurück. Nein, diese Kraft brächte sie nicht auf. Oder war es so, daß im gleichen Maße, wie die auferlegten Prüfungen zunahmen, durch die Gnade Gottes auch die Kraft vermehrt wurde, die erforderlich war, um die Prüfungen zu bestehen?

«O Gott», betete sie, «wir sind ja so schwache Menschen. Erweise mir doch die Gnade, daß ich die Welt und alles, was in ihr ist, nicht mehr liebe. Gib, daß ich mich selber aufgebe und in dieser Welt lebe, als lebte ich gar nicht mehr, damit mir der Himmel als Heimat bewahrt wird. Verleihe mir die Gnade, daß ich, sofern ich am Leben bleibe, in dir lebe, und daß, wenn ich sterbe, ich in dir sterbe und daß fürderhin keine Macht mich mehr deiner Hand zu entreißen vermag.»

Die gestiefelten Missionare

Es dauerte Wochen, bis dem Ansuchen des Bischofs von Saint-Paul-Trois-Châteaux entsprochen wurde. Aber im Februar des Jahres 1683 rückten dann sechs Kompanien Dragoner des Regiments Vendôme in ihren schmucken Uniformen, mit fliegenden Mänteln und wehenden Federbüschen in die Stadt ein und wurden da, den Anordnungen des Bischofs gemäß, in den Häusern der Reformierten einquartiert. Zuerst wurden Pfarrer Piffard und Michel Gamond bedacht, die beiden, die sich im Handel mit der Ketzerglocke in besonders verwerflicher Weise hervorgetan hatten.

Ihrer acht dieser gefürchteten Gesellen zogen ins Haus der Gamonds ein und hausten da wie die leibhaftigen Teufel. In den drei Kammern, die sie für sich beanspruchten, schlugen sie außer den Schlafstellen alles, was herumstand, kurz und klein, einmal, um Platz zu gewinnen, und zum andern, um das Holz für den Kamin nicht weit hertragen zu müssen. Dann drangen sie in den hinter dem Hause gelegenen Schweinestall, wo sie unter tollem Gelächter gleich zwei Tiere abschlachteten, deren halbierte Leiber sie über den Hof ins Haus schleppten und da alles mit Blut bespritzten und besudelten. Sie verbrachten zwei Nächte damit, Fleisch auf der Glut zu braten. Dazu mußten ihnen die Gamonds Brot herbeischaffen, Suppe kochen und Wein aus dem Keller heraufholen.

Vater und Mutter wachten ängstlich darüber, daß Blanche mit diesen kraftstrotzenden Kerlen, die wie Hengste waren, nicht in Berührung kommen sollte. Aber natürlich war es nicht zu vermeiden, daß sie schon am zweiten Tag des Mädchens ansichtig wurden und einer es gröhlend anrempelte: «He da, du goldhaariges Bettkätzchen, gerade du hast mir noch gefehlt. Komm her und sei lieb mit mir!»

«Laßt mich ungeschoren, ihr Schandbuben!» Und mit einer Kraft, die ihr der verdutzte Bursche nicht zugetraut hätte, entwand sie sich seinen Armen.

«Oho, so ist das gemeint? Aber das wird sich schon geben. Du bist wahrhaftig nicht die erste...»

Blanche schlug die Tür hinter sich zu, preßte die Hände auf die Brust und entfloh, fliegenden Atems, in ihre Kammer hinauf, wo sie in wilder Angst die Tür hinter sich verriegelte. Sie wußte, was sie zu erwarten hatte; die Gewissenlosigkeit und Grausamkeit der Dragoner, die im Volk die gestiefelten Missionare genannt wurden, war sattsam bekannt. Die Kerle konnten sich einen Spaß daraus machen, ihre Opfer an den Kaminketten aufzuhängen, so daß ihre nackten Füße über der Glut hingen. Und daß Frauen und Mädchen nicht sicher waren vor der Lüsternheit dieser Unholde, die den ganzen Tag herumlagen, sich vollfraßen und betranken, war selbstverständlich.

In ihrer Angst um ihre bedrohte Tochter beschloß Benoîte Malarte, beim Bischof vorstellig zu werden, um seine Hilfe anzurufen. Ein Kirchenfürst würde ihr doch wohl beistehen im Bemühen, eine solche Schändlichkeit zu verhindern. Ach, nie hätte sie geglaubt, ihren Fuß je in dieses Haus zu setzen, aus dem ihr die Süße von Weihrauch entgegenschlug. Doch wußte sie in ihrer Not keinen andern Weg.

Sie wurde sofort vorgelassen und vom Bischof mit einer sie überraschenden Freundlichkeit empfangen. «Ihr also seid die Frau Michel Gamonds?»

«Zu dienen, gnädiger Herr.»

«Ihr leidet unter der Besatzung und kommt, Euch zu beschweren?»

«So ist es.»

«Aber Ihr seid Euch doch bewußt, daß Ihr das alles Euch selbst zuzuschreiben habt? Eurer Verblendung, Eurer Verstocktheit und Eurem Ungehorsam, der Kirche und dem König gegenüber?»

Benoîte Malarte blieb eine Antwort schuldig und senkte nur den Kopf, was Zustimmung oder Verneinung bedeuten konnte.

«Ihr Mann hat sich in besonderer Weise gegen die Anordnungen der heiligen Kirche rebellisch benommen, doch, doch, wir sind genauestens unterrichtet.»

«Sie zerstören uns alles, und nur aus Mutwillen haben sie gestern ein ganzes Faß Wein auslaufen lassen.»

«Schade um den guten Wein, gewiß, aber wie gesagt, das alles habt Ihr selbst verschuldet. Ihr könntet es anders haben, das ist Euch doch bekannt?»

«Nun sind sie hinter meiner Tochter her...»

«Wir erinnern uns, es handelt sich um das Mädchen mit dem schönen, rotgoldenen Haar...»

«Gnädiger Herr?»

«Wir sind in allen Stücken bestens ins Bild gesetzt worden, haben wir das nicht schon gesagt?»

«Aber eine solche Schändlichkeit könnt Ihr doch nicht zugeben?»

«Ich wiederhole, daß Ihr das alles leicht anders haben könnt. Ihr braucht nur zu versprechen, zu wechseln. Ihr und Eure Familie. Dann wird Euch der Schaden, den Ihr durch die Einquartierung der Soldaten erlitten habt, anstandslos und reichlich vergütet. Aus dem Geld, das Ihr da vor mir auf dem Schreibtisch liegen seht. Die Entscheidung liegt bei Euch.»

«Den Glauben wollt Ihr uns abkaufen?» entsetzte sich Benoîte Malarte, «nein, Herr, so weit habt Ihr uns noch nicht.»

Und voller Entrüstung und tief bekümmert darüber, nichts ausgerichtet zu haben, kehrte sie nach Hause zurück.

Schon anderntags meldete sich der Haushofmeister aus

dem bischöflichen Palast bei Michel Gamond: «Der gnädige Herr bedauert es unendlich, daß Ihr so viel Unbill zu ertragen und solchen Schaden zu erleiden habt. Er wiederholt sein gestriges Angebot, Euch alles zu ersetzen und zusätzlich noch jedem von Euch hundert Pfund auszuzahlen. Die Bedingung ist Euch bekannt*.»

Blanche Gamond war dabei, als die Eltern mit dem Haushofmeister sprachen. Ruhig überlegend hatte auch sie auf seine Worte gehört und erklärte nun an ihres Vaters Stelle: «Herr, Euer Geld wollen wir nicht.»

«Wie ist das gemeint, Mademoiselle?» Der Haushofmeister, Michel Gamond einen fragenden Blick zuwerfend, wandte sich dem Mädchen zu, dessen auf ihm ruhender Blick ihn jedoch zu verwirren schien.

«Es ist so gemeint, wie ich es gesagt habe. Einmal ist das Geld, das Ihr uns im Auftrag des Bischofs anbietet, den Brüdern und Schwestern unseres Glaubens gestohlen worden. Und zum zweiten ist der wahre Glaube eine Gabe Gottes, die weder mit Gold noch mit Silber erkauft werden kann.»

«Mademoiselle», sagte der Haushofmeister mit drohend erhobener Stimme, «Eure Worte scheinen mir von einer gefährlichen Offenheit zu sein.»

«Das mögt Ihr beurteilen. Aber wir lassen uns unseren Glauben nicht abkaufen, der mehr wert ist als Eure Religion, da Ihr uns sonst nicht Geld dafür anbieten müßtet. Ist Euch nicht bekannt, daß der Herr Jesus seinen Jüngern, als er sie aussandte, verbot, Geld oder Schwerter mit sich zu nehmen? Was aber tut Ihr? Ihr lauft von Haus zu Haus mit Geld in den Händen, und Eure Soldaten tragen Säbel auf sich. Gestern drohten sie, uns abzuschlachten. Auf solche Weise wollt Ihr Anhänger für Eure Religion gewin-

* Ein Pfund war nach heutigem Geldwert etwa 15 Schweizerfranken.

nen? Über einen derartigen Unverstand können wir nur staunen.»

Der Haushofmeister, dem weder von Michel Gamond noch von Benoîte Malarte Hilfe wurde, da das, was ihre Tochter eben gesagt hatte, ihrer eigenen Auffassung entsprach, mußte wohl einsehen, daß hier nichts auszurichten war. So stieß er denn Verwünschungen aus und verließ zornig das Haus, im Vorbeigehen die Soldaten ermunternd, nur zu tun und zu lassen, wonach es sie gelüste, diese Ketzer hätten es in ihrer Verstocktheit und Überheblichkeit nicht anders verdient.

Die halbbetrunkenen Burschen antworteten mit Gejohle und wüstem Geschrei, riefen nach Michel Gamond und jagten ihn in den Keller, ihnen zwei Krüge Wein zu holen.

Ein paar Tage später erschien in Saint-Paul der königliche Kommissär, denn es sollte auf Betreiben des Bischofs nun endlich die irrgläubige Glocke der Hugenotten aus ihrem Versteck gehoben und mit großem Gepränge in die Kathedrale verbracht werden. Vor dem Fest aber hatten alle in der Stadt stationierten Soldaten vor dem Kommissär zu paradieren. Sie versammelten sich just auf dem freien Platz vor Michel Gamonds Haus, und es lief viel Volk zusammen, um sich von dem sich vorbereitenden bunten Schauspiel nichts entgehen zu lassen.

«Nun, ihr Herren», rief eine der herumstehenden Frauen zu den wartenden Soldaten hinüber, «seid ihr nicht hierher geschickt worden, um der Ketzerei endlich den Garaus zu machen? Warum bringt ihr die Gamonds, denen dies Haus gehört, nicht mit Gewalt dazu, endlich zu wechseln?»

«Tun wir nicht alles, um den Ketzern zur Last zu fallen und ihnen unsere Einquartierung zu verleiden?»

«Mit euren Methoden werdet ihr die nie zur Einsicht bringen. Die sind zu verstockt.»

«Was könnten wir anderes tun?»

«An eurer Stelle nähme ich mir vorerst einmal die Tochter vor, die ist die Schlimmste von allen. Mit Gewalt müßtet ihr sie in die Kathedrale hineintragen. Ihr habt doch starke Arme, warum tut ihr es nicht?»

«Wir können es ja versuchen, wenn uns die rothaarige Hexe das nächstemal über den Weg läuft.»

Da die Tür des Hauses offenstand und Blanche Gamond in der Küche eben damit beschäftigt war, die Suppe für die Soldaten zu kochen, hatte sie mitangehört, was zwischen den Soldaten und der ihr übel gesinnten Nachbarin gesprochen worden war. Sie trocknete die Hände an der Schürze ab und trat unter die Tür: «Da bin ich auch schon, eure rothaarige Hexe. Nun, ihr seid eurer so viele, warum kommt ihr nicht, um eure Prahlereien in die Tat umzusetzen? Weshalb versucht ihr es nicht? Ich fürchte keinen von euch und auch alle miteinander nicht. Aber laßt es euch gesagt sein: Lieber ließe ich mich zum Galgen hintragen, als in euren Götzentempel.»

«Habt ihr gehört, wie sie lästert?» keifte die Frau, «so stopft ihr nun doch endlich ihr Lästermaul!»

«Verlaßt euch darauf, wir werden sie uns vornehmen, sobald wir zurück sind.»

«Wozu reizest du sie immer wieder von neuem gegen uns auf?» warf Benoîte Malarte nachher ihrer Tochter vor, als die Soldaten abmarschiert waren und das schaulustige Volk sich zerstreut hatte. «Haben wir nicht schon genug unter ihnen zu leiden?»

«Wie sollte ich nicht, Mutter, da uns doch geboten ist, für unseren Glauben zu zeugen?» gab Blanche Gamond ruhig zur Antwort. Dann stieg sie in ihre Kammer hinauf.

Anderntags fand dann das von der katholischen Bevölkerung von Saint-Paul-Trois-Châteaux längst herbeigesehnte Fest der Heimbringung der Glocke statt. Schon in aller Frühe strömten die Schaulustigen zu den Weingärten hinaus, und als dann zu den Klängen schmetternder Fanfaren und unter Trommelwirbel der Klerus im Schutze der königlichen Truppen daherkam, voran die Dragoner in ihren bunten Uniformen und hinter ihnen die kirchlichen Würdenträger, mit farbenprächtigen Gewändern angetan, da brach das in dichten Reihen harrende Volk in Jubel aus.

In feierlicher Zeremonie wurde die Glocke aus ihrem bewachten Versteck gehoben und auf den mit Blumen und bunten Tüchern geschmückten Karren geladen, worauf sich der Festzug bildete, der die Glocke unter den Freudenrufen der Bevölkerung aus ihrer Verbannung nach Saint-Paul zurückgeleitete, wo dann vor der Kathedrale ihre feierliche Einsegnung stattfand. Nachdem die kleine silberne Glocke vom Wagen heruntergenommen worden war, trat der Bischof in vollem Ornat vor sie hin, besprengte sie mit Weihwasser, dieweil die Ministranten ihre Weihrauchfässer gegen sie schwangen und ganze Wolken süßen, bläulichen Rauches über sie wegziehen ließen. Und dann, als die Glocke auch noch getauft war, wurde sie an Stricken in den Turm hinaufgezogen, wo die übrigen Glocken sie mit lautem Schall empfingen.

Verständlicherweise blieben die meisten der Hugenotten diesem Fest der katholischen Kirche fern. Nur ein paar wenige von ihnen sahen, abseits stehend, finsteren Blicks dem sich vollziehenden Schauspiel zu, mit dem ihnen ihre Glocke genommen wurde, deren Stimme sie in glücklicheren Zeiten so oft zum Gottesdienst gerufen hatte. Daß sie hatte wechseln müssen, sollte ihnen selbst ein Ansporn sein, nur um so standhafter in ihrem Glauben zu verharren.

Reformierte Gottesdienste hatten seit Weihnachten in Saint-Paul keine mehr stattgefunden. Der Tempel war verschlossen worden und der Bischof wartete mit Ungeduld auf die königliche Ermächtigung, das Gotteshaus der Hugenotten niederzureißen und dem Erdboden gleichzumachen.

Nur in La Tulette wurde noch protestantisch gepredigt. Aber La Tulette lag zwei Wegstunden von Saint-Paul entfernt. Dieser Weg hätte Blanche Gamond freilich nicht abzuschrecken vermocht, und immer wieder bedrängte sie die Mutter, sie doch zum Gottesdienst hingehen zu lassen.

Aber Benoîte Malarte erlaubte es nicht. «Nie und nimmer gebe ich zu, daß du das Haus verläßt. Du kämest nicht mehr zurück.» So inständig Blanche auch flehte, ihre Mutter blieb hart. «Halte dich an die Heilige Schrift. Ihre Kenntnis ist die beste Waffe, um unseren Feinden zu begegnen.»

Die Dragoner versuchten denn auch tatsächlich, Blanche Gamond mit Gewalt in die Kathedrale zu schaffen. Der Bursche, der sich mit der Nachbarin unterhalten hatte, nahm es offenbar auf seine Ehre, daß das der roten Hexe angedrohte Exempel auch statuiert wurde. Sobald er ihrer im Hause habhaft werden konnte, packte er sie und hob sie auf die Arme. Blanche wehrte sich verzweifelt. Sie schlug um sich, biß und kratzte: «Wollt Ihr mich loslassen?»

«Erst, wenn wir miteinander zur Kirche gegangen sind», keuchte der Bursche, dem auf das Geschrei hin ein paar seiner Kameraden zu Hilfe eilten. «Packt sie, die Hexe, sie hat mir das Ohr halb abgebissen.»

«Die Furie hat wahrhaftig den Teufel im Leib.»

«Den wollen wir ihr in der Kirche austreiben lassen. Vorwärts, packt sie an den Füßen, Gaston und ich halten sie an den Armen fest.»

Zeternd und schreiend bemühte sich die Mutter, sich zwischen die Soldaten zu drängen und sie von ihrem wüsten Vorhaben abzubringen.

«Schert Euch zum Teufel, sonst nehmen wir Euch ebenfalls mit.»

«Erbarmen», zeterte Benoîte Malarte, «so habt doch Erbarmen! Habt ihr denn kein Herz im Leib?»

«Ein Herz haben wir schon, aber nicht für Ketzer. Und nun verschwindet!» Und damit schleppten sie die noch immer wie eine Tollwütige sich wehrende Blanche Gamond auf die Straße hinaus, wo auf den Lärm hin bereits Neugierige sich eingefunden hatten. «Es geschieht ihr ganz recht, macht nur endlich Ernst mit ihr!»

Doch in eben diesem Augenblick gelang es Blanche Gamond, sich den Händen ihrer Peiniger zu entwinden. Und noch ehe die Soldaten erfaßten, was sich da zugetragen, war das Mädchen auch schon auf und davon. Sie sahen eben noch den roten Haarschopf hinter einer Hausmauer verschwinden. Fluchend setzten sie sich in Trab, um die Verfolgung aufzunehmen; aber als sie das Haus erreichten, hinter dem Blanche verschwunden war, war von ihr weit und breit nichts mehr zu erblicken. Wenn auch nicht der Erdboden, so mußte eines der Häuser sie verschluckt haben. O diese Ketzer! Das Zeug hielt zusammen wie die Kletten.

Nahezu ein Vierteljahr lagen die Dragoner im Hause Michel Gamonds. Als die Tiere geschlachtet waren, die im Stalle gestanden hatten, zwangen sie Gamond, sie auf andere Weise mit Fleisch zu versorgen. Auch von den reichen Vorräten im Keller war nichts mehr vorhanden, und Michel Gamond war genötigt, bei Nachbarn Eßwaren und Wein aufzukaufen, um die königlichen Soldaten verköstigen zu können, wie ihm das auferlegt war.

«O diese Heimsuchung!» stöhnte er, «die Schandbuben haben mich zugrunde gerichtet!»

Um die Stadt herum begannen nun die Pfirsich- und Mandelbäume zu blühen und das alte Gemäuer in rosiges Gewölk einzuhüllen. Die Wiesen waren übersät mit den blaßgelben Sternen der Primeln und an den Wegrändern dufteten die Veilchen. Und es kamen die stillen schönen Abende, an denen ein goldenes Leuchten das Blau des Himmels warm zu überstrahlen begann. Warum nur brachten die Menschen so viel Leid in diese schöne Welt?

Doch dann im April, am Tage vor Ostern, wurden die gestiefelten Missionare ganz unerwartet von Saint-Paul abgezogen. Erst konnten die Reformierten es gar nicht fassen, daß sie so plötzlich von diesem Schreck und dieser Heimsuchung befreit sein sollten. Dann aber fiel die Last von ihren gequälten Herzen. Der alte Gott lebte noch und hatte sich ihrer erbarmt. Er hatte ihre Zweifel und ihren Kleinmut zuschanden gemacht, und seine Gnade strahlte über ihnen als die helle Ostersonne. Zwar war ihr Gotteshaus verschlossen und Pfarrer Piffard von den Schergen weggeführt worden und keiner wußte, was mit ihm geschehen war, ob er überhaupt noch lebte. Aber nun hatte der Herr die Sonne von neuem über ihnen aufgehen lassen, aus dem Karfreitagsdunkel waren sie erlöst und hineingeführt worden ins Osterlicht. Hatten sie da nicht allen Grund, Gott zu preisen und ihm dankbar zu sein?

Als Michel Gamond mit seiner Frau und seiner Tochter am Ostertag zu seinen Weingärten hinausging und um sie her alles ein Blühen und Leuchten war, sagte Blanche Gamond nach ernstem Sinnen: «Wir müssen Gott anrufen in Zeiten, in denen es uns gut geht, damit er uns hilft, wenn die Zeiten der Anfechtung kommen. Wir müssen ihn bitten, solange wir gesund sind, damit uns seine Hilfe zuteil wird, wenn Krankheiten und andere Übel uns heimsuchen.»

«Du freust dich nicht über diesen strahlenden Tag?» fragte der Vater betroffen.

«Doch, Vater, gewiß freue ich mich. Aber ich weiß, daß schweres Gewölk den Himmel verfinstern wird, und daß wir dann stark sein müssen, um widerstehen zu können.»

Michel Gamond und seine Frau wechselten einen betroffenen Blick, und das Wort ihrer Tochter legte sich wie der Schatten einer Wolke auf ihre Osterfreude. Indessen setzten sie ihren Weg fort zu den Weingärten hinaus, und sie waren nicht die einzigen, die es hinausgelockt hatte in den strahlenden Frühlingsmorgen. Michel Gamond konnte sich nicht satt sehen an der blühenden Pracht der Bäume. Sie versprachen eine reiche Ernte. Wollte Gott ihnen mit dem zu erwartenden Segen ersetzen, was die Horde der einquartierten Dragoner ihm an Schaden zugefügt?

Und wahrhaftig, Sommer und Herbst hielten, was der Frühling verheißen hatte. Michel Gamond konnte sich nicht erinnern, daß die Pfirsichbäume und die Mandelbäume schon einmal einen solchen Ertrag gebracht; doch es gedieh auch das Korn, und die Rebstöcke beugten sich bereits unter der Last der schweren, sich rötenden Trauben. Und nie waren die Seidenkokons schöner und größer ausgefallen als in diesem Jahr, und sie hatten Michel Gamond immer zu seinen hauptsächlichsten Einnahmen verholfen. Lag es an Blanche? Hatte sie für die Betreuung des «Samens» ein besonderes Geschick? Zu jener Zeit nämlich pflegten die Frauen und Töchter die Eier der Seidenfalter in leinene Säckchen zu sammeln, diese an einer Schnur um den Hals zu hängen und so an ihrer Brust zu erwärmen, bis die Räupchen ausschlüpften und fortan oben im Hause unter dem warmen Dach auf langen Tischen täglich mit frisch gepflückten Blättern des Maulbeerbaums gefüttert wurden, bis sie sich vollgefressen hatten und sich verpuppten, sich mit ihrem Faden in die cremefarbenen Kokons einzuspinnen begannen, die dann gebrüht und von den behutsamen Fingern der Frauen abgewickelt wurden. Ja, es lag sichtbar über allem der Segen des Herrn. Und zuversichtlich wähnten viele der Hugenotten die schwersten Prüfungen bereits hinter sich und hofften, nach den

Schrecken und Kümmernissen stehe ihnen nun wieder eine Zeit des Friedens und des sich mehrenden Wohlstandes bevor.

Aber in diesem unbegründeten Optimismus, den Elie Benoît, der bedeutendste Hugenottenschriftsteller jener Zeit, als die größte Schwäche der Protestanten bezeichnete, sahen sich die Reformierten bald bitter enttäuscht. Denn schon im September, noch ehe Michel Gamond alles Korn eingebracht und mit der Traubenernte noch gar nicht begonnen hatte, brach das Unheil erneut und noch heftiger als das erstemal über die Hugenotten von Saint-Paul-Trois-Châteaux herein. Sie hatten nämlich, da ihr Gotteshaus auf Geheiß des Bischofs verschlossen worden war, damit begonnen, heimlicherweise und zumeist in der Nacht außerhalb der Stadt an einem abgelegenen Ort zusammenzukommen, bald in einem Wald, in einem verlassenen Steinbruch oder auch in einem der Häuschen, die einsam in den Weingärten standen, um da ihre Gottesdienste abzuhalten.

Diese Flucht der protestantischen Kirche in den Schutz der Verborgenheit ließ nach und nach die zum festen Begriff werdende Bezeichnung «Kirche in der Wüste» aufkommen, die dann 1685 mit dem völligen Verbot der Ausübung der protestantischen Religion zum eigentlichen Symbol für die aller Verfolgung widerstehende hugenottische Kirche geworden ist. Die Bezeichnung geht auf Vers 6 in Kapitel 12 der Offenbarung zurück: «Und das Weib entfloh in die Wüste, wo es einen Ort hat, bereitet von Gott.» Das Weib ist die christliche Gemeinde, die vor dem Ende der Tage noch schweren Verfolgungen ausgesetzt ist. Mehr und mehr ist die evangelische Kirche Frankreichs zur verborgenen christlichen Gemeinde in der Verfolgung, eben zur «Kirche in der Wüste», geworden. Die von den verbotenerweise noch oder wieder amtierenden Pfarrern ausgestellten Tauf- und Traubescheinigungen wurden an

Stelle eines gefährlichen Ortsnamens mit der Bezeichnung «au desert», in der Wüste, versehen.

Und diese heimlichen Gottesdienste nahm der Bischof von Saint-Paul zum Anlaß, erneut die Einquartierung gestiefelter Missionare anzufordern, um endlich den Hochmut und Starrsinn der Hugenotten zu brechen. Als Vorwand diente ihm das sogenannte «Lager des Ewigen», eine heimliche Zusammenkunft von Reformierten im Wald von Saou in der Nähe von Die, das im August 1683 stattgefunden hatte und an dem erneut die Hoffnung zum Ausdruck gebracht worden war, daß durch eine Amnestie den Reformierten ihre verlustig gegangenen Rechte wieder zuerkannt würden.

Diesmal waren es vier Kompanien des Regimentes Arnaudfini, die in die Stadt einfielen und die Reformierten von neuem in Angst und Schrecken versetzten. Zwanzig Dragoner hatte allein Michel Gamond auszuhalten, und so dauerte es nicht lange, bis die eben eingebrachten Vorräte und der Rest der Ernte von dieser wilden Horde vertan waren. Das Korn wurde den Pferden verfüttert, und wiederum stand hohläugig die Not vor der Tür. Von den Glaubensgenossen war längst nichts mehr zu kaufen, da sie ja selber von den königlichen Teufeln heimgesucht und allen Besitzes beraubt wurden, und den Römischen war es, auch wenn sie dazu noch bereit gewesen wären, unter Androhung strenger Strafen untersagt, den Ketzern etwas abzugeben. Denn eben durch diese Notlage sollten die Hugenotten weich gemacht und dazu gebracht werden, ihren Glauben endlich aufzugeben und zur römischen Religion hinüberzuwechseln.

Als die Dragoner sein Haus in Besitz genommen und in kürzester Zeit und unter wüstem Lärm und Geschrei die ganze, wieder einigermaßen instandgestellte Einrichtung in ein wildes Durch- und Übereinander verwandelt hatten, entschloß sich Michel Gamond schweren Herzens, zwei Schafe zu schlachten. Was blieb ihm anderes übrig, als sich zu fügen?

«Was da!» schrie der Sergeant ihn an, «friß du dein stinkendes Schaffleisch selber. Wir sind im Auftrage des Königs hier und sind an andere Kost gewöhnt.»

«Aber ich habe nichts anderes», jammerte Gamond.

«Dann geh den Wirtshäusern nach, bis du gefunden hast, was wir haben wollen: Rebhühner, Tauben und Trüffeln! Untersteh dich nicht, mit leeren Händen zurückzukommen!»

Erschreckt machte sich Gamond auf den Weg, doch wie er zum voraus gewußt hatte, gelang es ihm nicht, auf seinem Bittgang etwas aufzutreiben.

Da fielen die Dragoner über ihn her, drohten ihm, ihn in die Jauchegrube zu werfen, wenn er sich nicht unverzüglich zum katholischen Glauben bekehre, und als Michel Gamond traurig den Kopf schüttelte und erklärte, daß er lieber sterben als Christus verraten wolle, banden sie ihm unter den Armen einen Strick um den Leib und hängten ihn eine Nacht lang an den Fensterbalken.

«Man gebe den Soldaten die Erlaubnis, sehr zuchtlos zu leben», hatte Louvois gefordert, und diese Erlaubnis war diesen absonderlichen Missionaren auch erteilt worden, denn «es ist der Wille Seiner Majestät, daß die Leute, die sich weigern, seine Religion anzunehmen, mit äußerster Härte behandelt werden. Wer für sich den törichten Ruhm in Anspruch nehmen möchte, am längsten getrotzt zu haben, der soll dafür bis zum äußersten büßen.»

Daß die königlichen Bekehrer Männern mit Kerzen die Bärte absengten oder ihnen die Haare büschelweise ausrissen, mutet noch harmlos an im Vergleich zu den Grausamkeiten, die etwa Charles Jeune in Villeneuve zu erdulden hatte, als die in seinem Hause einquartierten Dragoner ihn zwangen, die auf der Herdglut röstende Hälfte eines Kalbes mit bloßen Händen zu kehren, wobei er sich Gesicht, Hände und Beine verbrannte. An seinen Qualen sich weidend, nötigten sie ihn dann, die Beine unter den Bratspieß zu strecken, worauf sie ihm einen Topf erhitztes Fett darübergossen, allerdings, ohne ihn damit zur Aufgabe seines reformierten Glaubens bringen zu können.

Ja in vielen Fällen wurde gerade durch derartige Grausamkeiten der Widerstandswille der Hugenotten nur noch gestärkt, da sie in solchen Heimsuchungen Prüfungen erblickten, die ihnen gesandt wurden, um ihnen Gelegenheit zu geben, sich zu bewähren.

Dieser Glaubensmut ist heute vielen kaum mehr verständlich, weil sie sich nicht bewußt sind, daß damals zwischen den beiden Konfessionen ganz andere Unterschiede bestanden haben als heute. Es waren tatsächlich zwei Welten, die da widereinander prallten. In seinem Werk über den französischen Protestantismus hat Joseph Chambon darauf hingewiesen, daß damals für die Katholiken die Religion vorab eine Summe von magischen Handlungen mit religiöser Bedeutung und nicht eine Lehre und Botschaft war, während auf der andern Seite die reformierte Kirche Frankreichs bewußt auf jegliche Zeremonien verzichtete und sich einzig und allein auf das unverfälschte Evangelium berief.

Da sie in so eindrücklicher Weise erfahren mußten, wie sie um ihres Glaubens willen all ihrer irdischen Besitztümer verlustig gingen, bemühten sich auch die Gamonds um so mehr, in ihrer Frömmigkeit vorwärtszukommen, barg doch sie allein die Verheißung des künftigen Lebens. Und in diesem Bemühen war den Eltern die Tochter Blanche ein leuchtendes Vorbild. Unablässig arbeitete sie an sich, und da sie untertags durch die Arbeit in Haus und Garten und für die einquartierten Dragoner in Anspruch genommen war, stand sie am Morgen noch eine Stunde früher auf und begab sich am Abend eine Stunde später zur Ruhe, um Zeit zur Pflege ihres religiösen Lebens zu gewinnen. Aus jener Zeit stammt ihr Gebet, aus dem ihr fortan immer wieder in Stunden der Anfechtung Trost zufloß: «O Gott, mein himmlischer Vater! Erhebe mein Herz zu dir! Erfülle mich mit deinem Heiligen Geist, damit ich nicht nur die Wahrheit zu erkennen, sondern auch den Tod zu erdulden und, wenn du das von mir fordern solltest, auch mit meinem Blut die christliche Wahrheit zu besiegeln vermag!»

In jenen Tagen erhielt sie von ihrem Taufpaten Muret, der als Pfarrer an der Kirche der Reformierten in Marseille tätig war, einen Brief. Er hatte vernommen, wie Blanche Gamond durch ihren Mut und ihre Entschlossenheit die Absicht der königlichen Truppen vereitelt hatte, sie in die Kathedrale hinüberzutragen, und schrieb nun seinem Patenkind: «Ich habe von Eurer Standhaftigkeit gehört, Euch weder durch schöne Versprechungen noch durch Drohungen von der Wahrheit abbringen zu lassen, und so bitte ich Gott von ganzem Herzen, er möge auch fernerhin seinen Segen über Euch ausgießen.»

Eines Tages, noch vor Einbruch des Winters und für die Hugenotten völlig überraschend, zogen die Dragoner des Regiments Arnaudfini ab. Was mochte das zu bedeuten haben? Waren sie nur weggezogen, um durch andere, noch schlimmere Truppen abgelöst zu werden?

Die Reformierten von Saint-Paul-Trois-Châteaux waren auf alles gefaßt. Aber Tage und Wochen vergingen, ohne daß eine weitere Einquartierung erfolgte. So wagten sie zu hoffen, es werde ihnen wenigstens während des Winters eine Atempause gegönnt. Und so war es.

Doch schon in den ersten Monaten des Jahres 1684 rückten wiederum Dragoner an, die neuerdings Angst und

Schrecken und bittere Not um sich her verbreiteten. Auch diese neuerliche Prüfung mußten die Reformierten über sich ergehen lassen. Nach ein paar Wochen, als ihre Häuser wieder ausgeraubt waren, zogen auch diese Bekehrertruppen ab, und in diesem Jahr erfolgten dann keine weiteren Einquartierungen mehr. Dagegen zogen immer wieder königliche Truppen durch die Stadt, die ebenfalls, wenn auch immer nur für eine kurze Zeit, zu Lasten der Hugenotten untergebracht und verköstigt werden mußten. Immer wieder hatte Michel Gamond bis zu zwanzig Soldaten in seinem Hause zu verpflegen. Der Bischof wachte darüber, daß sein Haus nie übergangen wurde.

Am 30. Juli des Jahres 1685 – die Widerrufung des Edik-tes von Nantes erfolgte erst im Oktober – unterzeichnete Ludwig XIV. in Versailles den Befehl: «Seine Majestät untersagt wie in allen andern bischöflichen Sitzen die Ausübung der sogenannten reformierten Religion in den Städten Grenoble, Die, Saint-Paul-Trois-Châteaux, Le Mans und Nîmes und befiehlt, die in diesen Städten sich befindenden Tempel bis auf den Grund zu zerstören.»

«Endlich!» atmete Bischof Louis Albe auf, als er die Akte gelesen hatte. Es hatte lange gedauert, bis seinem Ersuchen entsprochen worden war. Zweieinhalb Jahre. Nicht nur Gottes, auch des Königs Mühlen konnten langsam mahlen, auch wenn man dringend des Mehles bedurfte. Nun, jetzt war es wenigstens soweit.

Vielleicht noch härter als die andern Städte wurde von diesem Befehl die große reformierte Gemeinde in Nîmes betroffen. Die Reformierten von Nîmes hatten bisher sogar das Privilegium gehabt, sich am Hofe zu Versailles durch den Abgeordneten Herrn de St-Cômes vertreten zu lassen. In Anbetracht dessen wurde ihnen nun auch in bezug auf die Schließung und die Zerstörung ihres Tempels eine Vorzugsstellung unter den reformierten Gemeinden eingeräumt, indem man ihnen gestattete, am 22. September einen letzten Gottesdienst in ihrem Gotteshause abzuhalten. In seiner letzten Predigt, die Pfarrer Cheiron hielt, berief sich der Prädikant darauf, stets für die Wahrheit gezeugt zu haben. «Der Herr, vor dem ich vielleicht heute noch erscheine, ist mein Zeuge», führte er zutiefst aufgewühlt aus, «was aber werde ich ihm in bezug auf eure Seelen sagen dürfen, wenn er Rechenschaft von mir fordert? Muß ich euch der Verleugnung eures Glaubens zeihen? Kann ich freudig eure Treue dem Evangelium gegenüber bezeugen? Oh, schwöret in diesem Tempel, in dem von nun an keine Lobgesänge mehr erschallen und keine Gebete mehr widerhallen werden, daß ihr bereit seid, auszuharren, um jeden Preis auszuharren bis in den Tod, damit ihr dereinst im Himmel die Krone der Märtyrer in Empfang nehmen könnt.» Und aus dem Schluchzen seiner tief ergriffenen Gemeinde scholl ihm der Ruf entgegen: «Wir schwören es, wir schwören es!»

Als dann anderntags der königliche Leutnant Marquis de Montanègre mit seinen Soldaten vor dem Gotteshaus der Protestanten erschien, um in Ausführung des ihm erteilten Befehls die Türen zu versiegeln, da traf er auf den zum Portal hinaufführenden Stufen den zweiten Pfarrer von Nîmes, Pfarrer Paulhan, der den Soldaten mit verzweifelter Gebärde entgegentrat: «Ohne Tempel ist kein Leben mehr möglich!»

In ihrem Schmerz über den Verlust ihres Tempels begaben sich die Vorsteher der reformierten Gemeinde von Nîmes zu ihrem Abgeordneten am königlichen Hof. Vielleicht, daß er eine Möglichkeit sah, für ihre Sache ein gutes Wort einzulegen.

Herr de St-Cômes empfing sie in seltsamer Verwirrung und gab dann auch unumwunden zu, daß er nicht mehr der reformierten Religion angehöre, sondern übergetreten sei.

Der König habe geruht, ihn in Chambord in Audienz zu empfangen, und dabei habe er ihm große Vorteile in Aussicht gestellt. «Meine Herren, ich kann euch nur raten, dem König ebenfalls zu gehorchen und ebenso wie ich zu unterschreiben.»

Von denen, die das Zeugnis dieses Verrats mitangehört hatten, waren einige erschüttert und bitter enttäuscht. Ein paar weinten sogar. Wieder andere aber sahen sich fragend an, wiegten die Köpfe, blickten auf ihren abtrünnig gewordenen Abgeordneten und erklärten sich bald einmal bereit, seinem Rate zu folgen und ebenfalls zu unterzeichnen.

Unter denen, die als erste mit ihrer Unterschrift ihre Bereitschaft bezeugten, die angeblich reformierte Religion abzuschwören, befanden sich die beiden Pfarrer Elie Cheiron und Paul Paulhan. Offenbar zogen sie doch königliche Gunst der Krone der Märtyrer vor.

Märtyrer sind der Samen der Kirche

Doch von denen, die in Nîmes der Abschiedspredigt des nun schwach gewordenen Geistlichen beigewohnt hatten, waren es nur Vereinzelte, die ihrem Schwur, ausharren zu wollen, nicht die Treue hielten. Denn als den Reformierten der Befehl zum Niederreißen ihres Tempels erteilt wurde, fand sich kein einziger zu diesem ruchlosen Werk bereit. So mußten denn Katholiken diese Arbeit tun, doch hatten die Hugenotten die Kosten dafür zu übernehmen.

Wann in Saint-Paul-Trois-Châteaux mit der Zerstörung des protestantischen Gotteshauses begonnen wurde, ist mit Sicherheit nicht mehr festzustellen. Vermutlich geschah es ebenfalls im September 1685, doch müssen dabei Verzögerungen eingetreten sein, da erwiesenermaßen am 7. Mai des folgenden Jahres der Tempel noch immer nicht «dem Erdboden gleich gemacht» worden war. Fest steht, daß im September 1685 in Saint-Paul die Stadttore besetzt wurden, damit jedermann, der die Stadt betrat oder verließ, einer Kontrolle unterzogen werden konnte. Diese Maßnahme ließ die Reformierten nichts Gutes ahnen.

«Heute besetzen sie die Tore und morgen die ganze Stadt», sagte Blanche Gamond zu ihren Eltern. «Bleiben wir aber so lange, dann sind wir verloren. Deshalb bitte ich euch, mit mir die Stadt zu verlassen, solange dies noch möglich ist. Habt ihr gehört, daß viele in Saint-Paul, die unserer Religion angehörten, gewechselt haben, weil sie die Lage der Reformierten als aussichtslos beurteilen?»

Michel Gamond nickte. Er sah alt und zerfallen aus, es ging ihm nicht gut. Sein Gesicht war eingefallen und Fieber glänzte in seinen Augen. «Vielleicht hast du recht, Blanche. Vielleicht sollten wir wirklich gehen.»

«Und unser Haus und alles, was noch darin ist?» fragte Benoîte Malarte bekümmert. «Sollen wir das alles zurücklassen und unseren Widersachern preisgeben? Wenn wir fortgehen wollen, müssen wir zuerst die Möbel verkaufen und das Haus vermieten, damit jemand da ist, der dazu schaut. Doch von heute auf morgen ist das nicht zu machen.»

«Steht nicht geschrieben: Wer die Hand an den Pflug legt und zurückschaut, der ist für das Reich Gottes nicht geeignet?» fragte Blanche mit ihrer klaren Stimme.

Die Eltern sahen sich unschlüssig an.

«Habt ihr Bedenken, so laßt wenigstens mich gehen. Ich möchte keine Nacht mehr in dieser Stadt zubringen, in der das Unglück auf uns lauert.»

«Was hast du vor?»

«Ich werde in unserem Rebhäuschen Unterschlupf suchen. Dort wird mich niemand vermuten, dort werde ich sicher sein.»

«Aber dort kannst du doch nicht bleiben!» jammerte die Mutter.

«Warum denn nicht? Ein paar Tage werde ich es schon aushalten, so lange, bis ihr mit dem Hausrat und dem Haus alles geordnet und bestellt habt und mir nachkommen könnt. Dann wollen wir versuchen, gemeinsam über Grenoble die Grenze zu erreichen. Gelingt uns das, dann hat all unsere Not ein Ende.»

In Sorge sahen Michel Gamond und seine Frau ihrer Tochter zu, wie sie etwas Wäsche und einige Habseligkeiten zu einem Bündel zusammenschnürte. Viel durfte sie nicht mitnehmen, wenn sie nicht auffallen und ihre Absicht verraten wollte. Ihre Habe stopfte sie in einen Henkelkorb, wie ihn die Frauen zur Feldarbeit mitzunehmen pflegten, band sich ein Tuch um den Kopf, schulterte eine Hacke und gelangte so denn auch unbehindert an der Wache vorbei durchs Tor hinaus. Und dennoch war in ihrem Herzen eine abgrundtiefe Traurigkeit, die ihr auf ihrem einsamen Weg durch die stillen Felder die Tränen in die Augen trieb. Es war nicht ihr persönliches Schicksal oder das Schicksal ihrer Eltern, was sie so sehr betrübte, ihr bangte um die Zukunft der reformierten Kirche, des hugenottischen Glaubens, in dem sie erzogen worden war, so erzogen, daß ihr ein Leben ohne ihn nicht mehr lebenswert zu sein schien.

«Mein Gott, da sie uns unser Bethaus zerstören, was soll nun aus uns werden? Und da selbst der Gerechte nur mit Mühe errettet werden kann, wie soll es da dem Ungerechten ergehen?»

Als sie das dem Vater gehörende Rebgelände erreicht hatte, wich sie von der Straße ab und stieg im lichten Schatten, den die Olivenbäume und die Mandelsträucher warfen, den Hang zur Mauer hinauf, hinter der die Glocke vergraben gewesen war. Auch sie, die mit ihrem hellen Klang so oft die Gläubigen zur Predigt in den kleinen Tempel gerufen, war nun für die Sache der Hugenotten verstummt und hatte wechseln müssen. Warum das alles? Wozu diese Trübsal?

Blanche setzte sich vor dem Häuschen auf die sonnenwarme, steinerne Schwelle. Eine Eidechse huschte an ihr vorbei, und von den Feldern trug der Wind den würzigen Duft des Thymians herüber. Das Mädchen atmete tief. «Mein Gott, ich erkenne wohl, weshalb das alles so kommen mußte. Wir selbst haben es verschuldet, da wir deine Gebote verlassen und deine Gesetze verletzt haben», sprach sie vor sich hin. «Nun suchst du unsere Ungerechtigkeit heim und züchtigst unsere Übertretungen mit Ruten. Aber ziehe dennoch deine Hand nicht von uns ab, verbirg dein Antlitz nicht vor uns. Warum, da man uns kränkt, erbarmst du dich nicht unserer Trübsal?»

Und so saß sie noch immer, als schon die Sonne hinter die Dächer der Stadt hinabgesunken war und ihr letzter Schein den Himmel mit feuriger Glut übergoß. Erst als die Kühle der Nacht sie erschauern ließ, betrat sie das kleine Haus, das in erster Linie als Schuppen für Geräte und Werkzeug gebaut worden war, jedoch auch einen Winkel enthielt, den der Vater mit einem kleinen Tisch, zwei Bänken und einer einfachen Lagerstätte ausgestattet hatte, damit hier jene, die in den Reben arbeiteten, bei sengender Mittagssonne Schatten und bei Regen Schutz und Zuflucht fänden. An wie manchem Sommertag hatte Blanche mit den Eltern und früher auch mit Claude hier geweilt, glücklich und unbekümmert in dieser kleinen stillen Welt, die mit ihrem Bienensummen und Grillenzirpen den Kindern wie das Paradies erschienen war.

Doch in dieser Nacht war die Stille um sie her nicht beglückend und heilsam, sondern nur dazu angetan, sie so recht die Einsamkeit und Verlassenheit des menschlichen Herzens fühlen zu lassen. Furcht vor Menschen und vor Tieren war ihr fremd, aber der Gedanke erfüllte sie mit Grauen, einmal in der Anfechtung und Versuchung schwach werden und damit Glauben und Seligkeit verlieren zu können. «Nur das nicht, mein Gott», betete sie auf ihrem raschelnden Lager, «rüste mich aus mit der Kraft des Glaubens, die stärker ist als alle Leiden der Welt und die selbst den Tod überwindet.»

Am nächsten Morgen, als sie nach halb durchwachter Nacht wiederum auf der Schwelle des Häuschens saß, auf das Zwitschern einiger Vögel lauschte und einem Schmetterling zusah, der ein Büschelchen Steinnelken umgaukelte, überraschten sie sich nähernde Schritte und Stimmen. Wer außer ihren Eltern konnte wissen, daß sie sich in das Rebhäuschen geflüchtet, daß sie hier die Nacht zugebracht hatte? Sie spähte nach der in die Umfassungsmauer gebrochenen Öffnung, durch die eben zwei Mädchen schlüpften, Mädchen in ihrem Alter, zwei Basen von ihr, die sich auch zur reformierten Religion bekannten.

Blanche Gamond atmete auf. Vermutlich hatten die beiden sie zu Hause besuchen wollen und waren dann von den Eltern ins Vertrauen gezogen worden.

Blanche stand auf und ging ihnen entgegen.

«Da seid Ihr ja tatsächlich, liebe Cousine! Wir wollten es nicht glauben. In diesem Schuppen habt Ihr übernachtet? Haben Euch keine Fledermäuse besucht? Und habt Ihr gut geschlafen?»

Waren sie von den Eltern geschickt worden, um sie zum Heimkehren zu überreden? «Ach, meine Lieben», antwortete Blanche traurig, «es ist jetzt wahrhaftig nicht Zeit, zu schlafen und einander Vorwürfe zu machen.»

«Vorwürfe? Haben wir Euch Vorwürfe gemacht?»

«Wir sollten unsere Zeit nützen, um über unsere Sünden nachzudenken, um zu beten und zu fasten. Unsere Sünden müssen groß sein, daß sie Gottes Zorn in solchem Maße zu erregen vermochten und seine Hand nun so schwer auf uns liegt. Aber Gott ist gerecht. Und weil er gerecht ist, kann er nicht das Schlechte zulassen und die Sünde nicht bestrafen. Ihr wißt doch, wie Gott die Hirten geschlagen und ihre Herden zerstreut hat. Bitten wir Gott von ganzem Herzen, selber unser Hirte und unser Erhalter zu sein, wie er unser Schöpfer ist.»

Die beiden Mädchen waren sichtlich betreten über Blanches sonderbare Worte. Was war mit ihr vorgegangen? Solche Zerknirschung war doch sonst nicht ihre Art! War sie krank? Ihr Gesicht war blaß und Tränen schimmerten in ihren Augen.

«Liebste Cousine», wandte sich das eine der Mädchen an sie und umschlang sie vertraulich mit dem Arm, «warum habt Ihr das Haus und Eure Eltern verlassen und seid hier so allein? Wozu soll das nützen?»

«Unser Haus in Saint-Paul ist nicht länger mein Heim und Saint-Paul nicht länger meine Heimat. Da Gott seinen Leuchter aus unserem Lande entfernt hat und sein Wort hier nicht mehr gepredigt wird, darf unsere Heimat nicht mehr hier sein. Wir müssen fort und nach Gottes Wort suchen, bis wir es gefunden haben. Auch wenn wir dabei das Leben verlieren müßten. Auch ihr, liebe Schwestern in Christo, seid dazu aufgerufen.»

Da brachen die beiden Mädchen in Tränen aus und jammerten: «Wie sollten wir uns durchbringen können, wenn wir von hier fortgehen? Wir haben doch kein Geld.»

«Warum zweifelt ihr, ihr Kleingläubigen? Gott verläßt seine Kinder nie und keines, das auf den lebendigen Gott hofft, wird jemals umkommen. Bleibt einige Tage hier, auch wenn ihr nichts habt, und wartet wie die Kinder

Israel in der Wüste auf Manna. Gott ist derselbe gestern, heute und immerdar. Er hat tausend Mittel und Wege, um uns nicht nur wie Elias oder wie Daniel vor Hunger und Durst, sondern auch vor den Händen unserer Feinde zu bewahren.»

Doch die Mädchen konnten sich nicht entschließen, zu bleiben, sie forderten vielmehr Blanche Gamond auf, mit ihnen zu gehen und zu ihren Eltern zurückzukehren.

«Nein», schüttelte Blanche entschieden den Kopf, «sie werden zu mir kommen, sobald sie alles geregelt haben. Da ihr nach Saint-Paul geht, bitte ich euch, ihnen auszurichten, daß ich auf sie warte.»

Und sie ließ die Basen ziehen.

Drei Tage verweilte sie im Rebhäuschen, nur von dem sich nährend, was die Erde ihr anzubieten hatte, aber das bedrückte sie nicht. Es bedrückte sie nur, daß die Eltern säumten und sie immer noch warten ließen. War am Ende der Vater krank geworden?

In dieser sie immer mehr quälenden Ungewißheit beschloß sie endlich, doch noch einmal in die Stadt zurückzukehren, nach Vater und Mutter zu sehen und sie zu beschwören, nun endlich Saint-Paul zu verlassen, ehe es dazu zu spät war. Sie hatte gehört, Soldaten seien in die Berge geschickt worden, um dort nach Hugenotten zu suchen, die geflohen waren und sich verborgen hielten. Und bereits sei es ihnen gelungen, eine Frau namens Tayce zu ergreifen. Sie hätten ihr einen Strick um den Hals gebunden und sie so, wie ein Stück Vieh, zum Bischof geführt. Wie lange mochte es noch dauern, bis die Schergen des Königs in der Stadt selbst Jagd auf die Hugenotten machten?

Seit dem Morgen hatte sich der Himmel mit schwerem, tiefhängendem Gewölk überzogen, und banger Ahnungen voll verließ Blanche Gamond ihr Versteck. Und was sie befürchtet, fand sie bei ihrer Heimkehr bestätigt.

«Gott sei gelobt dafür, daß er dich zurückgeführt hat!» rief Benoîte Malarte aus und schloß schluchzend die Tochter in die Arme. Sie war völlig fassungslos. Michel war tatsächlich erkrankt, ein heftiges Fieber hatte ihn aufs Lager geworfen, so daß an eine Flucht nicht zu denken war. «Wie gut, daß du wieder da bist», tröstete sich die Mutter. «Ich habe mir nicht mehr zu helfen gewußt. Du gehörst doch hierher, zu uns!»

Blanche sah das ein, und damit wußte sie auch, daß sie so ihren Plan nicht ausführen konnten. Wenigstens vorläufig nicht, denn sie gab ihn nicht auf, durfte ihn nicht aufgeben. Aber sie mußte sich gedulden. Ihre Sorge war nur, es könnte, wenn der Vater sich erholt hatte, zu spät geworden sein. Denn sie fühlte, daß der über der Stadt liegende Schatten kommenden Unheils sich noch verdichtet hatte.

In ihrer Verzweiflung über die Entwicklung der Dinge richteten immer mehr Hugenotten im Dauphiné ihren Blick auf die etwa dreißig Kilometer von Saint-Paul gelegene Stadt Orange, die zur Zeit der Römer eine Stadt von großer Bedeutung gewesen war. Auch heute werden der erst kürzlich wieder instandgestellte herrliche Triumphbogen und das prächtige römische Theater alljährlich von ungezählten Besuchern bewundert. Zur Zeit der Hugenottenverfolgungen war Orange, und dies seit 1544, immer noch im Besitz des Hauses Nassau-Oranien, eine winzige Enklave also, die nicht zu Frankreich gehörte. Trotzdem hatte Ludwig XIV. die Stadt bereits mehrmals besetzen lassen. Den fadenscheinigen Vorwand dazu hatten ihm jeweils Streitigkeiten innerhalb der Regierung von Orange geboten, in Wahrheit aber rächte er sich mit diesen Besetzungen immer wieder erneut an Wilhelm von Oranien, weil dieser es verschmäht hatte, die ihm von Ludwig XIV. angebotene uneheliche Tochter aus seiner Liaison mit Madame de la Vallière zur Frau zu nehmen. Und was den Zorn des Königs der Stadt gegenüber noch schürte, war die ihm immer wieder zur Kenntnis gebrachte Tatsache, daß Orange mehr und mehr zu einem Zufluchtsort für die Reformierten wurde. Jede Besetzung der Stadt durch die königlichen Truppen war jeweils vom Klerus zu Gewalttätigkeiten gegen die Reformierten benützt worden, indem etwa behauptet wurde, diese hätten neu aufgerichtete Kruzifixe niedergerissen oder ein protestantischer Knabe habe sich in einer katholischen Kirche unehrerbietig benommen und müsse deshalb öffentlich ausgepeitscht werden.

Da ja schon vor der Aufhebung des Ediktes von Nantes alle Gotteshäuser der Protestanten geschlossen oder sogar zerstört wurden, sahen diese keine andere Möglichkeit mehr, als ihre herkömmliche Septemberkommunion in den beiden protestantischen Kirchen von Orange zu feiern.

So strömten denn im Herbst 1685 die Hugenotten aus weitem Umkreis nach Orange. Die vorliegenden Angaben über die Zahl der Flüchtlinge sind unzuverlässig, sie schwanken zwischen 800 und 12000. Vermutlich kommt der Bericht, den der Bischof von Orange dem Hof erstattete, der Wahrheit am nächsten. Er schrieb, es befänden sich 4000 Hugenotten in der Stadt und dazu 60 reformierte Pfarrer, die unablässig auf den Schanzen predigten. In den Aufzeichnungen Pineton de Chambruns, eines der reformierten Pfarrer von Orange, findet sich die Stelle: «Die Septemberkommunion lockte eine unglaubliche Menge von Protestanten herbei. Da ja im Vivarais und in der Provence für sie sämtliche Gottesdienste verboten waren, sahen wir uns genötigt, in den beiden reformierten Gotteshäusern unserer Stadt an drei verschiedenen Tischen das Abendmahl auszuteilen. An diesen Feierlichkeiten nahm eine so gewaltige Menschenmenge teil, daß die Kirchen zum Brechen voll waren und sich meistens noch ebenso viele Gläubige vor dem Portale drängten. Ich ermahnte sie, auszuharren, sich in Geduld zu üben und in christlicher Demut das Kreuz zu tragen, das ihnen der Herr auferlegt habe.» Entgegen den umgehenden Gerüchten, der König habe vor, die Stadt überraschend zu besetzen, um dadurch das Entwischen der reformierten Geistlichen zu verhindern und im übrigen die sich in ihren Mauern aufhaltenden Hugenotten genau wie die Reformierten in den französischen Städten zu behandeln, versicherten die Behörden, es sei nichts wider Orange geplant und von seiten der französischen Truppen nichts zu befürchten.

Aber trotz dieser zur Beruhigung ausgegebenen Versicherungen wußte jedermann, daß dieser Zustand nicht von Dauer sein konnte, und daß Orange früher oder später dem Untergange geweiht war und Frankreich einverleibt wurde.

Und dennoch beschloß Michel Gamond, so bald als möglich dem ständigen Drängen seiner Tochter nachzugeben und, der Vernunft gehorchend, Saint-Paul-Trois-Châteaux zu verlassen, jedoch nicht, wie Blanche ursprünglich vorgeschlagen hatte, den Versuch zu wagen, über Grenoble die Grenze zu erreichen, sondern wie die vielen andern Zuflucht und Schonung in Orange zu suchen. Aber immer noch hinderte ihn seine Krankheit daran, diesen Plan auszuführen. Das Fieber, das ihn bereits seit Wochen auf sein Lager fesselte, war noch immer nicht aus ihm gewichen. Er war übel daran nach den seelischen Erschütterungen der letzten Monate, und eine Zeitlang befürchteten seine Frau und Blanche, er werde die Krankheit gar nicht überstehen.

Endlich trat dann doch eine langsame Besserung ein, so daß die Gamonds neue Hoffnung schöpften und daran glaubten, eines Tages die Flucht nach dem nahen Orange wagen zu dürfen, das in ihren Vorstellungen mehr und mehr zu einer Insel des Friedens geworden war.

Doch nun stellte sich ihrer Absicht ein neues Hindernis entgegen. Seit Tagen regnete es in Strömen, und schon hatten sich die Straßen in Sumpf und Morast verwandelt. Da die Gamonds auf eine Wetterbesserung hofften, schoben sie ihren Aufbruch, zu dem Michel Gamond nun selber drängte, immer wieder von einem Tag auf den andern hinaus. Doch das Wetter änderte sich nicht, tief und trächtig strichen die dunklen Wolken über das Land hin und unaufhörlich regnete es weiter, rauschend stürzte das Wasser vom Himmel herab und immer grundloser wurden die Wege. Wer, der ein schützendes Dach über seinem Kopfe besaß, hätte freiwillig den trockenen Port mit der Sintflut vertauscht, die das Land heimsuchte?

Und doch drängte die Zeit.

Sollten sie sich wegen des Regens der Gefahr aussetzen, am Ende zu spät vor verschlossene Tore zu kommen? Denn es war unvorstellbar, daß Orange die aus allen Richtungen hereinströmenden Flüchtlinge noch lange würde aufnehmen können. Die Stadt mußte bereits übervoll sein, wie ein mit Wasser vollgesogener Schwamm.

Diese Angst, zu spät zu kommen, trieb die Gamonds schließlich doch in den Regen hinaus. Aber da zeigte sich bald, daß Michel Gamond seinen schwachen Kräften zuviel zugemutet hatte. Unter normalen Verhältnissen hätte die zurückzulegende Strecke in einem halben Tag bewältigt werden können. Doch Michel Gamond brach schon nach kurzer Zeit zusammen. Wie tot stürzte er zu Boden und wäre liegengeblieben, hätten nicht Blanche und seine Frau ihn wieder aufgerichtet, um dann, den Taumelnden mühsam stützend, Schritt um Schritt ihren Weg durch den fußtiefen Schlamm fortzusetzen.

Und immer noch strömte der Regen.

Sie waren genötigt, beim ersten Haus Zuflucht zu suchen, und so dauerte es nicht einen halben Tag, sondern sechs Tage, bis sie endlich nach Orange gelangten, wo sie glücklicherweise eine Verwandte hatten. Blanche war am letzten Tage den Eltern vorausgegangen, um ihre Tante, Mademoiselle Gamond, vom Kommen ihrer Eltern zu verständigen. So fanden sie, als sie endlich anlangten, nicht nur ein Unterkommen, es war zu ihrem Empfang auch alles fürsorglich vorbereitet worden. Es war aber auch höchste Zeit, denn länger hätte Michel Gamond die ihm zugemuteten Strapazen nicht mehr ausgehalten.

«Was wird das Ende sein?» klagte Benoîte Malarte.

«Unsere Religion wird untergehen», sagte Blanche Gamond dumpf, «denn es besteht kein Zweifel, daß eines Tages die Truppen Orange besetzen werden. Und dann stecken wir in der Falle.»

«Was der Herr verhüten möge», sagte die Mutter und strich sich bekümmert das Haar aus der Stirn.

«Es liegt mir nicht an uns», antwortete Blanche, «an uns drei Menschen ist es nicht gelegen. Aber die Kirche, unsere Kirche darf nicht untergehen, das Licht der Wahrheit darf nicht versinken im Dunkel des Aberglaubens.» Und in ihrem Kummer über die Notlage der Kirche vermochte Blanche Gamond keinen Bissen zu sich zu nehmen, obwohl auch sie nach der tagelangen Wanderung durch den Regen erschöpft und ausgehungert war.

Eben in diesen grauen, trostlosen Herbsttagen, am 18. Oktober 1685, geschah es, daß Ludwig XIV. das sogenannte Edikt von Fontainebleau unterzeichnete, durch das die Toleranzakte, das Edikt von Nantes aus dem Jahre 1598, ungültig erklärt wurde. Und vier Tage später, am 22. Oktober 1685, setzte die Regierung in Paris das Aufhebungsedikt in Kraft. Darin wurde in elf Artikeln verfügt: 1. Alle Tempel der ARR (angeblich reformierte Religion) in ganz Frankreich sollen zerstört werden. 2. Die Ausübung der ARR in jeglicher Form ist verboten. 3. Im

Herrschaftsbereich eines Adeligen ist jeder Gottesdienst untersagt. 4. Die reformierten Geistlichen haben, unter Androhung der Galeerenstrafe, Frankreich innert zwei Wochen zu verlassen. 5. Geistlichen, die übertreten, wird ein Gehalt ausgerichtet, das ihre bisherige Besoldung um mindestens ein Drittel übersteigt, ihren Witwen wird eine Pension zugesichert, die der Hälfte des Gehaltes entspricht, den ihr Gatte bezog. 6. Geistliche, die übertreten, können ohne weiteres und ohne besondere Studien mit Richterämtern betraut werden. 7. Kinder dürfen nicht in der ARR unterrichtet werden. 8. Die neugeborenen Kinder müssen alle von katholischen Geistlichen getauft werden. 9. Flüchtlinge haben innert vier Monaten in das Land zurückzukehren, nach dieser Frist fällt der Besitz Nichtzurückgekehrter an den Staat. 10. Unter Androhung von Galeerenstrafe für Männer und ewiger Gefangenschaft für die Frauen, verbunden mit der Einziehung des Vermögens, ist es verboten, das Land zu verlassen. 11. Für Rückfällige gelten verschärfte Strafbestimmungen.

Diese Verfügungen wurden in den beiden nächsten Jahren durch Zusatzerlasse noch ergänzt. So wurde bereits 1686 durch Dekret angeordnet, daß die protestantischen Kinder im Alter von 5–16 Jahren ihren Eltern weggenommen und zur Erziehung Katholiken übergeben werden sollten, wobei die Eltern für die Kosten solcher Zwangserziehung aufzukommen hatten. Ein anderes Ergänzungsdekret vom 1. Juli 1686 verfügte für heimlich zurückgekehrte protestantische Geistliche die Todesstrafe. Als bevorzugte Hinrichtungsart galten für solche Fälle Tod durch Galgen oder Rad, da die humaner gewordenen Zeiten es nicht mehr zuließen, Menschen zu verbrennen. Wer einen zurückgekehrten Geistlichen bei sich aufnahm, hatte für sich die Galeere zu erwarten, und jedem französischen Untertan wurde für den Besuch eines hugenottischen

Gottesdienstes die Todesstrafe angedroht. Königliche Truppen hatten darüber zu wachen, daß diesen Verfügungen nachgelebt wurde. Gottesdienstliche Versammlungen an abgelegenen Orten, in Wäldern oder im unwegsamen Gebirge, wurden von den Soldaten überfallen, die Teilnehmer entweder an Ort und Stelle niedergemacht oder aber gefangengenommen und nach kurzem Gerichtsverfahren gehängt, auf die Galeeren verbracht oder in Gefängnisse verschickt. Ein drittes Zusatzdekret vom 12. Oktober 1687 verfügte die Todesstrafe für jedermann, der französischen Untertanen zur Flucht ins Ausland verhalf.

Eine derartige Entwicklung der Dinge ließ die Hugenotten erkennen, daß sie von seiten des Königs und der hinter ihm stehenden Kirche nichts mehr zu erwarten hatten als Verfolgung bis zum äußersten. Verfolgung, die zum eigentlichen Ziel nicht die Vernichtung, sondern die Bekehrung und den Übertritt zur katholischen Kirche zum Ziele hatte.

Michel Gamond blieb mit den Seinen einen Monat bei seiner Verwandten in Orange. In dieser Zeit erholte er sich und kam wieder einigermaßen zu Kräften. Die Stadt war von einer fieberhaften Unruhe erfüllt.

In den protestantischen Gotteshäusern predigten die Pfarrer über das Elend der Flüchtlinge: «Ihr habt euer Hab und Gut verloren, eure Väter, eure Mütter, eure Eltern und eure Freunde verlassen und alles, was euch auf der Welt am liebsten gewesen ist. Aber ihr habt im Kampf gegen die Sünde und gegen das Fleisch noch nicht bis aufs Blut widerstanden.»

«Möge Gott die Einwohner dieser Stadt verschonen», sagte Blanche Gamond, die diese Worte gehört hatte, vor sich hin. «Sollte er aber beschlossen haben, ihnen die gleichen Prüfungen aufzuerlegen, durch die er die Bewohner von Saint-Paul geführt hat, dann möge er sie mit Kraft und Mut ausrüsten, damit sie nicht nur bis aufs Blut zu widerstehen, sondern Gott treu zu bleiben vermögen bis in den Tod.»

Täglich erwartete die Bevölkerung die Ankunft der französischen Truppen. Da verfügten die Stadtbehörden zur Entspannung der Lage den Abzug sämtlicher französischer Flüchtlinge. Diese Verfügung wurde auf allen Plätzen und in allen Straßen verlesen, Trompetenzeichen riefen die Leute herbei, dann wurde ihnen bekanntgegeben, daß es fürderhin bei Strafe jedermann verboten sei, Fremden Unterkunft zu gewähren.

Mit Windeseile breitete sich diese Meldung aus und weckte allenthalben Jammer und Bestürzung. Aus allen Häusern hörte man Weinen und Schreien. Was nun? Was sollte außerhalb der schützenden Mauern aus all den Flüchtlingen werden? Am 11. Oktober ging das Gerücht um, die Stadt sei bereits besetzt. Das war für die verängstigten Bewohner von Orange Grund genug, nun von sich aus die noch innerhalb der Mauern der Stadt verbliebenen Flüchtlinge inständig zu bitten, wegzugehen, um nicht durch ihre Anwesenheit auch ihre Gastgeber dem Elend preiszugeben. «Ihr seht ja selbst, daß ihr hier nicht mehr sicher seid, und es ist immer noch besser, daß ihr euch freiwillig entfernt, anstatt zu warten, bis man euch in Ketten legt, was auch uns leid täte.»

Und so wurden denn viele durch diesen «sanften Zwang» in die Nacht und in die Ungewißheit hinausgetrieben.

«Ihr bleibt», sagte Blanche Gamonds Tante zu ihren Schützlingen, «soll geschehen, was geschehen mag. Und wenn sie euch erwischen und gefangennehmen, dann sollen sie auch mich nicht verschonen. Was liegt schon daran?»

Michel Gamond und Benoîte Malarte dankten ihr für ihre Treue mit Tränen in den Augen. Als sich dann Blanche zu schon später Stunde schlafen legen wollte, war plötzlich in der Stille der Nacht aus einem der benachbarten Häuser ein furchtbares Jammern und Weinen vernehmbar. Blanche ging hinaus, um die Ursache dieses Leids zu erfahren. Der Lärm kam aus dem Hause nebenan, und als Blanche Gamond die Haustür aufstieß und eintrat, sah sie vor sich drei schon ältere Demoisellen aus Montélimar, die hier ihre Zuflucht gefunden hatten. Es waren rechtschaffene, gläubige Frauen, die glücklich gewesen waren, nach allem, was sie in Montélimar hatten durchmachen müssen, hier in stiller Verborgenheit zu leben. Nun aber waren sie von der Besitzerin des Hauses aufgefordert worden, das Haus zu verlassen. Sie waren vor Bestürzung ganz von Sinnen, jammerten, schrien und rauften sich die Haare: «Ist das nun das Ende? Sollen wir nun noch selber den Dragonern ausgeliefert werden, nachdem sie uns schon alles genommen haben, was wir besaßen?»

Neben ihnen stand die Frau, der das Haus gehörte. Sie wandte den verstörten Blick von den dreien auf Blanche Gamond. «Was bleibt mir, da die Stadt besetzt ist, anderes übrig, als hart zu sein? Bis um Mitternacht müssen die drei die Stadt verlassen haben, wenn nicht das Unheil sie und mich treffen soll.»

Wie erstarrt sah Blanche auf die Verzweiflung der drei Frauen, selber verzweifelt, ihnen nicht helfen zu können. Wo sollten sie hin, diese Ärmsten? Wohin sie auch gehen mochten, überall lauerte das Verderben auf sie. Und das waren nur drei von Tausenden, auf die mit kalter Grausamkeit ein gleiches Schicksal wartete.

Was am 11. Oktober als ein sich falsch erweisendes Gerücht ausgesprengt worden war, wurde dann am 24. Oktober schreckliche Wirklichkeit: die Besetzung von Orange durch die französischen Truppen. Am 23. Oktober, um drei Uhr nachmittags, ritten der Generalstatthalter der Provence, der Graf von Grignan – übrigens der Schwiegersohn der Madame de Sévigné, die eben zu dieser Zeit im nahegelegenen, die Weite der Provence so herrlich beherrschenden Schloß Grignan ihre sie berühmt machenden Briefe schrieb –, neben dem Herrn Intendanten der Provinz an der Spitze von zwei Kompanien Dragoner in Orange ein, angeblich nur, um wegen der Flüchtlingsplage zum Rechten zu sehen. Übrigens umleuchtete auch den Schwiegersohn der Madame de Sévigné die Gloriole des Ruhms, seitdem er 1673 im Auftrag seines Königs die zweite Besetzung und teilweise Zerstörung von Orange so erfolgreich geleitet hatte, daß der Monarch, als er die Nachricht während des Nachtessens empfing, entzückt ausrief: «Grignan hatte lediglich siebenhundert Adelige bei sich, und doch hat er erreicht, daß sich Orange am dritten Tag ergeben mußte. Ich bin mit Grignan außerordentlich zufrieden.»

Später, in den Jahren 1681 und 82, hatte Grignan dann während einer dritten Besetzung auch noch den Rest der Stadtmauer niedergelegt, und nun zog er selbstbewußt und strahlend neuerdings in die von ihm bereits zweimal besetzte und zur Ordnung gewiesene Stadt ein.

Der zu seiner Begrüßung erschienene Bürgermeister versicherte ihm, daß er vorsorglicherweise die Flüchtlinge schon früher aus der Stadt gewiesen habe und daß vereinzelt noch Zurückgebliebene unfehlbar noch weggeschickt würden. Der Graf von Grignan nahm diese Versicherung mit schlauem Lächeln zur Kenntnis und erklärte, daß er in diesem Fall beim König ein gutes Wort für die Stadt einzulegen bereit sei und daß er die Bürgerschaft von Orange schon jetzt seines Wohlwollens versichere.

Die Bewohner der Stadt atmeten auf. Sie hatten sich alles nur viel zu schlimm vorgestellt. Der Generalstatthalter schien ein Edelmann zu sein, mit dem sich reden ließ, und niemand hegte den geringsten Zweifel, daß er sein Wort halten werde. Man geleitete ihn und den Intendanten nach dem Palast des Bischofs, wo sie Quartier bezogen, während die Dragoner in den Wirtshäusern untergebracht wurden, wo sie sich zur Überraschung aller durchaus ruhig und korrekt benahmen. Niemand hatte sich über Belästigungen durch sie zu beklagen. Da auch die Wachen an den Toren eingezogen wurden, konnte jedermann frei und unbehelligt die Stadt verlassen oder betreten, so daß die Nachricht von dieser unerwartet günstigen Wendung schon nach wenigen Stunden auch jene Flüchtlinge erreichte, die sich bereits außerhalb der Stadt in irgendwelchen Verstecken verborgen hielten. Viele von ihnen benützten die Gelegenheit und kehrten nach Einbruch der Nacht nach Orange zurück, in der Absicht, hier noch ein paar Tage zu verweilen, um in dieser Zeit ihre Flucht ins Ausland vorzubereiten.

Doch der Graf von Grignan ließ in der Nacht, als sich die Bewohner in Sicherheit wähnten, in aller Stille ein ganzes Regiment Dragoner in die Stadt einreiten und erteilte ihnen den Befehl, jeden Ausgang zu besetzen.

Als gegen vier Uhr morgens ein paar Bürger zur Arbeit auf ihre vor der Stadt gelegenen Felder hinausgehen wollten, wurden sie zu ihrer Bestürzung von den Wachen daran verhindert und genötigt, umzukehren. Und das Erkennen, in eine Falle geraten zu sein, kam bald auch über andere. Vor allem entsetzten sich darüber die Flüchtlinge. In ihrem Schrecken versuchten einige von ihnen, sich aus der Stadt zu retten, indem sie das Wasser der Stadtgräben durchschwammen; die meisten jedoch ergaben sich in ihr Schicksal und warteten ab, was der Tag bringen würde.

Unter denen, die aus der Stadt zu fliehen versuchten, von den Dragonern aber zurückgetrieben wurden, befanden sich auch einige protestantische Pfarrer. Einzig Pfarrer Villette gelang es, zu entkommen.

Am Morgen des 24. Oktobers ritt dann auch der Graf von Tessé, einer der drei Befehlshaber der von Ludwig XIV. eingesetzten Bekehrertruppen, in Orange ein. Wie der Graf von Grignan bezog auch er Räumlichkeiten im Bischofspalast. Und wie tags zuvor de Grignan, so erklärte auch er, lediglich der Flüchtlinge wegen nach Orange gekommen zu sein. Es sei seine Absicht, von ihnen allen eine Liste zu erstellen, damit er ihnen zum Verlassen der Stadt Pässe ausfertigen könne. Nur einen Teil der Dragoner bestimmte er zum Bewachen der Stadtausgänge, alle übrigen hatten sich nach dem Platz vor dem römischen Theater zu begeben und dort Aufstellung zu nehmen, um damit der Bürgerschaft möglichst augenfällig zum Bewußtsein zu bringen, daß nun der König von Frankreich hier gebiete und daß alles, was seine Bevollmächtigten anordneten, auf seinen ausdrücklichen Wunsch und Willen hin geschah.

Unterdessen durchzogen Polizeioffiziere und die sie begleitenden Offiziere der Dragoner die Straßen der Stadt und durchsuchten Haus um Haus nach Flüchtlingen, und wo sie solche trafen – und es waren ihrer noch mehr, als sie vermutet hatten –, wurden ihre Personalien festgestellt und aufgeschrieben. Und wie der Graf von Tessé es versprochen hatte, wurden auf Grund dieser Angaben Pässe ausgestellt und den Flüchtlingen ausgehändigt, worauf die meisten von ihnen die Stadt verließen.

Aber es zeigte sich bald, daß der Graf von Tessé doch nicht gekommen war, um als Wohltäter das Los der Hugenotten zu erleichtern, sondern daß für ihn ausschließlich der Befehl des Königs galt, Frankreich von den Anhängern der angeblich reformierten Religion endlich zu säubern, wobei ihm alle Mittel, die zu diesem Ziele zu führen versprachen, erlaubt waren. Die Hugenotten, da sie sich ja gegen die Gebote des Königs auflehnten, galten als ehrlos und mußten auch entsprechend behandelt werden. So befahl der Graf den sich noch in Orange aufhaltenden reformierten Geistlichen, unverzüglich auf dem Platz vor dem römischen Theater anzutreten. Die Namen dieser vier Pfarrer seien bekannt, und wenn auch nur ein einziger von ihnen dem Befehle nicht nachkommen sollte, lasse er unverzüglich alle reformierten Gotteshäuser in Orange niederreißen. Sich diesem Befehl zu widersetzen wäre sinnlos gewesen; es gehorchten ihm aber nicht nur die vier Geistlichen, es schlossen sich ihnen auf ihrem Gang zum römischen Theater Bewohner von Orange in großer Zahl an, die einen in Sorge um ihre geistlichen Führer, die andern von Neugier und Schaulust getrieben, so daß sich schließlich auf dem von den Dragonern umstellten Platz eine große Menschenmenge drängte.

Die Pfarrer hatten vor dem Grafen von Tessé Aufstellung zu nehmen, worauf dieser sie vom Rücken seines prächtigen Pferdes herab andonnerte: «Messieurs, Ihr habt mit Eurem Tun das Mißfallen Seiner Majestät erregt, und Ihr, Herr Petit, habt Euch dabei durch Euer aufrührerisches Wesen in besonderer Weise hervorgetan. Ihr habt in Euren Predigten zum Ungehorsam wider den König aufgereizt, Ihr habt fünfzig Dinge getan, die aufzuzählen mir widerstrebt, von denen jedoch eines immer noch unverschämter als das andere war, und ich verlöre alles Ansehen vor meinem König und vor meinen Soldaten, ließe ich Euch dafür nicht aufknüpfen. Bis es soweit ist, kommt Ihr ins Gefängnis.»

Dann wandte er sich an den Bürgermeister und die übrigen Mitglieder der Stadtbehörde, die ebenfalls herbefohlen worden waren. «Und Euch verbiete ich im Namen des Königs die Duldung irgendwelcher Ausübung der sogenannten reformierten Religion innerhalb dieses Fürstentums. Wenn auch nur zwei Personen gemeinsam diese verbotene Religion ausüben, so machen sich die, die das zu verhindern gehabt hätten, des Todes schuldig. Mit allem Nachdruck ersuche ich Euch, das zur Kenntnis zu nehmen.»

Dann erteilte er seinem Adjutanten den Befehl, die vier Pfarrer unverzüglich ins tiefste Verlies der Stadt zu werfen. «Sechs Dragoner haben vor ihnen und sechs hinter ihnen zu reiten, damit jedermann sieht, daß es nun ernst gilt.»

Ein Raunen ging durch die Menge, als die Pfarrer wie gemeine Verbrecher abgeführt wurden, man hörte Weinen, Klagen und vereinzelte Schreie. Aber was half der Jammer dieser Ohnmächtigen? Das Schicksal nahm seinen Lauf.

Schon am nächsten Tage marschierten zwei Bataillone der von Du Plessis-Bellièvre kommandierten Infanterie in Orange ein, und de Tessé begab sich in Begleitung de Grignans und des Bischofs zum großen Tempel der Reformierten, wo er sich den Schlüssel zu diesem schönen Bauwerk aushändigen ließ. Stolz und erhobenen Hauptes betrat er das Gotteshaus, gefolgt vom Bischof, der sich spöttisch umsah und dann ausrief: «So leb nun wohl, du armes Jerusalem!»

Hierauf befahl der Graf den Soldaten, vorerst die Bibeln und Gesangbücher einzusammeln, die dann unter lästerlichen Ausrufen zerrissen und auf einen Haufen geworfen wurden. Die Soldaten, die mehr und mehr in einen wahren Taumel von Zerstörungswut gerieten, suchten sich gegenseitig an derben Späßen und mit wieherndem Lachen quittierten Unflätigkeiten zu überbieten, schlugen auf Geheiß die Wappen der Fürsten von Oranien herunter, schändeten und zerstörten das Grabmal Christoph von Dohnas, des einstigen Statthalters von Orange, und während einige auf die Kanzel stiegen und dort gotteslästerliche Flüche ausstießen, sprengten und plünderten andere die Opferstöcke, stritten sich um die Beute, und das alles im Beisein des Befehlshabers und des kirchlichen Würdenträgers, die wohl über solche Schmähung des ketzerischen Irrglaubens noch Genugtuung empfanden. Schließlich befahl de Tessé den Soldaten, die Stühle und Bänke herauszureißen und auf die Straße zu schleppen. Einen Teil davon trugen sie in die Kathedrale und den andern in das Kloster der Kapuziner.

Aber auch der Graf von Grignan verhielt sich nicht untätig. Um mit der hugenottischen Pest ein für allemal Schluß zu machen, ordnete er vorerst die Zerstörung des kleinen Tempels St-Martin an, und als dieses Werk vollbracht war, ließ er durch die Truppen auch den großen Tempel niederreißen. Daraufhin verhielten sich die Soldaten eine Zeitlang ruhig, und schon schöpfte die Bevölkerung von Orange die Hoffnung, der Sturm sei vorüber und das Gewitter königlicher Ungnade werde sich nun verziehen.

Dem war jedoch nicht so. Die Untätigkeit der Truppen war lediglich auf den Umstand zurückzuführen, daß in eben diesen Tagen der königliche Kanzler de Tellier im Sterben lag und deshalb in Orange die Befehle ausblieben. De Tellier starb am 31. Oktober. Am 11. November, achtzehn Tage nach dem Einzug der französischen Truppen in Orange, wurden die Bürger der Stadt zu einer riesigen Versammlung zusammengetrieben und aufgefordert, zur katholischen Kirche überzutreten, wobei all jenen, die sich weigern sollten, die Einquartierung von Dragonern angedroht wurde. In ihrer großen Mehrheit erklärte sich die Bürgerschaft unter dem Druck der Verhältnisse zum Übertritt bereit, nachdem ihnen zugestanden worden war, daß ihnen jeden Sonntag in der Kirche in ihrer Sprache ein Kapitel aus der Bibel vorgelesen und künftighin das Abendmahl außer nach dem katholischen Ritual auch in protestantischer Gestaltung gefeiert werden sollte. Unter ähnlichen Vorbehalten traten anderntags die Mitglieder des Stadtparlaments über, doch konnte, dessen waren sich sowohl die militärischen Behörden als auch der Klerus bewußt, diese Massenbekehrung nur eine scheinbare sein.

Wie de Tessé angedroht hatte, wurden dann von Mitte November an bei allen Leuten, die noch immer dem reformierten Glauben anhingen, Soldaten einquartiert, um diese Halsstarrigen durch die Schandtaten der gestiefelten Missionare in Angst und Not zu versetzen und sie solcherweise zu veranlassen, ihren Irrglauben endlich aufzugeben. Alle Grausamkeiten, die schon anderwärts angewendet und erprobt worden waren, wurden in Orange wiederholt und noch gesteigert: die Häuser wurden geplündert und viele in sturer Wut verwüstet, was irgendwelchen Wert besaß und Aussicht hatte, Käufer zu finden, wurde weggeschleppt, Möbel wurden zerschlagen und mit andern Gegenständen durch die Fenster auf die Straße hinausgeworfen, nichts wurde unterlassen, was die Bewohner mit Entsetzen erfüllen und in zitternde Furcht versetzen konnte. Was Grausamkeit nur irgendwie zu ersinnen wußte, hatten die Opfer über sich ergehen zu lassen, sie wurden verprügelt und niedergeschlagen, man hielt ihnen die Füße in die Herdglut, schleifte die nackten Leiber durch die Gassen, hängte sie mit den Füßen an den Fensterhaken auf, Mädchen wurden vergewaltigt und Knaben geschändet, und wer Widerstand zu leisten wagte, wurde erdolcht oder sonstwie um die Ecke und zum Verschwinden gebracht. Von überall her, aus Straßenecken und Kellern, hörte man Jammern und Wehegeschrei, und wer versuchte, einem der Bedrängten zu Hilfe zu eilen, der machte sich selber zum Opfer der entfesselten Soldateska.

Es war eine von den Soldaten mit besonderer Vorliebe geübte Grausamkeit, die Hugenotten am Schlafen zu verhindern. Sie waren hinter ihnen her Tag und Nacht, wachten wie die Sperber über ihnen, und wenn sie sich niederlegen wollten, weil sie sich am Ende ihrer Kräfte fühlten, dann trieben sie die Erschöpften treppauf und treppab durch das ganze Haus, bis sie stöhnend zusammenbrachen, worauf mit der Feuerzange glühende Kohlen nach ihnen geworden wurden, um sie solcherweise wieder auf die Füße zu bringen.

Es ist überliefert, daß einer der vier Pfarrer, die der Graf de Tessé am 25. Oktober zum Tode durch den Strang verurteilt und bis zur Vollstreckung des Urteils ins Gefängnis hatte werfen lassen, Pineton de Chambrun, in der Dunkelheit seines Verlieses so unglücklich stürzte, daß er sich ein paar Rippen brach und innere Verletzungen zuzog, so daß er der Pflege bedurfte. Damit ihm diese Pflege zuteil werde, wurde er in seinem jammervollen Zustand nach Hause gebracht. Um aber zu verhindern, daß er von da entweichen oder von Anhängern heimlich weggeschafft werden könnte, setzte man ihm zu seiner Überwachung nicht weniger als zweiundvierzig Dragoner ins Haus. Man kann sich leicht vorstellen, daß diese von Kraft strotzenden und von Zerstörungswut erfüllten, mit allen Wassern gewaschenen Burschen nicht eine Stunde benötigten, bis sie die Einrichtungen des Hauses völlig verwüstet hatten. Hierauf widmeten sie ihre ganze Aufmerksamkeit dem Kranken selbst, drängten sich gröhlend in seine Kammer, schoben sein Bett hin und her, zoteten, daß dem also Bedrängten Hören und Sehen verging, verrichteten vor seinen Augen ihre Notdurft, wischten sich an seinen Bettüchern ab, rauchten Tabak, bis der Kranke vor Rauch und Qualm nach Atem ringen mußte, schlugen ohne Unterlaß die Trommeln und gaben sich so jede erdenkliche Mühe, Pfarrer Chambrun während drei Tagen und Nächten nicht zum Schlafen kommen zu lassen. Die Folge war, daß Chambrun vor Erschöpfung in eine tiefe Ohnmacht fiel und seine Peiniger nichts anderes glaubten, als daß der Patient ihrer Behandlung erlegen sei, so daß sie dem Grafen de Tessé sein Ableben meldeten. Als dann aber der Totgewähnte wieder aus seiner Ohnmacht erwachte, verfügte de Tessé, daß er auf einem offenen Schiff rhoneaufwärts nach Lyon verbracht werde. Es war aber im Dezember und der Geschwächte, auf solch herzlose Art Schnee, Winden und Nässe ausgesetzt, erstarrte vor Kälte, so daß er bereits in Valence an Land geschafft wurde, wo es dem Bischof Daniel de Cosnac gelang, dem Kranken, der mehr tot als lebend war, in einem Augenblick tiefster Depression und körperlicher Schwäche das Versprechen abzunötigen, zur katholischen Religion überzutreten. Sobald sich jedoch Pfarrer Chambrun einigermaßen erholt hatte, widerrief er seinen Übertritt, worauf ihn der zornige Kirchenfürst nach einem in der Gegend von Die gelegenen Weiler verbannte, von wo es Chambrun später gelang, nach Genf zu entfliehen.

Was die drei andern protestantischen Geistlichen Gondran, Petit und Chion betrifft, über die de Tessé damals vor dem römischen Theater in Orange ein so rasches und hartes Urteil gefällt hatte, muß gerechterweise mitgeteilt werden, daß auch sie in der Folge nicht hingerichtet, sondern begnadigt und auf freien Fuß gesetzt wurden. Allerdings erst nach einer zwölf Jahre dauernden Kerkerhaft im Jahre 1697.

Von Pfarrer Petit, dem der Graf ein besonders aufrührerisches Wesen vorgeworfen hatte, ist bekannt, daß er sich nach seiner Freilassung nach Deutschland begab und schließlich in Berlin die französische reformierte Gemeinde betreute. Bis die Stadt Orange formell Ludwig XIV. zugesprochen und damit dem französischen Königreich einverleibt wurde, dauerte es noch bis 1713.

Und Blanche Gamond?

Wie war es ihr, wie war es ihren Eltern ergangen in der Heimsuchung durch die königlichen Truppen, die wie ein Gewittersturm über Orange dahingebraust war? In der Morgenfrühe des 24. Oktobers, nachdem tags zuvor der greise Statthalter der Provence, Graf de Grignan, in Orange eingeritten und im Palast des Bischofs Aufenthalt genommen hatte, verließ Blanche Gamond, Schlimmstes befürchtend, das Haus ihrer Tante, um aus der Stadt zu fliehen. Die Eltern hatte sie nicht zu überreden vermocht, sie zu begleiten.

Was konnte das Erscheinen des Generalstatthalters anderes bedeuten, als daß nun die Besetzung von Orange vollzogen wurde? Michel Gamond und seine Frau hielten dies aber nach wie vor für ein leeres Gerücht.

Es herrschte zu dieser Stunde noch nächtliches Dunkel, so daß es in den Gassen noch völlig ruhig war. Blanche Gamond hatte aber erst wenige Schritte getan, als sie einem Mann begegnete, der vor ihr stehenblieb und sie fragte, wohin sie denn so früh am Tage zu gehen beabsichtige.

«Weg aus der Stadt», antwortete Blanche.

Da schüttelte der Mann den Kopf: «Wenn Ihr zu entfliehen versucht, dann sind all Eure Bemühungen aussichtslos. Geht nur ruhig wieder zurück.»

«Und wieso das?» fragte Blanche Gamond, und die Furcht griff ihr nach dem Herzen.

«Wieso das? Weil die Stadt von Dragonern umstellt ist und zwischen ihnen keine Maus mehr durchkommt.»

«Und das ist die Wahrheit?»

«Ich habe mich mit eigenen Augen davon überzeugt. Nun wird es ernst.»

Niedergeschlagen kehrte Blanche um, um den Eltern

und der Tante die traurige Nachricht zu bringen. Warum hatten ihr die Eltern nicht glauben wollen? Hätten sie auf ihren Rat gehört, sie hätten jetzt alle drei in Sicherheit sein können. In Sicherheit? Ach, wo war denn noch Sicherheit?

Mit Windeseile verbreitete sich die Meldung von der Ankunft der französischen Soldaten in der Stadt und weckte nicht nur in den Herzen der Flüchtlinge Furcht und Trauer. Was würde nun geschehen?

Bei Tagesanbruch, als eine Kompanie Dragoner in der Stadt einrückte, war längst die ganze Bevölkerung wach und auf den Beinen. Die Dragoner hatten den Befehl, Haus um Haus nach Flüchtlingen zu durchsuchen. Alle, in deren Wohnungen Flüchtlinge festgestellt wurden, mußten in die Gassen hinaus. Da versuchte es Blanche Gamond noch einmal, aus Orange zu entweichen. Aber es war wirklich unmöglich, da jeder Ausgang abgesperrt war und nur durchgelassen wurde, wer das «Zeichen des Tieres» bei sich hatte und vorweisen konnte. Dieses Zeichen des Tieres aber war eine schriftliche Bestätigung, daß der Inhaber des Ausweises rechtgläubig sei. Auf ihrem Wege begegneten ihr immer wieder Gruppen von Protestanten, die unterwegs zum Bischof waren, um ihre Religion zu wechseln und dafür einen Ausweis zu erhalten. Einige von ihnen, die Blanche Gamond kannten, forderten sie auf, sich ihnen anzuschließen: «Wollt Ihr es nicht machen wie wir?»

Doch Blanche Gamond wies ihr Ansinnen entrüstet von sich: «Nie wird es mit mir so weit kommen, nie. Immer werde ich dem Ewigen dienen. Was habt ihr davon, daß ihr gut begonnen habt, wenn ihr nun durch euren Verrat schlecht aufhört? Was hülfe es dem Menschen, wenn er die ganze Welt gewönne und nähme Schaden an seiner Seele?»

Noch während sie sich miteinander unterhielten, ritten Dragoner an ihnen vorbei. Zwei von ihnen, als sie Blanche

Gamond erblickten, schwangen sich aus den Sätteln, traten auf sie zu und packten sie. «Ihr seid eine Fremde. Ihr müßt mit uns kommen, Ihr gehört ins Gefängnis.»

Doch Blanche Gamond ließ sich nicht so rasch einschüchtern. Sie setzte sich zur Wehr und es gelang ihr tatsächlich, sich aus den Händen der Soldaten zu befreien. Und ehe sich's diese versahen, war sie ihnen entwischt, davongeeilt und in einem Nebengäßchen verschwunden. Sie lief, was sie nur laufen konnte, bis ihr ein Garten den Weg versperrte. Da niemand zu sehen war, kletterte sie über den nur niedrigen Zaun, setzte über die bereits abgeernteten Beete hinweg, drang in verbergendes Gesträuch und stellte zu ihrer Verwunderung fest, daß dieses den Zaun ersetzte und sich hinter dem Strauchwerk Wiesen und Äcker dehnten.

Dem Himmel sei Dank, der sie diesen Weg aus der Stadt heraus hatte finden lassen! Nichts geschah und niemand verfolgte sie, als sie ihre Flucht in Richtung Syéry fortsetzte.

Aber sie war zu wenig vorsichtig. Sie wähnte sich bereits in Sicherheit. Doch als sie um eine felsige, mit Steineichen und Nadelgehölz bewachsene Anhöhe bog, sah sie sich zu ihrem Entsetzen plötzlich mitten unter hier lagernden Dragonern. Es war das Regiment Berbézières, das, unterwegs nach Orange, hier rastete. Die Soldaten waren über dieses unerwartete Auftauchen eines Mädchens nicht weniger überrascht als Blanche Gamond selbst. «Kommt her, schöne Jungfer, Ihr habt uns eben noch gefehlt», rief einer und zeigte ihr lachend seine weiß blitzenden Zähne. «Kommt, setzt Euch zu uns! Holla, Kameraden, reicht ihr einen Schluck Wein!»

«Den Wein haben wir längst selber gesoffen!»

Zwei und nun noch ein dritter der Burschen erhoben sich und traten zu dem Mädchen hin. «Wo seid Ihr her?»

«Aus Orange.»

«Da wollen wir eben hin. Und welches ist Euer Ziel?»

«Ich bin unterwegs nach Syéry.»

«Und was habt Ihr dort zu tun?»

«Ich –» unschlüssig sah sie sich um.

«Wie heißt Ihr?»

«Blanche Gamond.»

«Und Ihr wohnt in Orange?»

«Ja, meine Eltern sind dort.»

«Ihr seid doch nicht am Ende eine von diesen verdammten Ketzerinnen?» Einer der Dragoner packte sie am Arm und riß sie ungestüm an sich.

«Laßt mich los!» schrie Blanche Gamond ihn an und trommelte ihm mit den Fäusten auf die breite Brust.

«Die hält etwas aus und gibt so rasch nicht nach», keuchte der Bursche und beugte sich über das Mädchen, das ihm verzweifelt das Knie gegen den Bauch stieß und ihm ins Gesicht schlug.

«He da, du wilde Katze, dich werde ich schon unterkriegen. Nun muß ich dich haben.»

Aber schon hatte Blanche Gamond kehrtgemacht und war ihm entwischt. Der Geschlagene war so verdutzt, daß er vorerst wie angewurzelt stehenblieb, worüber seine Kameraden in schallendes Gelächter ausbrachen.

«So soll sie laufen, diese Teufelin», und er strich mit der Hand über die brennende Wange. «Aber wenn ich ihr noch einmal begegnen sollte, dann wird sie von mir einen Denkzettel empfangen, den sie neun Monate lang mit sich wird herumtragen müssen», schalt er vor sich hin.

Außer Atem, aber so vorsichtig als möglich, kletterte Blanche Gamond die Anhöhe hinauf, immer wieder hinter Bäumen und Sträuchern Deckung suchend. Ein drittes Mal wollte sie sich heute nicht erwischen lassen. Lange kauerte sie hinter Ginster und Brombeergerank auf einer von der Sonne erwärmten Steinplatte und spähte in die Tiefe. Zarte Nebelschleier waren aus den Wäldern aufgestiegen. Nach einer Weile sah sie die Dragoner vorüberziehen. Das Mädchen zu verfolgen, hatten sie als aussichtsloses Unterfangen wohl gar nicht erst in Erwägung gezogen. Sie hielten tatsächlich auf Orange zu.

Und Blanche Gamond, was sollte sie tun? Weiterhin in dieser Wildnis verharren oder am Ende nach Orange, zu den Eltern zurückkehren? Um noch einmal zu versuchen, sie ebenfalls zur Flucht zu bewegen? Das war wohl das Richtige. So allein in der Wildnis, in der Ungewißheit über das Schicksal der Eltern, hätte sie doch keine Ruhe gehabt. Und sie kannte ja nun eine Stelle, an der es auch ohne Ausweis möglich war, in die Stadt zu gelangen und diese zu verlassen.

Blanche Gamond wartete, bis es dunkel geworden war. Dann kletterte sie zur Straße hinunter. Unterwegs nach Orange begegnete ihr kein Mensch. Erst in der Nähe der Stadt hörte sie auf einmal den Lärm vieler Stimmen. Hatte sich etwas Besonderes ereignet? Sie verbarg sich in einem überwachsenen Graben und gewahrte von ihrem Versteck aus Gruppen von Menschen an ihr vorüberziehen. Aus ihrem Gespräche konnte sie schließen, daß es Protestanten waren. Befanden sich am Ende die Eltern unter ihnen? So stieg sie aus ihrem Graben heraus und wandte sich fragend an sie. Aber niemand wußte über Michel Gamond Bescheid. Es war ja jeder mit seinem eigenen Schicksal beschäftigt. «Ihr könnt ungehindert in die Stadt gelangen», sagten ihr die Leute. «Die Dragoner, die den ganzen Tag die Tore bewacht haben, sind nach Einbruch der Dunkelheit in die Stadt gekommen, um da in den Häusern eine Unterkunft für die Nacht zu suchen. Nun sind alle Ausgänge offen und unbewacht.»

So hatte Gott sie nach Orange zurückgeführt, frohlockte

Blanche Gamond. Und sie fand es so, wie die Flüchtlinge gesagt hatten. Unbehindert und von niemandem angesprochen, gelangte Blanche in die Stadt. Eilig begab sie sich zum Haus ihrer Tante. Glücklicherweise hatte sie sich unnötig gesorgt: die Eltern waren noch da. Sie weinten vor Freude, als sie ihre Tochter wiedersahen. Als sie hörten, daß die Ausgänge unbewacht und ein Verlassen der Stadt in dieser Nacht möglich sei, beschlossen sie, dem Rat Blanches zu folgen und unverzüglich an ihrer Seite die Flucht zu wagen. Das sahen nun auch sie ein, daß es dazu schon anderntags zu spät sein konnte. Daß die Zugänge zur Stadt in dieser Nacht nicht bewacht wurden, konnte nur auf einem Versehen beruhen.

«Aber wohin sollen wir gehen?» fragte die Mutter bekümmert. «Nach Saint-Paul können wir nicht. Wenn es uns nur gelänge, die Grenze zu erreichen!»

«Aber das ist weit», jammerte der Vater, dessen Kräfte nach der langen und zehrenden Krankheit noch immer arg geschwächt waren, «das ist zu weit für mich.»

«O eure Kleingläubigkeit!» warf ihnen Blanche vor, «glaubt ihr denn nicht mehr, daß der gnädige Gott uns immer und überall zu helfen vermag? Hatte Jesus Christus vielleicht einen Ort, wo er sein Haupt hinlegen konnte? Vierzig Jahre hat Gottes Volk in der Wüste ausharren müssen, und auch David mußte sich in einer Höhle verbergen und im Lande umherirren. Und da sollten wir klagen, da wir einmal kein Dach über uns haben? Siehst du, Mutter, ich habe in letzter Zeit viel über diese Dinge nachgedacht und habe mir sagen müssen: Du gehörst nicht zu den Auserwählten. Du hast es zu gut, du bist ja daheim. Müssen wir nun nicht dankbar sein, daß uns Gott dadurch auszeichnet, indem er uns wie seine Auserwählten durch Täler der Trübsal hindurchgehen läßt? Daß wir wie sie, die Auserwählten, in einer Höhle wohnen dürfen? Was für schöne Tage werden uns noch bevorstehen, wenn es uns nur gelingt, sie richtig zu leben. Glaube mir, das ist der richtige Weg ins ewige Leben. Warum wollen wir mit Gold gekrönt werden, da doch unser Herr und Heiland mit Dornen gekrönt worden ist? Dadurch, daß er uns in Heimsuchungen hineinführt, will uns Gott ins Himmelreich bringen.»

Am Abend des ersten Tages, den die drei Flüchtlinge in einem Walde zugebracht hatten, erlebten sie die große Freude, auf zwei Burschen zu stoßen, die nach ihnen gesucht hatten. Sie kamen aus Orange und waren von Mademoiselle Gamond, Blanches Tante, sowie von andern Protestantinnen geschickt worden, um ihnen Nahrungsmittel zu bringen, die sie in einem Sack über der Schulter trugen.

«Ach die guten Menschen!» frohlockte Benoîte Malarte und ihre Augen waren naß vor Rührung, denn die Flüchtlinge hatten in der Wildnis den ganzen Tag nichts zu essen gehabt. «Dieser Vorrat wird für ein paar Tage reichen.»

Nachdem sie sich gesättigt und ausgeruht, kehrten die Burschen nach Orange zurück. Sie hatten erzählt, die Zugänge zur Stadt seien nun wieder streng bewacht.

«Wie seid ihr da herausgekommen und wie wollt ihr wieder hinein?» fragte Michel Gamond verwundert.

Erst schwiegen die Burschen und sahen sich verlegen grinsend an. Dann gestanden sie, von Bekannten, die früher zur Religion gehört hatten, dann aber unter dem Druck der Verhältnisse gewechselt hatten, zu diesem besonderen Zwecke mit dem «Zeichen des Tieres» ausgerüstet worden zu sein.

«Treibt ihr da nicht ein gefährliches Spiel?»

Der ältere der Burschen machte eine wegwerfende Bewegung: «Pah, was liegt schon daran? Man darf sich einfach nicht erwischen lassen, dann ist da keine Gefahr.»

Einen ganzen Monat brachten Blanche Gamond und

ihre Eltern unter freiem Himmel zu. Einmal in den Felsen, dann in Wäldern und ab und zu in einem einsamen Bauerngehöft. Aber die Bauern nahmen sie nur unwillig auf, obwohl sie früher selbst zu den Reformierten gehört hatten. Seitdem sie gewechselt hatten, wollten sie sich nicht in die Gefahr begeben, verdächtig zu werden, es nach wie vor mit den Ketzern zu halten. Denn auch sie wußten um das Verbot, Hugenotten Unterkunft oder auch nur irgendwelche Unterstützung zu gewähren.

Vor Tagen hatte es zu regnen angefangen, und das erschwerte das Los der Flüchtlinge sehr. Es war kalt geworden, und so konnten sie nicht den ganzen Tag unter den überhängenden Felsen liegenbleiben, obwohl sie sich so noch am ehesten vor der Nässe hätten schützen können.

Als sie eines Abends unter einem Baume saßen, erschöpft und mutlos beim Gedanken an die bevorstehende Nacht, wandte sich Benoîte Malarte an ihre Tochter: «Kind, du bist ja ganz naß.»

«Und Ihr, meine Mutter?» antwortete Blanche, «seid Ihr nicht mehr zu bedauern als ich? Tropft Ihr nicht selber vor Nässe? Ihr tut mir wirklich leid. Wie soll das noch werden? Jetzt kommt der Winter, und bald werden die Berge verschneit sein, so daß uns alle Wege und Übergänge versperrt sind. An ein Hinüberkommen ist in dieser Jahreszeit nicht mehr zu denken.»

«Das habe ich auch schon bedacht und es ist gut, daß du davon sprichst. Wir müssen auf den Vater Rücksicht nehmen. Ich kann mir nicht vorstellen, wie er den Winter in dieser Wildnis überstehen soll.»

«Das ist kein Leben», brummte Gamond und wand das Tuch aus, das er um den Hals geschlungen hatte. «Wir werden uns alle den Tod holen.»

«Es wäre das Schlimmste nicht, was uns widerfahren

könnte», antwortete Blanche Gamond ruhig. «Und wenn ihr versuchtet, nach Saint-Paul zurückzukehren?»

«Und du?»

«Nach Saint-Paul zurück kann ich nicht. Aber nach Orange, zu meiner Tante, sie nähme mich wieder auf.»

«Und was dann weiter?»

«Weiter? Wir würden den Frühling abwarten. Wenn dann der Schnee geschmolzen ist, träfen wir uns wieder, um zu versuchen, gemeinsam nach Genf zu entkommen.»

«Wir müssen es uns überlegen», sagte die Mutter.

«Gibt es da noch viel zu überlegen? Es ist das Vernünftigste, was wir tun können. Von hier nach Saint-Paul ist es nicht weit. In einem Tag könnt ihr es schaffen. Und wie es mir ergeht, werde ich euch wissen lassen. Nein, bei diesem Wetter geht das so nicht länger.»

«Und du glaubst nicht, daß du bei uns bleiben könntest?»

«Nein, Mutter, wir müßten uns ohnehin trennen, da es zu gefährlich ist, wenn man uns beisammen trifft.»

Und so schieden sie voneinander. Michel Gamond und Benoîte Malarte kehrten tatsächlich in ihr Haus nach Saint-Paul-Trois-Châteaux zurück. Blanche aber, nachdem sie sich von den Eltern getrennt hatte, verharrte noch drei volle Tage und Nächte in einem Felsenloch, wo sie sich aus feinem Sand und den von den Herbststürmen hereingewirbelten Blättern und falben Kiefernnadeln ein notdürftiges Lager hergerichtet hatte. In dieser Zeit nahm sie nicht die geringste Speise zu sich. Sie hatte ja auch nichts, denn die Wildnis hatte zu dieser Jahreszeit nichts mehr zu geben. Geld besaß Blanche noch etwas, aber wie hätte sie es wagen sollen, schmutzig und zerlumpt wie sie war, ein Dorf aufzusuchen, um etwas zu kaufen? Die Gefahr war zu groß, aufgegriffen und ins Gefängnis geworfen zu werden.

Doch mit ihrem festen Glauben hielt sie es ohne Beschwerden aus, ja sie fühlte sich wunderbarerweise satt, als habe sie täglich gegessen. Dann aber, am vierten Tag, verließ sie doch ihre Höhle und wanderte durch strömenden Regen und ins Gebein schneidende Kälte nach Orange zurück, das nun von den französischen Truppen nicht mehr besetzt gehalten wurde. Ohne einen Wachtposten passieren und sich ausweisen zu müssen, kam sie in die Stadt hinein und wurde von der Tante mit großer Freude willkommen geheißen. «Und deine Eltern?»

«Die sind, so Gott will, wiederum in Saint-Paul. Es ging nicht länger so. Ein Wunder, daß es der Vater so lange hat aushalten können.»

«Aber wie siehst du aus, Blanche! Was müßt ihr durchgemacht haben!»

Ja, es stand schlimm. Die Kleider waren nicht nur völlig durchnäßt, sie waren auch verschmutzt und zerrissen und mußten ganz einfach weggeworfen werden. Und seit mehr als einem Monat trug Blanche das gleiche Hemd auf dem Leibe. Sie war voller Ungeziefer, hatten sie sich doch, seitdem sie aus Orange geflohen, nie richtig waschen können. Doch war dem allem rasch abzuhelfen. Als unter den Reformierten, die es in Orange immer noch gab, bekannt wurde, Blanche Gamond sei zu ihrer Tante zurückgekehrt, wurde ihr von überall her Hilfe zuteil. Dutzende von Händen streckten sich ihr entgegen. Man hatte sie liebgewonnen und freute sich, für das tapfere Mädchen etwas tun zu dürfen. Sie hätte mühelos auch in andern Häusern Unterkunft gefunden. Obwohl sich jeder, der einen Ketzer bei sich aufnahm, selber in große Gefahr brachte, wäre sie in mancher Familie wie ein eigenes Kind aufgenommen worden. Wenn auch die Besatzungstruppen abgezogen waren, mußte man doch mit dem plötzlichen Erscheinen französischer Truppen rechnen, die in der Stadt auftauchten und die Gassen durchstreiften, um nach verbotenerweise zurückgekehrten Fremden Ausschau zu halten, und mehrmals gewahrte Blanche den Bischof von Saint-Paul, von dem sie befürchtete, daß er sie erkennen könnte.

So sehnte sie denn trotz der Liebe und Fürsorge, die sie hier umgaben, den Frühling herbei. War erst der Winter vergangen und in den Bergen der Schnee geschmolzen, dann wollte sie das große Wagnis unternehmen, mit Gottes Hilfe Frankreich zu verlassen. — Es war bereits März.

In den Gärten vor der Stadt begannen die Pfirsich- und Mandelbäume ihre rosigen Blüten zu entfalten, die blaßgelben Sternchen der Primeln leuchteten auf den Wiesen und zwischen dem Gestein an den Wegrändern blühten die stahlblauen Traubenhyazinthen. In dem vom Winde bewegten Geäst der Birken schimmerte bereits erstes, verheißungsvolles Grün. Immer stärker wurde da das Sehnen in Blanche Gamond, nun zu wagen, was sie sich vorgenommen. Von den Eltern waren ihr befriedigende Nachrichten übermittelt worden. Wie es hieß, lebten sie still in ihrem Haus, in dem sie so glückliche Zeiten verbracht hatten, ehe die Verfolgung der Hugenotten eingesetzt hatte. Aber es war nicht mehr wie früher. Das Geschehen der letzten Jahre, die schweren Prüfungen und Kümmernisse hatten besonders den Vater vor der Zeit alt werden lassen. Er war ein gebrochener Mann. Nun war nach der neuesten Meldung, die ihr die Mutter hatte zukommen lassen, ihr Sohn Claude aus Paris zu ihnen gekommen, nachdem sie ihn seit mehr als zehn Jahren nicht mehr gesehen hatten. Mit achtzehn Jahren war er nach Paris gegangen, also mußte er jetzt achtundzwanzig sein. Blanche wurde bald zweiundzwanzig und Claude war sechs Jahre älter als sie. Ein ungestümes Verlangen erwachte in ihr, den Bruder zu sehen und von ihm, der ihr ja immer als ihr großer Beschützer erschienen war, wieder einmal in die Arme geschlossen zu werden.

Wie gut hatten sie sich verstanden, damals, da sie noch ein Kind gewesen, ein unbekümmertes, fröhliches Kind im Hause ihrer glücklichen Eltern, nahe dem Hauptplatz, auf dem im Sommer unter Platanen das Wasser wie in einem Traum aus einer oberen Schale in die untere tropfte. Ja, sie wollte Claude wiedersehen. Sie mußte ja ohnehin nach Saint-Paul zurückkehren, um ihre Eltern abzuholen. Und vielleicht schloß sich ihnen der Bruder an, möglicherweise hatte er in eben dieser Absicht Paris verlassen und die Eltern aufgesucht. In den Nächten lag das Mädchen oft lange schlaflos da, um solch erregenden Gedanken nachzuhängen.

Einmal, etwa zwei Stunden nach Mitternacht – Blanche Gamond teilte das Zimmer bei ihrer Tante mit zwei ihr treu ergebenen Freundinnen – geschah es, daß sie plötzlich ein Licht gewahrte, das die Kammer wie am hellen Tag erleuchtete, und ganz deutlich glaubte sie, eine Stimme zu hören: «Steh auf und geh. Fürchte dich nicht. Ich werde dich niemals verlassen. Bis ans Ende deiner Tage werde ich bei dir sein.» Und während Blanche noch hingegeben dieser Stimme lauschte, fühlte sie, wie ein wunderbares Gefühl von Kraft und Freude sie erfüllte.

Ohne zu zögern und ohne zu fragen stand sie auf und kleidete sich an. Es war für sie ganz selbstverständlich, jetzt und ohne Verzug aufzubrechen. Die Geräusche, die sie verursachte, ließen die beiden Mädchen erwachen. Sie fragten Blanche verwundert, warum sie so früh aufstehe. Es sei ja, nach der Dunkelheit zu schließen, noch tief in der Nacht.

«Ich gehe fort, weil ich fortgehen muß», gab Blanche in großer Ruhe zur Antwort. «Und zwar sogleich.»

Da richteten sie sich auf, denn sie hatten sich sehr an Blanche angeschlossen und waren ihr von Herzen zugetan. «Ihr wollt uns verlassen, für immer von uns gehen?»

«Ich habe keine Wahl.»

«Welches ist denn der Grund Eures so plötzlichen Entschlusses? Wir haben Euch doch so lieb, als gehörtet Ihr zu unserer Familie. Wie sollen wir uns darüber trösten, daß Ihr fortgeht?»

«Ach meine lieben Schwestern, ich tue nur, was mir befohlen ist. Ich werde euch Nachricht zugehen lassen, versprecht mir, auch mich über euer Ergehen auf dem laufenden zu halten.»

Als Blanche fertig angezogen und zum Gehen bereit war, trennte sie sich von den beiden Mädchen, alle drei weinten, denn sie hatten sich wirklich liebgehabt. Da sie nicht zurückzuhalten war, wünschten die Freundinnen der Scheidenden von Herzen alles Gute, segneten sie und sagten: «Der liebe Gott behüte und beschütze Euch, wie er es bisher getan hat.»

Blanche dankte ihnen gerührt für alle ihr erwiesene Liebe und Güte und wünschte auch ihnen Gottes Segen. Ob die beiden die Helle ebenfalls gesehen und die Stimme auch gehört hatten? Kein Wort hatten sie darüber verlauten lassen. Blanche hätte sich gescheut, sie danach zu fragen. Nun schritt sie rüstig aus in der Gewißheit, daß unter so offensichtlichem göttlichem Beistand ihr Vorhaben gelingen werde. Und je näher sie Saint-Paul kam, um so mehr schwand ihre Ruhe und es bemächtigte sich ihrer eine freudige Erregung. Nun würde sie, in wenigen Stunden, die geliebten Eltern und Claude wiedersehen.

Aber sie durfte sich nicht in die Stadt wagen, ehe es dunkel geworden war, sie durfte sich nicht der Gefahr aussetzen, von jemandem gesehen und erkannt zu werden. Da ihre Gesinnung allen Bewohnern von Saint-Paul bekannt war, wäre sie unweigerlich ergriffen und ins Gefängnis gebracht worden. So strich sie um das Rebland ihres Vaters herum und stellte dabei zu ihrer Beruhigung fest, daß kein Mensch in der Nähe und niemand im Häuschen war.

Dort wollte sie sich ausruhen. Aber dann zeigte sich, daß die Türe verschlossen war und daß man die Läden versperrt hatte. Da sie den Schlüssel nirgends finden konnte, setzte sie sich auf die Schwelle und lauschte in die Stille des herniedersinkenden Abends. Aber bald fröstelte es sie. Es war kalt und sie besaß keine Tücher, in die sie sich hätte einhüllen können. So mußte sie sich etwas Bewegung verschaffen. Da es inzwischen finster geworden war, hatte sie weniger zu befürchten. Also wanderte sie der Stadt zu.

Als sie der ersten Häuser ansichtig wurde, zögerte sie. War es nicht klüger, gar nicht nach Hause zu gehen, sondern die Eltern durch einen Boten von ihrem Kommen in Kenntnis setzen zu lassen? In jenem Hause wohnte Roland Masson, der auch zur Religion gehörte. Der würde ihr, wenn er daheim war, diesen Dienst bestimmt erweisen.

Ja, er war da. «Mademoiselle, Ihr seid es? Ich habe Euch nicht erkannt.»

«Wißt Ihr etwas von meinen Eltern?»

«Der junge Herr ist da, ich habe ihn gestern gesehen.»

«Ja, Gott sei Dank, daß er da ist.» Und dann brachte sie ihr Anliegen vor. Masson war gerne bereit, den Gamonds die Botschaft zu übermitteln.

«Ich werde sie auf dem Weg zum Rebgelände erwarten, dort wird uns niemand stören.»

Es dauerte lange, bis sie hörte, daß jemand daherkam. Vorsichtigerweise trat sie hinter Strauchwerk zurück. Aber dann erkannte sie die Stimme ihrer Mutter und eilte ihnen entgegen. Ja, sie waren es, die Eltern und Claude: «Vater, Mutter, endlich ist es soweit! Der Winter hat lange gedauert! Habt ihr die Reise nun vorbereitet?»

«Wie hätten wir das tun können», antwortete der Vater zögernd. «Und überhaupt –»

«Wie meinst du das?»

«Claude ist da, willst du ihn nicht endlich grüßen?»

Ach ja, natürlich, Claude, wie groß er geworden war! Als er vor zehn Jahren nach Paris gegangen war, da war er noch ein Bursche gewesen, und jetzt war ein Mann aus ihm geworden.

«Blanche, wir haben uns lange nicht mehr gesehen. Aber wie so ganz anders habe ich es mir vorgestellt! Wie anders ist alles geworden!»

«Es ist gut, daß du gekommen bist, Claude.» Und es tat ihr so unsäglich wohl, ihren Kopf gegen seine breite Brust zu lehnen und die starken Arme zu spüren, die sie umfingen.

«Ich hatte dich nicht vergessen, Blanche, meine kleine Taube. Und manchmal habe ich mir gewünscht, du wärest bei mir in Paris.»

«Was hätte ich in Paris tun sollen?»

«Wirst du mich begleiten, wenn ich zurückkehre?»

«Du willst nach Paris zurück, Claude?»

«Was denn sonst? Hier in Saint-Paul mag ich nicht bleiben, nein, das könnte ich nicht, wo jeder den andern kennt und bespitzelt.»

«Ist es in Paris anders?»

«O ja, Paris ist groß. Freilich hat sich auch dort manches geändert. Es wird auch in Paris den Hugenotten nicht leicht gemacht.»

«Claude hat erzählt, daß sie dort auch keine Predigten mehr hören», mischte sich der Vater ins Gespräch der Jungen.

«Ja», bestätigte Claude, «in Paris selbst hatten wir überhaupt nie reformierte Gotteshäuser. Das hat der König nie zugelassen. Aber in Charenton gab es einen prächtigen

Tempel, zu dem wir auf der Seine hinfahren mußten. Doch jetzt darf auch dort nicht mehr gepredigt werden. Am 14. Oktober hat Pfarrer Jean Claude seine letzte Predigt in Charenton gehalten. Ich habe ihn noch gehört, kurz nachher ist er des Landes verwiesen worden. Er ist nach Holland geflohen.»

«Und dennoch willst du zurück?» entsetzte sich Blanche.

«Warum nicht? Es ist dort noch immer besser als hier. Und in Paris habe ich meine Beschäftigung.»

«Ja, hier in Saint-Paul ist es nicht gut. Aber jenseits der Grenze. Da ist die Freiheit. Habt ihr nicht miteinander gesprochen? Haben dir die Eltern nichts von unserem Plane gesagt?»

«Doch, wir haben miteinander gesprochen», sagte Benoîte Malarte mit einer Betonung, die Blanche aufhorchen ließ.

«Und?» fragte sie gespannt, «es ist doch beschlossen –»

«Es wird nicht möglich sein, Kind, du mußt das einsehen. Der Vater kann nicht mehr. Es wäre sein sicherer Tod.»

«Vater, Mutter, so wollt ihr –»

«Die Umstände waren stärker als wir, du mußt uns verstehen. Du selbst bist jung, da ist es etwas anderes. Wenn es nach wie vor deine Absicht ist – wir wollen, wir dürfen dich nicht zurückhalten.»

«Und Claude?» fragte Blanche nach einer Weile.

«Ich werde dich mit mir nach Paris nehmen. Unter so vielen Menschen kann sich einer besser verborgen halten. Es wäre nur schlimm, wenn du krank würdest. Die Kranken, deren sie habhaft werden können, greifen sie auf und schleppen sie in die Messe. Durch königliche Order haben Mitte Oktober alle Reformierten, die noch kein Jahr in Paris ansässig waren, die Stadt verlassen müssen, um an ihren früheren Wohnort zurückzukehren. Und Rechtgläubigen ist es bei schweren Strafen untersagt, Reformierte bei sich aufzunehmen. Es gelten im ganzen Land dieselben Gesetze. Und dennoch –»

«Und dennoch willst du zurück? Gott bewahre mich davor, nach Paris werde ich nicht gehen. Nie in meinem Leben. Ich werde – ich muß an meinem Plan festhalten und versuchen, über die Grenze zu entkommen.»

«Auch das ist gefährlich. Wer dabei entdeckt wird, ist verloren.»

«Ich weiß es. Und trotzdem wage ich es. Ich kann nicht anders, denn ich habe den Auftrag. Willst du mich nicht begleiten? Wir zwei – es müßte gelingen.»

«Ich habe auch schon daran gedacht –»

«Und?»

«Wenn du meinst – aber die Eltern?»

«Mit mir könnt ihr nicht mehr rechnen, ich wäre euch nur hinderlich», sagte Michel Gamond lebhaft.

«Und die Mutter?»

«Kann ich Michel allein zurücklassen? Er ist auf mich angewiesen. Versteht es doch, in unserem Alter –»

«Es unternehmen viele das Wagnis, die älter sind als ihr.»

«Macht es uns nicht zu schwer! Ach, ihr guten Kinder!» Und Benoîte Malarte brach in Tränen aus und schlang ihre Arme um Claudes Nacken.

«Aber Mutter, Ihr versteht es doch, daß wir, daß wenigstens wir gehen müssen?»

«Ja, Blanche, das sehe ich ein. Und deshalb halte ich euch auch nicht zurück, wenn es mir auch das Herz abwürgen will, euch ziehen zu lassen, in all das Ungewisse, in die Gefahr.»

«Erinnert Ihr Euch noch, Mutter, wie ich Euch bat, mich nach Tulette in die Kirche gehen zu lassen? Ihr habt es mir nicht erlaubt, weil Ihr dachtet, Ihr könntet nicht ohne mich sein –»

«Gewiß, mein Kind, ich erinnere mich. Nur aus Liebe hielt ich dich davon ab –»

«Aber es war eine falsche Liebe. Väter und Mütter haben nie das Recht, ihre Kinder aus eigensüchtiger Liebe von ihren guten Absichten abspenstig zu machen. Es hat mich geschmerzt, als Ihr mir meinen Wunsch nicht erfülltet.»

«Ich weiß, ich weiß», schluchzte Benoîte Malarte, «und ich bitte Gott und dich um Verzeihung, daß ich so selbstsüchtig war.»

«Dann ist ja alles gut, dann können wir gehen. Bist du bereit, Claude?»

«Jetzt? Noch heute? Mitten in der Nacht?» Nein, damit hatte Claude nicht gerechnet.

«Was sollen wir warten? Ich darf mich in Saint-Paul nicht mehr sehen lassen. Ist es da nicht am besten, gleich aufzubrechen, jetzt, in der Nacht, da niemand auf den Straßen ist?»

«Ja, das ist wahr. Ich eile zurück und hole, was wir notwendig brauchen werden. Wartet hier auf mich. Bis ich zurück bin, hast du noch Zeit, dich mit deinen Eltern auszusprechen. Es wird nicht lange dauern, bis ich wieder da bin.»

Und schon war er im Dunkel der Nacht verschwunden. Blanche Gamond setzte sich mit den Eltern auf ein Mäuerchen. Über ihnen schimmerte das blütenweiße Geäst eines Kirschbaumes, und aus der Ferne war das Quarren von Fröschen zu hören. «Vater», sagte Blanche nach einer Weile in das Schweigen, «so möchte ich Euch denn bitten, mir zu verzeihen, daß ich Euch nicht immer den schuldigen Gehorsam erwies. Zürnt es mir nicht und verzeiht mir, lieber Vater. Ich bitte Euch, mich zu segnen, denn vielleicht sehen wir uns heute zum letztenmal in dieser Welt.»

«Mein gutes Kind», sagte Michel Gamond mit zitternder Stimme, «du bist mir immer lieb und teuer gewesen. Und deine Liebe überwiegt alles andere um ein Vielfaches. Ich wüßte nicht, was ich dir zu verzeihen hätte. Gott sei mit dir, mein geliebtes Kind, und wenn dir etwas zustoßen sollte, so wissen wir, daß du in Gottes gnädige Vaterhand fallen wirst.»

Und dann umarmte Blanche ihre Mutter, deren Tränen ihr das Gesicht netzten, und bat auch sie um ihren Segen.

Als Claude zurückkam, einen Sack über der Schulter, brachen sie auf. Die Eltern begleiteten ihre Kinder noch ein Stück weit. An einem Kreuzweg trennten sie sich. Claude kniete vor den Eltern nieder, und Tränen schimmerten in seinen Augen, als er den Vater und die Mutter um Verzeihung und um ihren Segen bat. Wie schwer fiel ihnen allen der Abschied, der ja leicht ein Abschied für immer sein konnte.

Dann setzten Claude und Blanche ihren Weg fort, und die Eltern standen da und lauschten in die Nacht, bis die Schritte ihrer Kinder verhallt waren.

Die Geschwister sprachen nicht viel. Noch waren ihre Herzen vom Abschied schwer, und so hing jedes seinen eigenen Gedanken nach.

Als der neue Tag zu dämmern begann, kamen sie an einer mit Bäumen bestandenen Anhöhe vorbei und beschlossen, hier im Gehölz ein geschütztes Plätzchen zu suchen und sich auszuruhen. Sie stärkten sich von dem, was Claude im Sack mitgebracht hatte. Und dann saßen sie schweigend nebeneinander und sahen, wie hinter den bewaldeten Höhen die Sonne heraufstieg und Schatten und Dunkelheit vor ihrem Licht zerrannen.

«Ach Claude, es tut mir so leid, daß wir die Mutter zurückgelassen haben. Ich kann den Gedanken an sie nicht loswerden. Und deshalb bitte ich dich, kehre zurück und hole sie, damit wir mit Hilfe des Herrn mit ihr gemeinsam dies Land der Prüfungen verlassen können. Wie glücklich wäre ich, wenn auch der Vater uns begleiten könnte, doch ist zu befürchten, daß dies nicht möglich sein wird. Die Krankheit, die ihn heimsuchte, all das Leid und all die Enttäuschungen haben ihn zu sehr geschwächt. Er hätte die Kraft nicht mehr, uns zu folgen. Willst du es für mich tun?»

«Ja, ich will es tun, ich habe selber daran gedacht, und so will ich dir deinen Wunsch, der auch der meine ist, gerne erfüllen.»

«So werde ich an dieser Stelle auf dich warten und Gott bitten, dich nicht allein zu mir zurückkehren zu lassen.»

Und so saß sie da und wartete, und als schon die Sonne untergegangen war und aus den Wäldern bläuliche Nebelschleier emporstiegen, hörte sie ein Knacken im Gesträuch und bald darauf Claudes verhalten rufende Stimme. Sie erhob sich und eilte ihm entgegen. «Gott sei gelobt!» rief sie aus, als sie hinter dem Bruder auch die Mutter gewahrte. «Ach Mutter, was für ein Glück, daß Ihr da seid! Ihr könnt ja nicht wissen, wie schwer es mir gefallen ist, Euch zu verlassen. Gelobt sei der Herr, der mich nicht umsonst nach Euch weinen und schluchzen ließ. Jetzt werden wir uns nie mehr trennen und werden für immer beieinander bleiben –»

«Sofern nicht andere uns voneinanderreißen werden», fügte die Mutter bei.

«Und der Vater? Wie traurig, daß er in Saint-Paul zurückbleiben muß.»

«Das ist auch mein Leid, aber er hätte uns unmöglich begleiten können. Nie und nimmer hätten seine Kräfte für das, was wir vorhaben, ausgereicht. Nun, sie werden ihn in Saint-Paul kaum mehr plagen. Das ist mir ein Trost.»

«Weißt du den Weg, den wir gehen müssen?» fragte Blanche ihren Bruder.

«Unser Ziel ist Grenoble und die dahintergelegene Grenze von Savoyen. Den Weg kenne ich nicht, ich weiß nur, daß wir über den Berg hinüber müssen. Und der ist zu dieser Zeit noch tief verschneit.»

«Gott wird uns hinüberhelfen», sagte Blanche schlicht. «Ruht euch aus, eßt etwas, damit wir nachher aufbrechen können. In der Dunkelheit wandern wir am sichersten.»

Und tatsächlich mußten die Flüchtlinge überall, vor allem aber in den Grenzgebieten, damit rechnen, beobachtet und verraten zu werden. Nicht nur am Tag, auch in der Nacht hielten sich in Dörfern und Städten Wächter auf den Straßen auf, denen für die Ergreifung jedes Flüchtlings als Belohnung zehn Silbertaler versprochen waren. Vielerorts wurden die Bauern gezwungen, sich an der Jagd nach Flüchtlingen zu beteiligen, man versah sie mit Waffen, zwang sie, ihre Arbeit im Stich zu lassen und dafür die Straßen und Übergänge zu bewachen. Um sich schadlos zu halten, war ihnen gestattet, die ergriffenen Flüchtlinge auszurauben. Trug ein Flüchtling Waffen auf sich, dann mußte er damit rechnen, schon beim Ergriffenwerden oder nach einem kurzen Gerichtsverfahren gehängt oder erschossen zu werden. Unbewaffneten Flüchtlingen stand lebenslängliche Haft bevor, den Männern als Ruderknechte auf den Galeeren, den Frauen in Gefängnissen, wobei in jedem Fall der Besitz beschlagnahmt wurde.

Aber alle diese Maßnahmen vermochten ebensowenig wie die immer wieder neuen königlichen Erlasse, die Flüchtlingsflut einzudämmen und die Reformierten von ihrem gefahrvollen, oft verzweifelten Beginnen abzuhalten, wird doch nach neueren Berechnungen ihre Zahl auf 700000 geschätzt. Im ganzen Lande wimmelte es von Flüchtlingen. Manche von ihnen versuchten, ihr Ziel in allen möglichen Verkleidungen als Bäuerinnen, Mägde, Soldaten, Jäger oder Lakaien zu erreichen, wobei sie Haare und Gesichter mit Salben und Säften färbten und die unglaublichsten Entbehrungen und Demütigungen auf sich nehmen mußten, wenn es den Grenzposten einfiel, mit den vermeintlichen Mägden oft recht derbe und handgreifliche Späße zu treiben.

Im Brief einer jungen Hugenottin, Marie Dubois aus Metz, findet sich folgende Stelle: «Der Entschluß, Babylon zu verlassen und an einen Ort zu fliehen, wo man Gott in Freiheit dienen darf, nötigte mich und meine gleichgesinnten Gefährtinnen, entgegen dem Verbot des Königs die Flucht zu versuchen. Wir hatten aber noch keine vier Meilen zurückgelegt, als wir in Courcelles durch einen Trupp Dragoner angehalten wurden. Nachdem sie uns mißhandelt hatten, mußten wir es erdulden, daß sie uns unserer Kleider beraubten und uns auch alles andere stahlen, was wir bei uns hatten. Wenigstens ließen sie uns nachher laufen. Als dann aber nach einiger Zeit die Grausamkeit der Soldaten überall zunahm, beschlossen wir, ein zweites Mal zu versuchen, der Tyrannei zu entfliehen. Ein Fuhrknecht, dem wir eine große Belohnung in Aussicht stellten für den Fall, daß es ihm gelingen sollte, uns über die Grenze zu bringen, steckte mich und meine beiden Begleiterinnen, zwei große Mädchen, in ein Faß, das er noch in ein Segeltuch einwickelte. Damit wir atmen konnten, war das Faß mit einer kleinen Öffnung versehen. Obschon wir uns in denkbar unbequemer Lage befanden, gab uns Gott die nötige Kraft, drei Tage und drei Nächte in diesem Versteck auszuharren. Wir waren nur noch vier Wegstunden von der Grenze entfernt, als es der erbärmliche Fuhrknecht beim plötzlichen Lärm der Trommeln aus der nahen Garnison mit der Angst zu tun bekam und nichts anderes glaubte, als daß ihm die Dragoner auf den Fersen seien. Wir beschworen ihn, flehten und baten, doch weiterzufahren, aber er ließ sich nicht erweichen.

Bleich und an allen Gliedern zitternd schirrte er eines der Pferde aus, schwang sich auf dessen Rücken und trabte davon, uns unserem Schicksal überlassend. Weinend krochen wir aus unserem elenden Faß und flohen in ein nahes Gehölz, um uns dort zu verbergen. Wir waren jedoch bereits von Bauern gesehen worden, die herbeigerannt kamen, um uns zu packen...»

Solcherart waren die Gefahren, denen sich mit ihrer Flucht auch die drei Gamonds aussetzten. Die Gegend, die sie zur Erreichung ihres Zieles zu durchqueren hatten, war die Drôme, das Land der schwarzen, wildzerklüfteten Berge mit ihren Schluchten und steil abfallenden Felsen. Und es war früh im Jahr, die Wildbäche waren angeschwollen vom Schmelzwasser und die zu übersteigenden Berge und Übergänge noch tief verschneit. Aber waren nicht die Gefahren, denen sie zu entrinnen versuchten, noch viel schlimmer als das, was die wenig bergtüchtigen und nur mangelhaft ausgerüsteten Wanderer nun auf sich nahmen? Die Flucht konnte mißglücken, dessen waren sie sich durchaus bewußt; aber mußten sie nicht, wenn sie diesen Versuch unterließen, damit rechnen, dennoch verhaftet, verurteilt und ins Gefängnis geworfen zu werden? So hatten sie immerhin eine Chance, die Chance, endlich wieder in Freiheit leben und nach ihrem Gewissen glauben zu dürfen.

Und dennoch stellten sie sich auf der Flucht mehr als einmal die Frage, ob sie nicht aufgeben, ob sie nicht zurückkehren sollten. Weil es einfach über ihre Kräfte ging, vor allem, als sie dann in den Schnee hinaufkamen. Ihr Schuhwerk war durchnäßt, zerfetzt und zerrissen, und oft reichte ihnen der schwere Schnee bis zu den Hüften. Immer wieder sanken und brachen sie ein, Meter um Meter mußten sie sich vorwärtskämpfen, und in den Nächten gefroren ihre nassen Kleider.

«Nie und nimmer wäre der Vater durch diese weiße Hölle gekommen», keuchte Claude Gamond, während sie einem reißenden Wildwasser entlang über Steinblöcke hinwegkletterten, nach einer Stelle Ausschau haltend, wo es möglich war, ans andere Ufer zu gelangen. Wer hier ausrutschte und vom eiskalten Wasser erfaßt und weggerissen wurde, war verloren.

Es waren schreckliche Tage, aber noch viel fürchterlicher waren die Nächte in ihrer grauenhaften Endlosigkeit.

«Laßt mich liegen», sagte eines Morgens die Mutter Benoîte Malarte, als Blanche und Claude aufbrechen wollten. «Laßt mich liegen und schlafen, dann ist alles zu Ende.»

«Rafft Euch auf, Mutter, das Schlimmste liegt bestimmt hinter uns, in zwei Tagen, oder vielleicht noch eher, können wir in Grenoble sein», sprach Blanche der völlig Entkräfteten zu. «Dort werden wir uns ausruhen, uns satt essen und neu ausstaffieren können. Mutter! Gott wird Euch beistehen, verlaßt Euch auf ihn!»

Und sie zerrten sie hoch und Claude flößte ihr Branntwein ein. Dann setzten die drei schwankend ihre Wanderung fort und staunten selber darüber, daß sie überhaupt noch konnten, daß die Glieder nicht einfach versagten und sie zusammensackten und liegenblieben.

Auf einer Alp stießen sie auf eine steinerne Hütte, in der sie unterkrochen und sich wieder einmal an einem Feuer erwärmten, das Claude mit unendlicher Mühe angefacht hatte. Und dann fielen sie in einen betäubungsähnlichen Schlaf. Als sie wieder zu sich kamen – sie wußten nicht, wie lange sie dagelegen hatten –, fühlten sie sich etwas besser. Sie aßen von ihren zu Ende gehenden Vorräten und setzten ihren Weg fort.

Als sie dann endlich das freie, in Sonnenlicht getauchte Land zu ihren Füßen sich ausbreiten sahen und die schwarzen, mit schweren Wolken verhängten Berge hinter ihnen lagen, umarmten sie sich vor Glück und ließen ihren Tränen freien Lauf.

«Es ist der Blick in das Gelobte Land, das uns der Herr verheißen hat», hauchte Benoîte Malarte und sank in die Knie. «Nie, nie werde ich diesen Anblick vergessen.»

Blanche kniete neben ihr hin und Claude stand hinter ihnen, und alle drei schauten hinunter ins weite, blau schimmernde Tal, durch das sich, wie ein silbrig glitzerndes Band, in vielfachen Schleifen die Isère wand. Und dort, die vielen Häuser, das mußte Grenoble sein.

Die Verhaftung

Acht Tage hielten sich die drei Gamonds in Grenoble auf. Sie fanden bei Glaubensgenossen freundliche Aufnahme und gute Unterkunft, so daß sie sich von ihren Strapazen rasch erholten. Die sich ihnen hier bietende Gelegenheit, sich auszuruhen und neue Kräfte zu sammeln, war aber nicht der einzige Grund, der sie veranlaßte, sich eine Woche in der schönen und reichen Stadt aufzuhalten, deren vornehmste reformierte Bewohner leider schon vor anderthalb Jahren, am 6. Oktober 1684, in der dunklen Kathedrale Notre Dame ihren Glauben verleugnet hatten und katholisch geworden waren, unter ihnen der Generalschatzmeister Frankreichs, Samson Vial, der zweite Präsident des Parlaments, Laurent de Perrisol Allamand, und das Parlamentsmitglied Alexandre de Pascal.

Es galt für die Flüchtlinge, nun Führer zu finden, die bereit waren, das Wagnis auf sich zu nehmen, sie – allerdings gegen eine hohe Belohnung – über die französische Grenze nach Savoyen in die Freiheit zu bringen. Allein hinüberkommen zu wollen, war ein Unterfangen, das nur wenigen gelang. Obwohl jeder, der Flüchtlingen behilflich war, das Königreich zu verlassen, mit lebenslänglicher Haft und später sogar mit dem Tode bedroht war, fehlte es doch nie an Männern, die das Hinüberschmuggeln von Flüchtlingen über die Grenze nicht nur gelegentlich, sondern als eigentlichen Beruf betrieben, obwohl sie jedesmal ihr Vermögen, ihre Familie und ihr eigenes Leben aufs Spiel setzten. Wenn jemand sie denunzierte und sie erwischt wurden, erhielten die Verräter die Hälfte des konfiszierten Besitzes als Judaslohn. So mußten denn die Führer, der Gefahr entsprechend, in die sie sich begaben, hoch entlöhnt werden. Sie verlangten für eine Person bis zu sechstausend Franken, so daß sich Unbemittelte einen Führer gar nicht leisten konnten. Unter diesen Führern gab es natürlich auch Gesindel, üble Gesellen, die die Flüchtlinge, die sich ihnen anvertraut hatten, entweder den Soldaten in die Hände spielten oder sie in einsamer Gegend überfielen, beraubten oder gar ermordeten. Andere Führer wiederum erwiesen sich als treue und wagemutige Männer, denen es ein Anliegen war, den Verfolgten zu helfen auch unter Einsatz ihres eigenen Lebens. Zwei der bekanntesten Führer waren François Malblanc und Paul Ragatz aus Graubünden, der in Lyon aufgewachsen war und sich bei seiner Verhaftung Henri Berger nannte. Beide kamen auf die Galeeren.

Während sich die drei Gamonds durch Glaubensgenossen als Vermittler nach vertrauenswürdigen Führern umtaten, lernten sie zwei Reformierte aus der Basse-Guyenne kennen, die in der gleichen Absicht wie sie nach Grenoble gekommen waren. Es waren ein Herr Cassagne und dessen Schwester Marthe, liebenswürdige, glaubenstreue, vielleicht etwas ängstliche Menschen, die nun überglücklich waren, sich zu dem gefahrvollen Unternehmen den drei Gefährten aus dem «Tricastin» anschließen zu dürfen.

Herr Cassagne war ein Notar, der sich neben seinem Beruf aus Liebhaberei mit geschichtlichen Studien befaßte. «Aus Saint-Paul-Trois-Châteaux kommt Ihr?» unterhielt er sich mit Claude Gamond, als die fünf an einem schönen und warmen Nachmittag zur Bastei emporstiegen, um einmal von dort einen Überblick über die Stadt zu gewinnen. «War Euch bekannt, daß die Gründung von Saint-Paul ins erste Jahrhundert nach Christus zurückreicht, und daß der Kaiser Augustus ihr den Namen Augusta Tricastinorum gegeben hat?»

Das hatte Claude freilich nicht gewußt, doch war ihm bekannt gewesen, daß die Stadt aus einer römischen Siedlung hervorgegangen war. «Wie aber ist sie denn zu ihrem heutigen Namen gekommen?» wollte er wissen.

«Durch ein sprachliches Mißverständnis», lächelte Cassagne, beglückt, einen interessierten Zuhörer gefunden zu haben. «Tricastin ist keltisch und bedeutet Land des weißen Gesteins. Im vierten oder fünften Jahrhundert, als die Bewohner die ursprüngliche Bezeichnung Augusta Tricastinorum in Saint-Paul-Trois-Châteaux umwandelten, wollten sie mit Saint-Paul einen Bischof ehren, der ihrer Meinung nach die Stadt weise betreut hatte, und das keltische Tricastin, das sie nicht mehr verstanden, übersetzten sie irrtümlich mit Trois-Châteaux und dachten dabei an die drei die Gegend beherrschenden Burgen von La Baume, Suze-la-Rousse und Grignan.»

Nun hatten die beiden jungen Männer die Höhe erreicht und wandten sich nach ihren Begleiterinnen um. Sie waren so in ihr Gespräch vertieft gewesen, daß sie gar nicht bemerkt hatten, daß die drei Frauen ziemlich weit zurückgeblieben waren. Die Sonne schien warm und Schatten gab es auf diesem steilen Pfad keinen. So kamen sie, da sie ja auch auf Benoîte Malarte Rücksicht nehmen mußten, nur langsam voran.

Cassagne und Claude Gamond setzten sich wartend ins Gras und genossen die Sonnenwärme, die seit einigen Tagen die Felder rings um die Stadt in weiß und blaßrot blühende Gärten verzaubert hatte. Ah, der Blick, der sich ihnen hier bot! In wunderbarer Klarheit offenbarten ihnen die noch verschneiten Gipfel der Alpen ihre Schönheit, und in der Tiefe glitzerte das Wasser der die Stadt umschlingenden Isère. «Wie schön ist der Anblick der Berge», sagte Claude nachdenklich, «und was für Gefahren und Schrecknisse haben sie für den bereit, der sich ihnen naht und sie zu bezwingen versucht!»

«Wir sind nicht über die Berge, sondern dem Fluß entlang gekommen. Und diese Reise war für uns gerade anstrengend genug», meinte Cassagne. «Wir werden auch übermorgen, wenn wir aufbrechen, dem Fluß entlang gehen, wie mir die Führer verraten haben.»

Am 30. März 1686 verließen die drei Gamonds und die beiden Cassagnes in Begleitung von vier Führern Grenoble, wohlgemut, zuversichtlich und in guter körperlicher Verfassung. Das Schlimmste hatten sie ja wohl hinter sich, nun würde es, bis sie erlöst waren, nur noch wenige Tage dauern. «Herr, segne unser Vorhaben und steh uns bei!» beteten die Frauen.

In der ersten Nacht fanden sie Unterkunft in einem einsam gelegenen Bauerngehöft. Da die Führer in Erfahrung gebracht hatten, daß sich die Dragoner des Regiments Arnaudfini in der Gegend aufhielten, schlugen sie vor, am folgenden Tag die Reise nicht fortzusetzen, sondern abzuwarten, bis die Truppen weitergezogen waren. Aber dann ergaben neue Erkundigungen, daß das Regiment bis auf weiteres hier stationiert blieb. Die Führer besprachen die Lage mit den Flüchtlingen und kamen überein, unter diesen Umständen nicht länger zu warten, da sie ja auch in ihrem Versteck nicht sicher waren. Es lag durchaus im

Bereich des Möglichen, daß die Dragoner auf einer ihrer Streifen auch das Gehöft durchsuchten. So brachen sie denn in der Nacht des zweiten Tages auf und langten bei Tagesanbruch gut und unbehelligt in der Nähe der Brücke von Goncelin an, die ganz nahe der damaligen Grenze zwischen Frankreich und Savoyen über die Isère führte. Es befand sich dort mitten im Fluß eine mit Bäumen und Sträuchern dicht bewachsene Insel, und die Führer schlugen vor, auf ihr den Tag zu verbringen, sich dort auszuruhen und die Wanderung nach Einbruch der Dunkelheit fortzusetzen.

Nach einigem Suchen gelang es ihnen sogar, einen Kahn ausfindig zu machen, der es ihnen mit einiger Mühe ermöglichte, unter zwei Malen auf die Insel überzusetzen. Damit er vom Ufer aus nicht gesehen werden konnte, zogen sie ihn an Land und verbargen ihn hinter Ranken und frischbelaubtem Buschwerk. Dann machten sie es sich in einer kleinen, grasbewachsenen Mulde unter Weiden und Erlen bequem.

Aber es dauerte nicht lange, bis ein plötzliches Geräusch brechender Äste und ein paar rasch aufeinanderfolgende Schüsse sie in Angst und Schrecken versetzten. Waren sie beobachtet worden, wurden sie verfolgt?

Schon brachen Reiter durch das Gesträuch. Sieben Dragoner. Überrascht hielten sie ihre Pferde an, offenbar waren sie nicht darauf gefaßt gewesen, hier auf der Insel auf Menschen zu stoßen. «Wo kommt ihr her?» fragten sie, «und wer seid ihr? Was treibt ihr da im verborgenen? Vorwärts, weist euch aus, zeigt uns eure Papiere!»

«Wir haben keine Papiere.»

«So gehört ihr zu diesem Lumpengesindel, das der König auszurotten befohlen hat?»

«Das nenne ich einen guten Fang am Morgen früh, kostbarer als die paar Enten, die uns entwischt sind», lachte ein anderer, ein bärtiger Kerl, «neun mal zehn Silbertaler Belohnung, das läßt sich hören.»

Unterdessen waren drei der Dragoner von den Pferden gestiegen und zu den Flüchtlingen hingegangen. «Wie seid ihr hierhergekommen?»

«Wie man auf eine Insel zu kommen pflegt», gab Claude Gamond unwirsch zur Antwort. Es war ja jetzt doch alles verloren.

«Nur heraus mit der Sprache!»

Da wies Cassagne auf das in der Nähe verborgene Boot.

«Ausgezeichnet. Mit diesem Kahn werden wir euch sicherer ans Ufer bringen.»

Da er höchstens sechs Personen auf einmal fassen konnte, kamen sie überein, drei der Dragoner sollten sich an der dreimaligen Hin- und Herfahrt beteiligen und die andern vier reitend und mit den Pferden der Kameraden übersetzen. Cassagne und zwei der Führer wurden als erste in den Kahn bugsiert, bei der zweiten Überfahrt kamen Blanche Gamond und die beiden andern Führer an die Reihe, und schließlich mußten von der Insel noch Mademoiselle Cassagne, Claude Gamond und Benoîte Malarte geholt werden.

Aber noch während der Kahn mit seiner letzten Fracht dem Ufer zutrieb, erscholl von dorther plötzlich wildes Geschrei, und als sie das Ufer erreichten, hieß es, die Männer, das waren Cassagne und die vier Führer, hätten sich davongemacht, während die Dragoner noch einmal nach der Insel zurückgekehrt seien, da einer behauptet habe, die Flüchtlinge hielten dort ihr wertvolles Gepäck verborgen.

Natürlich wurde so rasch als möglich versucht, die Entwichenen einzuholen, doch nach einiger Zeit kehrten die vier ausgesandten Dragoner mißmutig, fluchend und unverrichteter Dinge zurück. Fünf mal zehn Silbertaler hatten sie eingebüßt. «So sollen uns wenigstens die nicht auch noch entwischen!» lärmten sie.

«Der Braten ist zusammengeschrumpft», spottete der Bärtige, «es bleiben uns nur noch vierzig Silbertaler. Immerhin, soviel bringt uns nicht jeder Tag ein. Seien wir also zufrieden.»

Traurig und niedergeschlagen, von den Dragonern scharf bewacht und ständig angebrüllt und zur Eile aufgefordert, zogen die drei Gamonds und Marthe Cassagne den Weg zurück, den sie gekommen waren.

Waren die Führer unehrlich gewesen? Hatten sie sie an die Truppen verraten und hatten diese sie deshalb entwischen lassen?

Möglich war es, doch nicht wahrscheinlich, die Überraschung der Dragoner beim Anblick der Flüchtlinge schien echt gewesen zu sein. Wie dem auch sein mochte, jetzt war für die Gefangenen alles verloren, ihr trauriges Schicksal, das Schicksal aller aufgegriffenen Flüchtlinge, die entgegen dem königlichen Verbot versucht hatten, Frankreich zu verlassen, war besiegelt. Claude Gamond würde zu Galeerendienst und die drei Frauen zu lebenslänglicher Haft verurteilt werden. Das war es, was ihnen bevorstand. Und sie mußten noch froh sein, wenn sie nicht hingerichtet wurden.

Sie wurden nach La Terrasse geführt, einem Dorf, das früher reformiert gewesen war. Dort wurden sie unverzüglich dem Kommandanten vorgestellt.

«Untersucht sie und nehmt ihnen alles ab, was sie auf sich haben», befahl dieser den Dragonern und strich, sie mit frechen Blicken musternd, um Blanche Gamond herum. «Da ist uns ja ein recht hübscher Vogel ins Netz geraten!»

Ohne ihm eine Antwort zu geben, drehte ihm Blanche den Rücken zu.

«Ei, ei, wir werden ihm seine Flügel schon brechen. Vorwärts, zieht sie aus bis aufs Hemd!»

Und sie mußten es über sich ergehen lassen, daß die Soldaten sie unter unflätigen Bemerkungen auszogen und dann jedes der Wäsche- und Kleidungsstücke genauestens untersuchten, ob nicht etwas eingenäht sei. Sowohl bei Demoiselle Cassagne als auch bei Blanche Gamond fanden sie mehrere Geldstücke. Darauf wurden sogar die Stäbchen in Blanches Mieder zerbrochen, da die Soldaten hofften, auch darin Geld zu finden, was dann allerdings nicht der Fall war. Dafür entdeckten sie, in das Leibchen eingenäht, ein zusammengerolltes Blatt Papier, das ganz eng beschrieben war.

Die Soldaten reichten es dem Kommandanten, der es interessiert musterte, ohne daraus klug werden zu können. «Was soll das?» herrschte er Blanche Gamond an.

«Es sind die Bibelstellen, die uns Pfarrer Piffard erklärt hat, als er noch im Tempel von Saint-Paul-Trois-Châteaux predigen durfte.»

«Und zu welchem Zweck habt Ihr sie aufgeschrieben?»

«Weil ich dachte, diese Verse könnten mich in Zeiten der Not und der Anfechtung stärken.»

Der Kommandant schüttelte den Kopf. «Es ist wahr, was man diesen Leuten nachsagt: sie sind alle vom Teufel besessen.» Und damit legte er das Papier zu der Wäsche und dem Geld auf den Tisch.

Auch Claude Gamond war bis auf den nackten Leib untersucht worden. Aber die Waffen, die man auf ihm zu entdecken gehofft hatte, waren nicht zu finden gewesen. Nachdem er sich wieder angezogen hatte, wurden ihm die Hände auf den Rücken gebunden, worauf sie ihn in eine Kammer führten, wo er auf dem Fußboden schlafen sollte.

Benoîte Malarte mußte die Nacht im Raume nebenan verbringen, während Blanche Gamond und Marthe Cassagne über die Straße in ein anderes Haus geführt wurden, um zu verhindern, daß sich die Flüchtlinge unter sich verständigen konnten. Nach einer halb durchwachten Nacht, in der ein sintflutartiger Regen niedergegangen war, wurden sie in aller Frühe auf die Straße getrieben. Es regnete immer noch, so daß sie schon nach kurzer Zeit völlig durchnäßt waren. Der Kommandant hatte zwei Dragoner bestimmt, die die Flüchtlinge nach Grenoble bringen sollten.

Ohne Unterlaß stürzte das Wasser aus den tiefhängenden, dunklen Wolken auf sie herab. Als sie etwa zwei Stunden unterwegs waren, kamen sie durch ein Wäldchen. Hier bat Claude Gamond um die Erlaubnis, für einen Augenblick austreten zu dürfen, was ihm die Dragoner, die sich trotz des Regens angeregt unterhalten hatten, gutmütig gestatteten.

Wartend standen die andern im Regen.

«Heda, seid Ihr nicht bald fertig?» rief einer der Dragoner nach einer Weile in den Wald.

Als er nicht sofort eine Antwort bekam, wurden die beiden stutzig.

«Ich werde nachsehen und ihm Beine machen», lachte der eine und lenkte das Pferd unter die triefenden Bäume, während der andere wachend bei den drei Frauen zurückblieb. «Ihr verfluchten Hexen!» schrie er sie an, «wenn auch er uns entwischt ist, dann werden wir euch dafür büßen lassen!»

Es dauerte lange, bis sein Kamerad zurückkam. Er kam allein.

«Dem Himmel sei Dank!» entfuhr es der Mutter.

«Der Satan mag wissen, wo der sich verborgen hält. Nicht die geringste Spur habe ich von ihm entdecken können.»

«Hätten wir den Kerl in die Hosen scheißen lassen!»

schrie der andere, «dieser Dreck ist uns teuer zu stehen gekommen.»

«Am besten binden wir diese Hurenweiber an die Schwänze unserer Pferde, damit sie uns nicht auch noch entwischen», gab der erste seinem Ärger Ausdruck. Es war ihm weniger um den Geflüchteten als vielmehr um die zehn Silbertaler zu tun, die er mit ihm verloren hatte.

Ihre Drohung, die Frauen an die Pferde zu binden, machten die Dragoner dann glücklicherweise doch nicht wahr; aber sie hörten nicht auf, die Frauen zu beschimpfen und ihnen die unflätigsten Dinge zu sagen, bis sie in Grenoble ankamen, wo die Verhafteten ohne Verzug dem Intendanten vorgeführt wurden.

Ach, mit welchen Gefühlen der Hoffnung und Zuversicht hatten sie vor ein paar Tagen Grenoble verlassen, und nun waren sie als Gefangene wieder hier.

«Monseigneur», meldete der Dragoner dem Intendanten, «dieses Papier haben wir ihnen abgenommen. Die Junge mit den roten Haaren hielt es in ihrem Leibchen verborgen.»

Der Intendant nahm das Papier, las den Anfang, las die Mitte, las den Schluß, und dann sah er Blanche Gamond fragend an. «Wo habt Ihr diese Sprüche abgeschrieben?» wollte er wissen. «Vermutlich stammen sie aus der Heiligen Schrift?»

«So ist es, Monseigneur, denn unser Glaube beruht allein auf dem, was uns durch die Gnade Gottes die Propheten, die Evangelisten und die Apostel aufgeschrieben und hinterlassen haben, nämlich auf dem Alten und dem Neuen Testament.»

«Zu welcher Religion gehört Ihr denn?»

«Zur reformierten», antwortete Blanche Gamond.

«Wie das!» entsetzte sich der Intendant, «Ihr seid nicht

übergetreten und verharrt nach wie vor in der von König und Kirche verbotenen Religion?»

«Gott sei Dank ja», sagte Blanche Gamond mit unerschütterter Ruhe.

«Und Ihr habt nicht die Absicht, zu uns hinüberzuwechseln?»

«Nie und nimmer! Ich hoffe, mit Gottes Hilfe in unserer Religion leben und sterben zu dürfen.»

«Es wird sich weisen, ob Ihr bei diesem Worte bleibt. Da», wandte er sich an den Dragoner, «übergebt dieses Papier dem Schreiber, damit er es zu den Akten nimmt. Und die Frauen kommen ins Gefängnis. Sie werden schon noch wechseln, denn im Gefängnis wird ihnen ihre Begeisterung für ihren Irrglauben rasch genug vergehen.»

Im Gefängnis von Grenoble

Es war am 2. April 1686, nachmittags um 1 Uhr, als Blanche Gamond, deren Mutter Benoîte Malarte und Demoiselle Marthe Cassagne in Grenoble ins Gefängnis geführt wurden, das sich in jener Zeit in unmittelbarer Nähe des auch heute noch benützten und als Bauwerk vielbewunderten Justizpalastes am Ufer der Isère befand. Das damalige Gefängnis steht heute nicht mehr.

Als die Tür hinter den drei Frauen ins Schloß gefallen und verriegelt worden war, wandte sich Benoîte Malarte an ihre Tochter: «Kind, willst du nicht endlich etwas zu dir nehmen? Ich habe hier im Beutel noch ein wenig Brot. Seit drei Tagen hast du nichts mehr gegessen. Auf diese Weise richtest du dich zugrunde.»

«Es ist wahr, Mutter, doch hätte ich keinen Bissen hinunterzubringen vermocht. Nun aber, seitdem sich unser Schicksal entschieden hat, bin ich ganz ruhig geworden.

Ehe wir uns im September letzten Jahres nach Orange aufmachten, habe ich nie mehr eine solche Ruhe empfunden und einen solchen Frieden in mir gehabt. Wie schrecklich waren die letzten Tage!»

Und sie nahm von dem Brot, das die Mutter ihr reichte. Als sie es gegessen hatte und Benoîte Malarte und Marthe Cassagne den Rest verzehrt hatten, sagte Blanche Gamond: «Seht nur, die Feinde haben es schlecht mit uns gemeint, aber Gott hat alles zum Guten gewendet. Nun haben wir doch wieder ein Dach über uns. Als uns heute morgen die Soldaten durch den Regen trieben, haben mir sogar die tropfenden Blätter der Bäume Furcht eingeflößt.»

Es war zu jener Zeit Sitte, daß das Gericht, ehe es seine Sitzungen schloß, noch eine Barmherzigkeitskammer abhielt. Zu einer solchen wurden die drei neuen Gefangenen nun abgeholt. Man führte sie durch lange hallende Gänge und durch verschiedene Türen vor eine eiserne Pforte. Sie wurde aufgeschlossen, und dann stieß man die Frauen in den dahinter gelegenen Saal, in dem um einen langen Tisch herum die Richter und Mitglieder des Rates saßen. Den Gefangenen wurde befohlen, niederzuknien.

Der Vorsitzende wandte sich an Blanche Gamond: «Wer seid Ihr? Welches ist Euer Name?»

«Ich heiße Blanche Gamond.»

«Und wo kommt Ihr her?»

«Aus Saint-Paul-Trois-Châteaux.»

«Zu welcher Religion gehört Ihr?»

«Zur reformierten.»

«Und seid Ihr nicht bereit, zu wechseln?»

«Niemals, Monsieur.»

Der Vorsitzende wechselte mit den beiden Männern, die links und rechts von ihm saßen, einen bedeutungsvollen Blick. Darauf sagte er zu Blanche Gamond: «So zieht Euch zurück.»

An Blanche Gamonds Begleiterinnen richtete niemand das Wort.

Es dauerte etwa einen Monat, bis sie dann alle drei der Reihe nach durch einen Polizeileutnant, Herrn Petitchet, einvernommen wurden.

Als Blanche Gamond vor ihn hintrat, forderte er sie auf, ihre Hand zu erheben und zu schwören, daß sie vor Gott und dem Gericht die Wahrheit und nichts als die Wahrheit aussagen werde.

Blanche Gamond leistete den Schwur.

Dann fragte Herr Petitchet sie nach ihrem Namen.

«Blanche Gamond.»

«Von wo seid Ihr?»

«Aus Saint-Paul-Trois-Châteaux.»

«Und zu welchem Glauben bekennt Ihr Euch?»

«Zur Religion.»

«Was soll das heißen, zur Religion? Es gibt unzählige Religionen auf der Welt. Zu welcher Religion also gehört Ihr?»

«Zur reformierten Religion.»

«Was ist das nun wieder: die reformierte Religion?»

«Das ist die von allen Irrtümern und Mißbräuchen gesäuberte christliche Religion.»

«Wo hattet Ihr vor, hinzugehen, als Ihr aufgegriffen wurdet?»

«Es war meine Absicht, eine Dame zu suchen, bei der ich hätte in Dienst treten können, obwohl ich in meinem Leben noch niemals gedient habe.»

«Was war es, das Euch zu diesem Entschluß veranlaßt hat?»

«Die Dragoner, die mehrmals in unser Haus einquartiert worden sind, haben uns um unseren ganzen Besitz gebracht, so daß uns nichts anderes übrig blieb, als unsere Felder, die wir besaßen, und unsere Häuser zu verlassen.

Nun müssen wir schauen, wie wir uns durchs Leben bringen können.»

«Ja, das ist wahr. Die Dragonaden sind eine Pest für das ganze Land. Aber Grund und Boden haben sie doch weder auffressen noch wegtragen können?»

«Nein, das konnten sie nun tatsächlich nicht, Monsieur. Die Liegenschaften haben sie uns gelassen. Aber alles andere haben sie uns genommen, so daß wir kein Stücklein Brot mehr haben, das wir in den Mund stecken könnten. Was sollen wir säen, da wir weder Saatgut haben noch das Geld, solches zu kaufen? Wie stellt Ihr Euch das vor?»

«Habt Ihr noch nie daran gedacht, Eure verbotene Religion abzuschwören? Noch nie in Eurem Leben?»

«Nein, wahrhaftig nicht!»

«Und wo habt Ihr die letzten sieben oder acht Monate zugebracht?»

«In der Wildnis. In den Wäldern und zwischen den Felsen!»

«Und trotz allem, was Ihr durchgemacht habt, wollt Ihr nicht abschwören?»

«Nein, Monsieur, Gott bewahre mich davor!»

«Das tut mir leid für Euch, denn ich bin überzeugt, daß Ihr Euch auf einem falschen Weg befindet. Hört auf mich, bekehrt Euch, und ich gebe Euch mein Ehrenwort, daß alle Eure Not sogleich ein Ende haben wird. Verharrt Ihr aber in Eurem Starrsinn, dann werdet Ihr Euch für Euer ganzes Leben unglücklich machen. Ihr werdet lebendigen Leibes in einem feuchten Kerker oder in einem unterirdischen Kellerloch verfaulen.»

«Mein Leib mag verfaulen, wenn Euch das so beliebt, über meine Seele habt Ihr jedoch keine Gewalt. Denn unsere Seele gehört Gott, und das ist die Hauptsache.»

«Überlegt es Euch, seid nicht voreilig in Eurem Entschluß. Glaubt mir, ich will nur das Beste für Euch. Wenn

Ihr mir versprecht, Eure Religion zu wechseln, dann werdet Ihr sofort aus dem Gefängnis entlassen. Und nicht nur das. Ich werde Euch Geld geben und Euch heimbringen lassen, ohne daß es Euch etwas kosten wird. Und wenn Ihr es vorziehen solltet, hier in Grenoble zu bleiben und nicht mehr nach Saint-Paul zurückzukehren, wo Euch alle Leute kennen, wird man Euch zu einer vornehmen Dame bringen, die für Euch sorgen wird, als wäret Ihr ihr eigenes Kind.»

«Ach Monsieur, Ihr versteht mich nicht. Mir geht es nicht um die Güter dieser Welt. Meinen Leib könnt Ihr im Gefängnis behalten, meine Seele aber ist frei, auch jetzt, in dieser Stunde. Ich habe den Frieden in meinem Herzen, und der ist mehr wert als aller Reichtum der Welt.»

Doch der Kommissär versuchte es noch einmal: «Es muß Euch doch zu denken geben, daß die berühmtesten Vertreter Eurer Religion in unsere Kirche übergetreten sind und daß unsere Religion der Eurigen zahlenmäßig weit überlegen ist.»

«Das ist mir bekannt, und ich habe oft darüber nachgedacht, daß ich zur kleinen Herde gehöre, die von aller Welt verachtet wird. Aber ich bin lieber mit Noah in der Arche, als daß ich mit der ganzen übrigen Welt in der Sintflut untergehe. Es ist ein größeres Glück, mit Lot aus Sodom zu entkommen, als mit der großen Masse vernichtet zu werden.»

Die Unterredung dauerte anderthalb Stunden, und ebenso mutig wie geschickt beantwortete Blanche Gamond die ihr von Herrn Petitchet gestellten Fragen. Als der Kommissär einsehen mußte, daß er trotz all seinen Bemühungen bei dieser Hugenottin nichts auszurichten vermochte, zuckte er bedauernd die Achseln und ließ sie ins Gefängnis zurückführen.

Nach ihr hatten diesmal auch Benoîte Malarte und Demoiselle Cassagne zu einem gründlichen Verhör vor Kommissär Petitchet zu erscheinen. Es fiel Blanche Gamond auf, daß ihre Mutter von dieser Unterredung seltsam verstört zurückkam. «Hat er Euch beleidigt, Mutter?» fragte Blanche.

Aber Benoîte Malarte wehrte fast ängstlich ab. «Nein, nein, gewiß nicht, er hat mich sehr anständig behandelt.» Mehr wollte sie nicht sagen, sie verschwieg etwas, das zu bekennen ihr offenbar peinlich gewesen wäre. Sollte das Ungeheuerliche geschehen sein? Blanche Gamond war böser Ahnungen voll, doch da die Mutter nicht darüber sprechen wollte, schwieg vorläufig auch sie.

Doch als dann nach einiger Zeit Benoîte Malarte zu einem neuerlichen Verhör geholt wurde, von dem sie in seltsamer Verfassung zurückkehrte, da wußte die Tochter, daß ihre Vermutung richtig gewesen war.

Natürlich hatte der Kommissär dem ihm erteilten Auftrag gemäß auch bei Benoîte Malarte versucht, sie zum Wechseln zu überreden, wobei sie ihm gestand, daß ihr Übertritt bereits vor einem halben Jahr, im Herbst 1685, in Saint-Paul-Trois-Châteaux erfolgt war. Daraufhin hatte sich Herr Petitchet in Saint-Paul erkundigt, und jetzt war von dort die Bestätigung von der Richtigkeit von Benoîte Malartes Aussagen eingetroffen.

Das aber konnte nichts anderes bedeuten, als daß nun die Mutter ein Anrecht darauf hatte, in Freiheit gesetzt zu werden. Dies der geliebten Tochter zu bekennen, mußte ihr schwerfallen, da sie sich vor ihr schämte, ihren Glauben, ihren guten reformierten Glauben preisgegeben, verraten zu haben. Zwar gegen ihre Überzeugung und nur äußerer Nötigung gehorchend. Aber war nicht gerade dadurch alles noch schlimmer? Immer wieder drängte sie sich zur Tochter heran, doch fand sie lange den Mut nicht zu einem Bekenntnis, das ihr doch Erleichterung verhieß, bis sie eines Tages nicht mehr anders konnte und sich schluchzend der Tochter in die Arme warf.

Blanche Gamond war erst verwirrt im Widerstreit der in ihr tobenden Gefühle, dann aber siegten doch Mitleid und Liebe über Ablehnung und Groll. «Ihr braucht mir nichts zu bekennen, Mutter, ich glaube, alles zu wissen. Ich werde mich bemühen, Euch auch ein wenig zu verstehen. Ich denke – an die Hilflosigkeit meines guten Vaters.»

«Du bist mir ein Engel in meiner Not», stammelte Benoîte Malarte und ließ ihren Tränen freien Lauf. «Könntest du in mein Herz sehen, mein Kind, dann würdest du sehen, wie ich gekämpft und was ich gelitten habe. Wir waren ja damals, als wir aus der Wildnis nach Saint-Paul zurückkehrten, völlig entkräftet und nur noch von dem einen Wunsche beseelt, endlich unbehelligt zu bleiben und wieder einmal Ruhe zu erlangen. Das allein hat uns den schweren Entschluß fassen lassen, nach außen hin unsere geliebte Religion aufzugeben, der wir, ich beschwöre dich, mir das zu glauben, im Herzen die Treue bewahrt haben bis auf den heutigen Tag. Ohne das innige Verlangen, unserer Religion wieder in Frieden und Freiheit dienen zu dürfen, hätte ich Michel niemals verlassen, hätte ich nicht das Wagnis auf mich genommen, mit dir und Claude aus diesem armen Lande zu fliehen.»

«Gott möge Euch Eure Schwachheit verzeihen, und er wird es tun in seiner Güte, denn er siehet das Herz an und weiß, daß Ihr Euren wahren Glauben in Wirklichkeit nicht gewechselt habt und daß Ihr aus Liebe schwach geworden seid.»

«Mein gutes Kind, ja, so ist es. Ach, nun wird es mir auch weniger schwerfallen, dich zu verlassen. Michel und ich werden alles tun, was wir noch zu tun vermögen, um dich hier herauszubringen, und dann werden wir vielleicht doch noch einmal die Erlaubnis erlangen, miteinander dieses unglückliche Land zu verlassen und nach Genf zu ziehen.»

Und Blanche Gamond gewöhnte sich an den Gedanken, daß eines Tages die Mutter aus diesem Loch herausgeholt und sie verlassen würde.

Hatte sie ein Recht, ihr zu zürnen? War dieser Abfall nicht viel eher ein Grund für sie, Gott zu danken, daß er ihr bisher die Kraft gegeben hatte, auszuharren und der Versuchung, die ja in mancherlei Gestalt immer wieder auch an sie herantrat, zu widerstehen? Was für eine wunderbare Hilfe hatte sie da in der stillen, glaubensstarken Demoiselle Cassagne.

Und dann war da unter den Gefangenen noch ein Mädchen, nicht älter als Blanche Gamond: Mademoiselle Jeanne de Leuze, die ebenfalls von einem Glaubenseifer erfüllt war, der alle Zweifel und Anfechtungen überwunden zu haben schien. Schon in den ersten Tagen ihres gemeinsamen Gefangenseins in Grenoble fanden sich die drei, und ihre Gemeinschaft war für sie alle wie eine strahlende und wärmende Flamme im Dunkel der sie umgebenden Trostlosigkeit. Immer wieder bewunderte Blanche Gamond den Mut, mit dem ihre junge Schwester sowohl vor den sich einstellenden Besuchern als auch vor den Mitgefangenen den Glauben der Hugenotten verteidigte und seine Vorzüge vor der römischen Irrlehre pries.

Der Eifer der Jeanne de Leuze konnte den Wärtern nicht verborgen bleiben. Was sie beobachteten und hörten, meldeten sie dem Kommissär, der wohl erkannte, welch starken Einfluß Mademoiselle de Leuze auf ihre Mitgefangenen ausübte. Da dieser Eifer seinen eigenen Bemühungen genau entgegengesetzt war und nur darauf hinzielte, den Widerstand auch der andern zu stärken, ordnete er schon nach wenigen Wochen die Entfernung dieser streitbaren Ketzerin aus dem Gefängnis von Grenoble an.

Eines Morgens wurde Mademoiselle de Leuze in den Dauphine-Turm verbracht, der zu den Festungsanlagen auf dem jenseitigen Ufer der Isère gehörte. Doch auch in der ihr solcherweise auferlegten Einzelhaft widerstand die junge Hugenottin allen Versuchen, sie in ihrem evangelischen Glauben irrezumachen.

Im Gefängnis erschienen immer wieder Mitglieder frommer Vereinigungen, vornehmlich Frauen, die mit allen möglichen, meist sehr plumpen Mitteln versuchten, die Gefangenen von ihrem vermeintlichen Irrtum abzubringen und so ihre Seelen vor dem ewigen Verderben zu bewahren. Sie hatten jedoch keinen Erfolg.

Im Juli des Jahres 1686, die Mutter hatte inzwischen die Freiheit erlangt, wurde Blanche Gamond eines Tages, gleich nach dem erbärmlichen Mittagessen, in den nahen Justizpalast hinübergeführt und zum zweitenmal vor den Kommissär gebracht.

«Nun, Mademoiselle Gamond, es hat sich ja, seitdem wir uns im Mai gesehen haben, mancherlei zugetragen, was möglicherweise auf Eure Gesinnung nicht ohne Einfluß geblieben ist. Eure Mutter ist freigelassen worden und heimgekehrt. Seid Ihr selbst der Haft und des Gefängnisses nicht auch überdrüssig geworden?»

«Nein, Monsieur, wie dürfte ich das, da ich doch weiß, daß ich meinen Aufenthalt an diesem Ort durch meine Sünden selbst verschuldet habe.»

«Soll das heißen, daß Ihr nach wie vor in Eurem Irrtum verharrt?»

«Für mich ist meine Haltung kein Irrtum, Monsieur.»

«Wieso weigert Ihr Euch, dem Beispiel Eurer Mutter zu folgen und in die römische Kirche überzutreten? Glaubt Ihr im Ernst, ein erbärmlicher Schuhflicker habe mehr Verstand gehabt als hundert oder zweihundert Bischöfe, die während ihres ganzen Lebens in den heiligen Schriften und Büchern studiert haben?»

«Herr», antwortete Blanche Gamond, «Gott hat diese Dinge den Weisen und den Gelehrten verborgen und sie dafür den kleinen Kindern offenbart. ‚Es ist so, Vater, weil es dein Wille ist', sagt uns Jesus Christus im Evangelium von Matthäus.»

«Wollt Ihr denn nicht einmal den Bischof von Grenoble anhören, der es so gut versteht, das Evangelium zu verkündigen?»

«Nein, Herr, denn er ist nicht mein Hirte, und seine Stimme ist mir unbekannt.»

«Man müßte Euch gründlich im römischen Glauben unterweisen, und wenn erst einmal der Anfang gemacht wäre, würde es Euch leicht fallen, zu uns überzutreten.»

«Ich habe nicht das Verlangen, einer Religion anzugehören, für die ich nicht zeugen könnte.»

«Ihr seid nicht minder verstockt als die Gefangene, die ich in den Dauphine-Turm habe verbringen lassen. Warum wollt Ihr nicht einmal den Kardinal predigen hören? Ihr hört Euren Predigern ja auch zu und lest sogar selber in der Heiligen Schrift.»

«Unsere Pfarrer verkündigen das Wort unverfälscht, und das Lesen in der Heiligen Schrift ist uns von Jesus Christus selber befohlen worden, als er, wie es im fünften Kapitel des Johannes-Evangeliums heißt, sagte: ‚Suchet in der Schrift, da ihr durch sie das ewige Leben habt, sie ist es, die von mir zeugt.' Und im fünften Kapitel des Matthäus-Evangeliums spricht der Herr zu uns: ‚Selig sind, die um der Gerechtigkeit willen verfolgt werden, denn ihrer ist das Himmelreich. Selig seid ihr, wenn euch die Menschen um meinetwillen schmähen und verfolgen und allerlei Übles wider euch reden. Seid fröhlich und getrost, denn euer Lohn im Himmel wird groß sein. Denn also haben sie verfolgt die Propheten, die vor euch gewesen sind.' Seht, Herr, es sind diese Verheißungen, die sich heute erfüllen. Ihr hört nicht auf, mich zu verfolgen, und Ihr möchtet, daß ich auf die Wahrheit, die Jesus Christus in mein Herz eingegraben hat, verzichte, um dafür an menschliche Überlieferungen zu glauben.»

«Aber glaubt Ihr denn, was Ihr habt, sei wirklich die Heilige Schrift? Ich sage Euch, daß man sie verfälscht hat. Ungefähr dreihundert Väter befanden sich in einem Raum, und drei weitere Väter saßen abseits im gleichen Raum, und alle beteten zu Gott. Und der Heilige Geist schwebte hernieder auf diese drei Väter, aber er schwebte nicht auf die andern, und diese drei, die den Heiligen Geist empfingen, schufen unsere Religion und übertrugen die Heilige Schrift in unsere Sprache, denn die Schriften waren in einer andern Sprache verfaßt, als wir sie heute reden. Die zwei- oder dreihundert Väter aber, die den Heiligen Geist nicht empfangen hatten, schufen Eure Religion und übersetzten die Heilige Schrift in Eure Sprache und Form, sie hatten aber nicht wie die drei andern den Heiligen Geist empfangen und konnten so die Heilige Schrift nicht richtig übersetzen, ja sie haben sie an manchen Stellen sogar verfälscht. Da seht Ihr, wie Ihr Euch täuscht. Ihr glaubt, in der guten Religion zu sein, in Wahrheit seid Ihr in der schlechten.»

«Ich bitte sehr um Entschuldigung, Monsieur, aber genau das Gegenteil von dem, was Ihr sagt, ist wahr. Ich versichere Euch, daß Karl V., König von Frankreich, genannt der Weise, die Bibel in das Französisch seiner Zeit übersetzen ließ. Und Karl VIII. hat dann das Neue Testament in unsere Sprache übertragen lassen. Man tat das, so gut man dazu imstande war, da zu jener Zeit der Herr die Kenntnis der hebräischen und griechischen Sprache, in denen die Bibel abgefaßt wurde, der Welt noch nicht wiedergegeben hatte. Glaubt ja nicht, die Schrift sei verfälscht und es sei etwas hinzugefügt worden; denn wer sich unterstehen wollte, auch nur eine Silbe dem hinzuzufügen, was in der Schrift gelehrt wird, der soll vor Gott und seiner Kirche verflucht sein.»

«Nun», bemerkte der Kommissär mit vorwurfsvoll erhobener Stimme, «es ist überhaupt weder den Frauen noch den Töchtern erlaubt, in der Heiligen Schrift zu lesen.»

Blanche Gamond aber ließ sich nicht beirren. «Verzeiht, Herr, daß ich da widerspreche. Müssen denn nicht die Frauen und Töchter, so gut wie die Männer, ihr Heil kennen, da doch Jesus Christus den Juden vorgeworfen hat: ‚Ihr irrt euch, da ihr die Schrift nicht kennt!' Nennt mir eine einzige Stelle in der Heiligen Schrift, wonach es den Frauen und Töchtern verboten ist, sie zu lesen. Ich kann Euch im Gegenteil beweisen, daß uns das Lesen der Bibel befohlen wurde. Der Prophet Jesaias sagt im 34. Kapitel: ‚Kommet her, ihr Nationen, zu hören, und ihr, Völker, merkt auf. Die Erde höre zu und was darinnen ist. Suchet nun in dem Buch des Herrn und leset.' Und der heilige Chrysostomus empfiehlt und befiehlt das Lesen den Frauen wie den Kindern, den Handwerkern und den Bauern, und der heilige Hieronymus hat häufiger an Frauen als an Männer geschrieben. Der gleiche heilige Hieronymus hat sich auch der Mühe unterzogen, die Bibel in die Sprache seiner Dalmatiner zu übersetzen, damit alle sie kennenlernen könnten. Justinian wollte, daß die Juden das Alte Testament in der Sprache des Landes besäßen, in dem sie lebten, und Karl der Große hat in seinen Kapitularien verfügt, daß der Gottesdienst in der Sprache des Volkes gehalten werde, damit jedermann ihn verstünde.»

Während Blanche Gamond mit Eifer auf Herrn Petitchet einsprach, betrat der Herr Intendant den Raum. Der Kommissär erhob sich und begrüßte ihn, und der Gerichtsschreiber tat es ihm nach.

So verneigte sich denn auch Blanche Gamond vor dem hohen Herrn.

Hierauf wandte sich der Kommissär noch einmal ihr zu und sagte: «Beeilen wir uns! Es ist spät, es ist ja bereits drei Uhr nachmittags und ich sehe ein, daß bei Euch mit dem besten Willen nichts auszurichten ist.»

Und er gab der Wache ein Zeichen, worauf Blanche Gamond ins Gefängnis zurückgebracht wurde.

Als sie zurückkam, fiel ihr sogleich auf, daß sich da Leute befanden, die sonst hier nicht zu sehen waren. «Wo kommen all diese Männer und Frauen her?» fragte sie.

Da trat Demoiselle Cassagne zu ihr hin, legte ihr die Hand auf den Arm und sagte bedeutungsvoll: «Weil man uns in die unterirdischen Verliese bringen wird und Herr Le Bret, der Intendant, von hier weggeht.»

«Das weiß ich», antwortete Blanche Gamond, «er war soeben in der Höllenkammer. Das ist ja auch der Grund, weshalb ich so rasch zurückkehre. Aber was reden denn diese Adeligen von uns?»

«Sie sagten, das Parlament habe verfügt, uns alle in das unterirdische Verlies zu stecken, da wir hier viel zu eng aufeinander seien und so ersticken müßten. Und das trifft auch zu. Aber der Herr Intendant hat erklärt, es sei ganz unmöglich, Frauen im unterirdischen Verlies unterzubringen, es sei dort viel zu feucht und schließlich handle es sich um das Leben mehrerer Personen, was bedacht werden müsse. Er für seinen Teil, sagte er, wasche seine Hände in Unschuld, und verschiedene andere erklärten dasselbe. Doch Madame de Boccage meint, man müsse nur einen etwa eine Elle oder doch wenigstens einen Fuß hohen Boden legen, dann würden die Balken und Bretter die Feuchtigkeit schon aufziehen.»

«Wenn man uns umbringen will», sagten mehrere Demoisellen, die hier Gefangene waren und das unterirdische

Verlies bereits aus eigener Anschauung kannten, «dann muß man uns nur dorthin bringen, denn das Gefängnis steht an der Isère. Vielleicht liegt das Verlies noch tiefer als das Wasser des Flusses, das gegen die Mauern schlägt, so daß man im Verlies bis über die Knöchel im Morast einsinkt.»

Und in der Tat hat der Historiker Benoist bestätigt, daß in den Verliesen von Grenoble Kälte und Feuchtigkeit so schrecklich waren, daß Gefangene, die dort eingesperrt wurden, nach einigen Wochen ihre Haare und Zähne verloren.

So wurde hin und her gesprochen, bis Blanche Gamond sagte: «Wenn Gott es zuläßt, daß wir dorthin gebracht werden, dann wird er uns dort ebenso bewahren können, wie er uns bisher in diesem Kerker bewahrt hat. Wenn wir ihn in unserer Verzweiflung anrufen, dann wird er uns auch erhören und befreien, sofern das seiner Ehre und unserem Heil dient.»

Sonst war es Brauch gewesen, den Gefangenen am Nachmittag die Türen ihres Kerkers zu öffnen, so daß sie in ein kleines Gewölbe hinaustreten konnten, um sich solcherart ein wenig Bewegung zu verschaffen. An jenem Tage jedoch unterließ man es, und da ihrer so viele zusammengepfercht waren, glaubten sie, noch ersticken zu müssen. Außerdem drang der Gestank aus den unter ihrem Kerker gelegenen Männerverliesen zu ihnen herauf, so daß sie kaum mehr atmen konnten und schließlich eine der Gefangenen in Ohnmacht fiel. Wie sehr ihre Gefährtinnen sich auch um sie bemühten, konnten sie ihr nicht helfen, da ihnen ja nichts zur Verfügung stand.

In der Nacht, als die meisten schon in Schlaf gefallen waren, kam ein Wärter, um die hinausführende Tür zu öffnen. Die Gefangenen wurden aufgefordert, hinauszugehen. Sie sahen sich verwundert an, denn daß sie in der

Nacht zwischen zehn und elf Uhr geweckt und ins Gewölbe hinausgeschickt wurden, war noch nie vorgekommen.

«Was sollen wir davon halten? Bestimmt kann das nichts Gutes bedeuten», sagten sie zueinander, und die Furcht vor einer unbekannten Gefahr legte sich lähmend auf sie. Und tatsächlich erschien nach einer Weile der Wärter, von vier Männern begleitet, worauf die Gefangenen sofort in ihre Zellen zurückgetrieben und eingesperrt wurden. Die vier Männer jedoch begaben sich in die vorderste Zelle, und nun wurden ihnen die Gefangenen einzeln und eine nach der andern vorgeführt. Mit unflätigen Bemerkungen machten sich die Männer daran, die Frauen vom Kopf bis zu den Füßen mit schändlicher Gründlichkeit abzutasten und zu durchsuchen.

«Sieh einer an, was da für Schätze zum Vorschein kommen», kicherte einer der Burschen. Aber Blanche Gamond schlug ihm auf die frech zugreifenden Finger.

«Ich vermute, daß Euch das von den Behörden nicht befohlen worden ist», herrschte sie ihn an. «Die Herren des Parlaments wissen wahrscheinlich nicht, was Ihr Euch uns gegenüber herausnehmt. Man sollte es sie wissen lassen, was hier geschieht. Gibt es denn in Grenoble keine Frauen und Töchter, die uns untersuchen könnten? Hilflose weibliche Gefangene den Händen von vier Männern auszuliefern, ist eine Schande. Gott wird Euch für das, was Ihr tut, schon bestrafen.»

Aber die Männer lachten sie nur aus. «Wenn Ihr erst dort seid, wo Ihr nun hinkommt, wird sich das Parlament nicht mehr groß um Euch kümmern. Und wer weiß, vielleicht wäret Ihr noch einmal froh, wenn ein paar handfeste Burschen –»

«Schweigt!» herrschte Blanche Gamond ihn an, und überrascht verstummte der Kerl unter ihrem zornfunkelnden Blick.

Als sämtliche Frauen untersucht waren und man ihnen alles abgenommen hatte, wurden sie von den Männern in die gefürchteten unterirdischen Verliese hinuntergeführt. Kalte, modrige Luft schlug ihnen entgegen und ließ sie erschauern. Und hier wurden sie eingeschlossen, an die sechzig Frauen, die keine andere Schuld hatten, als daß sie ihrem Glauben die Treue hielten.

«Aber hier sind ja nicht einmal Decken!» schrie eine von ihnen, «da gibt es nicht einmal Stroh.»

Und sie schrien und hämmerten mit den Fäusten gegen die Tür, doch gaben weder Steine noch Eisen nach und niemand erbarmte sich der Verzweifelten.

Durch ein paar runde Öffnungen oben in der Mauer drang ein spärlicher Schimmer, so daß es im Verlies nicht völlig dunkel war. Diese Öffnungen, die wie die Augen grausamer Ungeheuer in das Elend der Gefangenen glotzten, waren weder vergittert noch verschlossen, doch sie waren so eng, daß keine der Frauen ihren Kopf hätte hindurchzwängen können. Und dennoch waren diese Öffnungen groß genug, um der nassen Kälte, die über der Isère lagerte, Einlaß zu gewähren. Wenn sich alle still verhielten, konnten sie das Rauschen des vorbeifließenden Wassers und das Glucksen der das Gemäuer leckenden kleinen Wellen hören.

In dieser ersten Nacht schliefen sie nicht viel. Sie weinten, beteten, schluchzten und versuchten, sich gegenseitig zu trösten. Da ließ plötzlich ein geller Schrei die Herzen aller erbeben.

«Was ist geschehen?» fragte die ruhige Stimme Blanche Gamonds.

«Eine Ratte ist auf mich heruntergefallen, eine Ratte, so groß wie ein Schuh!»

«Fürchterlich!» heulten ein paar Stimmen.

«Beruhigt euch! Eben sind auch an mir drei Ratten

vorübergehuscht und haben mich erschreckt. Und trotzdem habe ich nicht geschrien. Wir müssen uns an alles, auch an die Ratten und an die Läuse gewöhnen, die es hier nämlich auch hat.»

Endlich verriet ihnen das durch die Mauerluken dringende Licht, daß die erste Schreckensnacht vorüber war. Und nun sahen sie, daß das unterirdische Verlies größer war, als sie angenommen hatten. Der den Maueröffnungen gegenüberliegenden Längswand entlang zog sich ein gemauerter, vielleicht fußhoher Absatz, der so breit war, daß man auf ihm liegen konnte. Und an dem einen Ende dieses Absatzes war Stroh aufgehäuft, das die Frauen in der Dunkelheit der Nacht nicht hatten sehen können. Aber es war altes, nasses und verschimmeltes Stroh, das widerlich stank und in dem es von Ungeziefer wimmelte. Neben diesem Strohhaufen entdeckten sie auch einen Holzeimer, in den sie ihre Notdurft verrichten mußten.

Den ganzen ersten Tag zeigte sich kein Wärter, um ihnen zu essen oder Wasser zu bringen. Hatte man sie vergessen? Überließ man sie einfach ihrem Schicksal? Wollte man sie jämmerlich krepieren lassen?

Aber am zweiten Tag hörten sie Schlüsselgerassel an der Tür, das sie aufatmen ließ. Und dann wurde ihnen ein Krug Wasser, ein Kessel voller Gemüsebrühe und Brot hineingestellt. Es war nicht eben viel für zehn Frauen.

Als sie baten, den Holzeimer leeren zu dürfen, da er einen entsetzlichen Gestank verbreite, da lachten die Männer. «Einmal in der Woche könnt ihr ihn leeren. Das muß euch genügen.»

Sie mußten sich auch damit abfinden. Am dritten Tag entdeckten sie, daß das Brot vom Vortag, das sie aufbewahrt hatten, von den Ratten und Mäusen fast ganz aufgefressen worden war.

In traurigem Gleichmaß verstrichen Tage und Nächte

und reihten sich aneinander wie zu einer nicht enden wollenden Kette von grauen und schwarzen Kugeln. Es hatte sich in Grenoble herumgesprochen, daß Frauen und Mädchen ins unterirdische Verlies verbannt worden waren, und da waren viele Katholiken, die mit ihnen Bedauern hatten und die Grausamkeit, die diesen Unglücklichen zugefügt wurde, verurteilten. Aber es dauerte mehr als einen Monat, bis das Gericht unter bestimmten Voraussetzungen die Erlaubnis gab, an Samstagen die Gefangenen zu besuchen.

Unter diesen Besuchern, die auch wieder den Auftrag hatten, die Gefangenen zum Wechseln zu überreden, tat sich durch besonderen Eifer ein Fräulein Guichard hervor. Es verging kaum mehr ein Samstag, an dem sie nicht mit der sie begleitenden Madame du Roure im unterirdischen Verlies erschien. Einmal zog sie Blanche Gamond auf die Seite und sagte: «Ich nehme so sehr Anteil an Eurem Schicksal. Ihr tut mir wirklich leid. Und gerade Euch wird es besonders schlimm ergehen, da Ihr Euch völlig uneinsichtig gezeigt habt. Allem habt Ihr getrotzt und weder Zuspruch noch Kerker und Verlies vermochten Euch zu veranlassen, Eure Religion aufzugeben. Warum seid Ihr so verstockt? Nun wird man Euch große Leiden zufügen. Der Henker wird Euch Euer schönes Haar abrasieren, und dann wird man Euch die königliche Lilie auf beiden Wangen einbrennen und Euch nachher, versehen mit diesen Zeichen, durch die Straßen von Grenoble peitschen. Habt Ihr noch nicht gewußt, daß der König diese Strafe für alle jene Frauen verfügt hat, die starrköpfig bleiben oder auf der Flucht aufgegriffen werden?»

«Nein, das habe ich nicht gewußt», antwortete Blanche Gamond ruhig und gefaßt, aber dann glomm ein Schimmer gespannter Erwartung in ihren Augen auf.

«Mademoiselle, ist es nicht so, daß man mich aus dem

Lande vertreiben wird, nachdem man mir die Zeichen eingebrannt und mich durchgepeitscht hat?»

«O nein, dadurch werdet Ihr die Freiheit nicht erlangen. Das Brandmal soll Euch nur allen kenntlich machen als eine, die sich geweigert hat, der römischen Kirche anzugehören.»

«Mademoiselle, und dennoch wird mich das alles nicht dazu bringen können, abtrünnig zu werden. Rasiert mir die Haare ab, verunstaltet mein Gesicht mit Eurem rotglühenden Eisen und peitscht meinen Leib, so weiß ich, daß mir der Heilige Geist beistehen wird, das alles zu ertragen.»

«Wie könnt Ihr so sprechen! Wie würdet Ihr aussehen mit den in die Wangen eingebrannten Lilien, Ihr, ein junges Mädchen! Ihr hättet Euer ganzes Leben darunter zu leiden, denn was Ihr jetzt erduldet, ist nur ein bescheidener Anfang.»

«Gott bedient sich der Leiden, um die Menschen für ihre Sünden zu bestrafen. Aber solche Prüfungs- und Bewährungszeiten gehen vorüber, sobald Gott die Zeit dafür für gekommen hält.»

Sobald die beiden Besucherinnen das Verlies verlassen hatten, drängten sich die Gefährtinnen um Blanche Gamond und bestürmten sie: «Was hat Euch Fräulein Guichard gesagt?»

Und als ihnen Blanche alles erzählt hatte, fragten sie ängstlich: «Und Ihr glaubt, daß das die Wahrheit ist?»

«Wie sollte ich das wissen? Das weiß Gott allein. Aber ich bin bereit, alles zu ertragen, nichts wird mich entsetzen. Täglich flehe ich zu Gott, daß er mir durch den Heiligen Geist beistehen möge, und ich bitte Euch, es mir nachzutun. Wir müssen unser Augenmerk nicht auf die sichtbaren Dinge dieser Welt, wohl aber auf die unsichtbaren richten. Die sichtbaren gelten ja nur für eine kurze Zeit, die unsichtbaren jedoch dauern ewig.»

Am nächsten Tag erschien Fräulein Guichards Begleiterin, Madame du Roure, allein bei den Gefangenen im Verlies, und ihre Rede war wie üblich süßer als Honig. «Laßt euch zum Guten raten, liebe Schwestern, und wechselt die Religion. Dann seid ihr erlöst und werdet aus diesem fürchterlichen Loch befreit.»

«Nein, Madame, wir wechseln nicht. Und trotzdem hoffen wir, eines Tages von hier wegzukommen, Gott wird uns aus diesem unterirdischen Verlies befreien, ohne daß wir zu wechseln brauchen, und das zu einer Zeit, da wir es am wenigsten erwarten. Wie er das machen wird, können wir nicht wissen, er aber weiß es. Wer weiß, ob sich Gott nicht gerade jener bedient, die uns hier eingesperrt haben, um uns wieder hinauszuführen.»

Da sagte Madame du Roure: «Ihr glaubt also wie die Apostel und hofft wie sie, daß Gott euch befreien werde! Nun, so mögen sich die Türen dieses Gefängnisses öffnen wie zur Zeit von Sankt Peter. Wenn das aber geschieht, dann wollen wir glauben, daß eure Religion die richtige ist.»

«Madame», antwortete Blanche Gamond ernst, «als Jesus Christus am Kreuze hing, da haben sie ihn aufgefordert herabzusteigen, damit sie an ihn glauben könnten. Er hat es jedoch nicht getan.»

Das Urteil

An einem Samstag, um zehn Uhr vormittags, wurde Blanche Gamond aus dem unterirdischen Verlies geholt und zu einer dritten Einvernahme in den Justizpalast hinübergeführt. Wiederum war es Kommissär Petitchet, der sie verhörte. Aber während früher außer ihm und dem Schreiber niemand in der Gerichtsstube zugegen gewesen war, befanden sich diesmal noch drei Männer und zwei Frauen im Raum, die die Gefangene aufmerksam musterten. Es waren aber nicht Personen vom Gericht, ihrer Kleidung und ihrem Verhalten nach schienen es Bauersleute zu sein.

Als Blanche Gamond vor dem Kommissär stand, wandte sich dieser an die drei Männer und die beiden Frauen: «Kennt ihr diese Person?»

Die Befragten schielten zu Blanche Gamond hinüber, sahen sich dann verlegen an und schüttelten schließlich die Köpfe. «Nein, wir kennen sie nicht.» Und sie waren ganz bleich und zitterten vor Aufregung.

«Aber ihr habt gesehen, wie sie von den Dragonern aufgegriffen und über die Brücke von Goncelin nach La Terrasse gebracht worden ist?»

«Wie sie aufgegriffen wurde, haben wir nicht gesehen. Wir sahen nur, wie sie sie über die Brücke brachten.»

«War das in der Nacht?»

«Nein», erklärten sie, «es war nicht in der Nacht, sondern zwischen sieben und acht Uhr morgens. Wir vermuteten, sie habe im Walde genächtigt.»

«So zieht euch nun einstweilen in diese Kammer zurück. Ich werde euch einzeln einvernehmen und euch, wenn es soweit ist, rufen lassen.»

Sobald sich die Tür hinter diesen einfachen, eingeschüchterten Menschen geschlossen hatte, sagte Herr Petitchet zu Blanche Gamond: «Nun, habt Ihr nicht mit Euch selber Mitleid? Wollt Ihr Euch nicht aus der unglücklichen Lage befreien, in der Ihr Euch befindet?»

Blanche Gamond senkte den Kopf, gab aber keine Antwort.

«Ihr habt es in der Hand. Ihr braucht bloß ein einziges Wort zu sagen, um nicht nur aus dem unterirdischen Verlies, sondern überhaupt aus dem Gefängnis herauszukommen. Sobald Ihr wechselt, seid Ihr frei und könnt gehen, wohin es Euch beliebt. Verharrt Ihr jedoch weiterhin in Eurem Eigensinn, in dem Ihr Euch bis jetzt gefallen habt, dann wird man Eure Qualen täglich vermehren. Die fünf Zeugen, die Ihr vorhin hier gesehen habt, sind eigens vier oder fünf Meilen hergekommen, um gegen Euch auszusagen.»

«Wie können sie das, da ich ihnen doch nie das geringste Leid zugefügt habe?»

«Ich verstehe nicht, daß Ihr Euch zu Eurem eigenen Sklaven macht, daß Ihr ein dreckiges Loch den Freuden der Welt vorzieht, daß Ihr Euch Eures Vaters, Eurer Mutter, Eurer Verwandten und Freunde beraubt, Sauberkeit gegen Ungeziefer eintauscht und Euch für den Rest Eurer Tage von der Welt abschließen wollt. Denn auch wenn Ihr später einmal Eure Einstellung ändern solltet und den Wunsch hättet, Eure Religion gegen die unsrige einzutauschen und katholisch zu werden, würde man Euch nicht mehr aufnehmen, es ist dafür zu spät, sobald das Urteil gesprochen ist.»

«Herr», antwortete Blanche Gamond, «da Gott mir die Gnade geschenkt hat, bis zu dieser Stunde der Versuchung zu widerstehen und im Glauben treu zu bleiben, wird er mir wohl die Kraft schenken, auch fürderhin stark zu bleiben. Da ich im Geist begonnen habe, möchte ich auch im Geist aufhören. Im Geist anzufangen ist nicht schwer, schwieriger ist es, darin auszuharren. Ihr mögt mich der Vorteile dieser Welt berauben, von Gott aber könnt Ihr mich nicht trennen, von dem ich Leben und Sein empfangen habe, und der mir aus der Fülle seiner Gnade immer wieder Tröstungen zukommen läßt.»

Kommissär Petitchet sah sie mit einem eigentümlichen Lächeln an. «Und wenn man Euch die Möglichkeit böte, Euch zu verheiraten, wäret Ihr dann nicht am Ende doch bereit, die Religion zu wechseln? Es wohnt da in der Stadt ein hübscher, kräftiger Bursche aus guter Familie. Ein sehr liebenswerter junger Mann. Er ließ mir ausrichten und sagte es mir übrigens selbst, daß er Euch heiraten möchte, vorausgesetzt, daß Ihr wechselt. Ihr könntet mit ihm glücklich werden.»

«Herr», entgegnete Blanche Gamond mit Entschiedenheit, «aus einem rein menschlichen Grund und aus selbstsüchtigen Überlegungen heraus darf man nicht seine Religion aufgeben und eine andere annehmen. Man wechselt die Religion nicht wie ein Kleid. Täte ich das, dann geschähe es ja nicht, weil ich Eure Religion besser fände als die meine, sondern nur, um zu einem Mann zu kommen. Das käme mich aber teuer zu stehen, da ich dadurch meine Seele verlöre.»

Da wurde die Türe geöffnet und der Schließer betrat mit Demoiselle Cassagne die Gerichtsstube. Der Kommissär hieß Blanche Gamond hinauszugehen, worauf sie vom Schließer in einen andern Raum geführt wurde, in dem sich ein Mann aufhielt, der auch zur reformierten Religion gehörte. «Wenn Ihr wissen möchtet, was mit Eurer Freundin verhandelt wird, dann stellt Euch nur hier zwischen diese beiden Türen. Dann hört Ihr alles.»

Blanche Gamond tat es und hörte tatsächlich, wie Herr Petitchet zu Marthe Cassagne sagte: «Das ist nicht Eure Überzeugung. Ihr wollt nur diesem andern Mädchen nacheifern, das mit Euch gefangengenommen wurde. Ich glaube nicht, daß es in ganz Frankreich eine zweite Ketzerin von solchem Starrsinn gibt wie sie. Sie und nur sie ist es, die Euch daran hindert, die Religion zu wechseln.»

In diesem Augenblick ging die eiserne Tür auf, hinter der Blanche Gamond stand. Es war der Schließer, der gekommen war, Blanche Gamond in eine andere Kammer zu führen, in der sie nichts mehr hören konnte und wo sie warten mußte, bis die Einvernahme Demoiselle Cassagnes beendet war, worauf die beiden Freundinnen ins unterirdische Loch zurückgeführt wurden.

Drei Tage später, am Dienstag, etwa um acht Uhr morgens, erschien der Gefängnisaufseher im unterirdischen Loch und schrie: «Blanche Gamond und Marthe Cassagne, vorwärts, macht euch bereit, ihr kommt vor das Gericht. Zwei Dragoner warten draußen, um euch in den Justizpalast hinüberzubringen.»

Tatsächlich wurden sie vor der Tür von zwei Soldaten in Empfang genommen und über den Platz und durch den Hof in den Palast gebracht. Dort übernahm ein Weibel die beiden Gefangenen und geleitete sie durch einen Gang in einen niedrigen Saal, wo zwölf oder dreizehn vornehm aussehende Männer – es mochten Richter oder Räte sein – um einen schweren eichenen Tisch herumsaßen.

Der Weibel öffnete die Schranke und forderte Blanche Gamond auf, hineinzugehen und sich vor die Herren hinzustellen. Noch während ihnen Blanche Gamond ihre Reverenz erwies, fuhr einer sie barsch an: «Da, setzt Euch auf die Anklagebank!»

Die Gefangene tat, wie ihr geheißen.

«Wo seid Ihr her?»

«Von Saint-Paul-Trois-Châteaux.»

«Wie heißt Ihr?»

«Blanche Gamond.»

«Habt Ihr keinen Vater?»

«Entschuldigen Sie, Monsieur, ich habe einen Vater.»

«Zu welcher Religion gehört Ihr?»

«Zur reformierten.»

«Weshalb bekennt Ihr Euch zu dieser Irrlehre?»

«Ich hatte das Glück, in der reformierten Religion, die mitnichten eine Irrlehre ist, erzogen und unterrichtet zu werden. Gott hat mich erkennen lassen, daß sie die wahre

Religion ist, die unser Herr Jesus Christus selber vom Himmel auf die Erde gebracht hat, die durch die Apostel verbreitet wurde und die die Märtyrer mit ihrem Blut besiegelt haben.»

«Und Ihr seid nicht bereit, zur römischen Religion überzutreten?»

«Nein, Herr, niemals!»

«Und weshalb nicht?»

«Weil ich Gott versprochen habe, ihm bis in den Tod treu zu sein. Vor Gott, dem ich dieses Versprechen gegeben habe, werde ich eines Tages Rechenschaft ablegen müssen.»

«So seid Ihr also entschlossen, dauernd im Schlechten zu verharren?»

«Davor möge Gott mich bewahren! Er hat uns durch seinen Propheten Amos befohlen, das Schlechte zu hassen, das Gute zu lieben und Gerechtigkeit zu üben.»

«Ist Euch nicht bewußt, daß alle, die zu Eurer Religion gehören, verdammt sind? Wenn Ihr nicht wechselt, so seid auch Ihr es.»

«Mein Herr, wer wie ich an Gott glaubt, der Himmel und Erde und alle Dinge auf Erden erschaffen hat, und an Jesum Christum, der für unsere Sünden gestorben und zu meiner Rechtfertigung auferstanden ist, der kann unmöglich verdammt sein.»

«Diese Auffassung ist richtig. Wie kommt das, da Ihr doch gar nicht an die Gebote der Kirche glaubt?»

«Ich glaube an die Gebote Gottes, nicht aber an die Gebote der Menschen.»

«Ihr behauptet, an Gott zu glauben, nun, schließlich glaubt auch der Teufel an ihn.»

«Das weiß ich, doch wenn ich an Gott glaube, so heißt das, daß ich mein Vertrauen einzig und allein in ihn setze. Und das tut der Teufel nicht.»

«Sind Euch die Befehle des Königs bekannt?»

«Nein, Herr, denn uns Mädchen werden die Befehle des Königs nicht mitgeteilt.»

«Wenn Ihr sie aber kenntet, würdet Ihr ihnen gehorchen? Ist es Euer Bestreben, das zu tun, was der König gebietet?»

«Nein, wenn die Befehle des Königs den Befehlen Gottes entgegengesetzt sind.»

«Nein? Wieso nein?»

«Weil man Gott mehr gehorchen muß als den Menschen.»

«Der König hat es verboten, das Königreich zu verlassen. Und ferner duldet er keine Anhänger Eurer Religion in seinem Reich. Wenn Ihr also nicht wechseln wollt, dann widersetzt Ihr Euch den Befehlen des Königs.»

«Jesus Christus sagt uns in seinem Evangelium: Gebt dem Kaiser, was des Kaisers ist, und Gott, was Gottes ist. Mein Leib und meine Habe gehören dem König, meine Seele jedoch gehört Gott.»

«Es überrascht mich, Euch so sprechen zu hören. Ich halte es nicht für möglich, daß ein Mädchen aus eigener Überlegung solche Worte im Munde führt. Ihr sprecht wie ein Geistlicher, so daß ich den Verdacht habe, daß Ihr mit einem solchen in Verbindung steht. Bestimmt hält sich einer im Walde versteckt und hat Euch unterwiesen. Nennt uns seinen Namen und Ihr sollt dafür von uns fünfhundert Pfund erhalten.»

«Von einem Geistlichen, der sich im Walde verborgen hält, ist mir nichts bekannt. Gott selber hat mich durch die Heilige Schrift in der Wahrheit unterrichtet.»

Da wandte sich der Richter an den Kommissär, wechselte einige Worte mit ihm und richtete dann das Wort erneut an Blanche Gamond: «Ihr seid also nicht bereit, zu wechseln? Nun wohl, dann wird man Euch eben dazu zwingen. Ihr seid nicht bereit, der heiligen Messe beizuwohnen? So wird man Euch eben mit Gewalt hinbringen. Man wird Euch mißhandeln, man wird Euch schinden, bis Ihr nachgebt, denn Ihr habt es ja nicht anders gewollt.»

«Mein Herr, so bleibt mir immer noch, zu Gott zu beten, mich mit der Geduld Hiobs auszustatten, damit ich die Peinigungen, die Ihr mir wehrlosem Mädchen zufügen wollt, zu ertragen und zu überstehen vermag.»

«Steht auf und geht. Was nun über Euch kommen wird, habt Ihr Euch selber zuzuschreiben.»

Der Weibel führte Blanche Gamond in einen andern Saal, in dem sich gegen zwanzig Dragoner aufhielten. «Hier wartet Ihr, bis auch das Verhör Eurer Freundin beendet ist.» Die Soldaten starrten das Mädchen an und machten sich einen Spaß daraus, es durch lästerliche Redensarten zu kränken und zu bedrängen. «Ein solches Mensch sollte lebendigen Leibes verbrannt und seine Asche in alle Winde verstreut werden», höhnte einer, «so würden die andern ihresgleichen sehen, wohin Verstocktheit führt.»

«Ach was, verbrennen», meinte ein anderer, «gerädert sollte sie werden, nackten Leibes aufs Rad geflochten.»

«Natürlich, nackten Leibes, das würde dir so passen», lachte ein dritter. Und sie fuhren fort mit ähnlichen Redensarten, bis der Aufseher endlich Marthe Cassagne in den Saal brachte, worauf zwei der Dragoner sich erhoben, um die beiden Gefangenen ins Gefängnis hinüberzugeleiten, wo sie vom Wärter in Empfang genommen und ins unterirdische Verlies zurückgebracht wurden.

Hier stürzten sich die übrigen Gefangenen auf Blanche Gamond, umarmten und streichelten sie. «Ein Glück, daß Ihr wieder da seid, liebe Schwester. Wir haben schon befürchtet, es sei ihnen gelungen, Euch zu überreden, weil Ihr so lange ausgeblieben seid. Erzählt uns, was Euch die

Richter gefragt haben und was Ihr ihnen geantwortet habt.»

«Das werde ich gerne tun und ihr sollt bestimmt alles vernehmen. Aber laßt uns vorerst Gott danken für die große Güte, die er uns erwies, indem er uns bis zum heutigen Tag erhalten hat. Wir wollen ihn bitten, uns auch fürderhin seiner großen Gnade teilhaftig werden zu lassen.»

Und dann knieten die Frauen nieder zu einem gemein samen Gebet, das Blanche Gamond ihnen vorsprach. Kaum aber hatten sie abschließend das Unservater beendet, als hinter ihnen die Tür geöffnet wurde und eine Stimme nach Blanche Gamond und Demoiselle Cassagne rief. In Begleitung des Gefängnisverwalters Gabet betrat der Schreiber das Verlies. Er hielt einen Bogen Papier in der Hand, überreichte ihn Blanche Gamond und sagte: «Da habt Ihr Euer Urteil. Ihr seid als die Anstifterin erkannt worden und werdet dafür Euer ganzes Leben zu leiden haben.»

Blanche Gamond blieb gefaßt. «Leiden, habt Ihr gesagt? Was will das schon heißen, die Leiden dieses Lebens?»

Der Schreiber starrte das Mädchen verständnislos an und zuckte verlegen die Schultern. Dann schickte er sich in Ausführung des ihm erteilten Auftrages an, das Urteil zu verlesen, das unter dem 16. Juli 1686 ausgefertigt worden war und bis auf den heutigen Tag erhalten geblieben ist. Danach wurden sowohl Blanche Gamond als auch Marthe Cassagne verurteilt zu lebenslänglicher Gefängnisstrafe, zur Einziehung ihres Vermögens, zu einer Buße von zwanzig Pfund und zum Abrasieren ihres Haares. Es wurde ferner verfügt, sie in der öffentlichen Abteilung des Spitals von Grenoble unterzubringen, bis die Regierung einen Ort gefunden hatte, wo sie für den Rest ihres Lebens eingesperrt werden konnten. Da die beiden Verurteilten nun keine eigenen Mittel mehr besaßen, sollten sie fürderhin auf Kosten des Königs erhalten werden.

Als der Schreiber das Urteil verlesen hatte, drangen die Mitgefangenen weinend, klagend und Anteil nehmend auf die beiden Verurteilten ein, umarmten und küßten sie und sagten: «Wohl euch, daß euch der Ehevertrag vorgelesen wird, durch den ihr dem Gefängnis vermählt werdet.»

Blanche Gamond antwortete ruhig: «Des Herrn Wille geschehe.»

In diesen Tagen traf wieder ein Brief ihres Paten ein. Seit der Aufhebung des Ediktes lebte Pfarrer Murat als Flüchtling in Genf. In seinem Briefe gab er in beredten Worten seiner Bewunderung für Blanche Gamonds tapferes Verhalten Ausdruck: «Wie glücklich bin ich, daß ich vernehmen darf, wie Euch Gott auf wunderbare Weise bewahrt hat. Als ich hörte, daß Ihr nach wie vor Eurem Erlöser die Treue bewahrt, da erfüllte mich eine unaussprechliche Freude. Harret aus und Ihr werdet die Krone des Lebens erlangen.»

Blanche Gamond schrieb ihrem Paten zurück – es war äußerst schwierig, einen Brief aus dem Gefängnis zu schmuggeln –, dankte ihm für seine Anteilnahme an ihrem Geschick und teilte ihm mit, daß sie eben nach dreimaligem Verhör vom Gericht zu lebenslänglicher Gefangenschaft verurteilt worden sei.

Die ausführliche Antwort Pfarrer Murats traf binnen wenigen Tagen ein: «Mein liebes Patenkind, es ist mir nicht bekannt, ob der Brief, mit dem ich mich bei einer hohen Persönlichkeit dafür eingesetzt habe, daß man Euch in die Obhut Eurer Mutter zurückgebe, irgendwelchen Erfolg gehabt hat. Sollte das nicht der Fall sein, dann werde ich mich bemühen, es auf andere Weise zu erreichen. Bleiben jedoch meine Bemühungen erfolglos, dann dürft Ihr doch den Mut nicht verlieren. Ihr habt so herrlich begonnen, warum solltet Ihr weniger herrlich enden? Jesus Christus hat nicht gesagt: wer eine Zeitlang ausharrt, sondern: wer ausharrt bis ans Ende. Kein Heil, wie schrecklich ist dieses Wort. Es bedeutet, daß es kein ewiges Leben gibt für jene, die nicht ausharren bis ans Ende. Der ewige Tod und die Qualen der Hölle werden ihr Teil sein. Der große Gott wolle Euch in seiner Barmherzigkeit behüten und Euch mit Kraft und Mut ausrüsten, daß Ihr Euch nicht fürchtet, sondern fröhlich ausharrt zur Ehre seines herrlichen Namens. Ihr könnt Euch gar nicht vorstellen, wie es mich freute und tröstete, als ich vernahm, mit welcher Festigkeit Ihr vor Euren Richtern aufgetreten seid, auch dann, als sie Euch nötigen wollten, die Wahrheit aufzugeben, die Gott Euch hat erkennen lassen. Ich bewunderte Eure Antworten und Euren Mut, alle Vorteile der Welt und selbst das Glück der Ehe geringer zu schätzen als das Heil Eurer Seele. Wie wohl habt Ihr daran getan! Was würde es Euch nützen, selbst einen Prinzen zu heiraten? Würde das Euer schlechtes Gewissen beruhigen können? Könnte ein Prinz mit all seinen Reichtümern und Tugenden Euch vor Gott rechtfertigen? Oder nähme er es auf sich, an Eurer Stelle zu leiden? Bestimmt nicht. Paulus hat geschrieben: Jeder hat für sich selbst einzustehen und wird selbst zu tragen haben, was er getan hat, sei es Gutes oder Schlechtes. Und was bedeuten für Euch die Demütigungen und die Gefängnisse, die Ihr zu erdulden habt? Das sind alles Stufen, die zur ewigen Seligkeit emporführen. Welch erhabenes Gefühl muß es für Euch sein, mein liebes Patenkind, zur Ehre Gottes leiden zu dürfen! Ihr leidet ja nur, um der Wahrheit zum Durchbruch zu verhelfen. Ihr leidet nicht für begangene Übeltaten, sondern um des Guten willen. Wahrhaftig Grund genug, Gott für diese Gnade täglich zu danken. Nicht jedem Menschen wird solche Gnade zuteil. Wie viele sind ihrer, die sich durch Leiden entmutigen lassen. Wie lobenswert ist dagegen Euer Verhalten, alle Euch angedrohten Leiden, ja sogar den Tod zu verachten. Wäre es doch auch mir vergönnt gewesen, für Gott in solcher Weise leiden zu dürfen, wie Ihr für die Sache Christi gelitten habt. Ich käme mir glücklicher vor, als wenn ich ein König wäre. Und was ist Euch jetzt noch angedroht, mein liebes Patenkind? Man wird Euch durch den Henker die Haare abschneiden lassen. Das wird Euch zum Ruhm gereichen, denn Gott wird Euch dafür die Krone des Lebens auf das von den Menschen geschändete Haupt setzen. Ihr wurdet zu ewiger Gefangenschaft verurteilt. Wer kann wissen, ob Eure Gefangenschaft wirklich so lange dauern wird? Wir hoffen, Gott werde Euch bald befreien. Und sollten unsere Widersacher Euch wirklich bis ans Ende Eures Lebens einsperren, wißt Ihr denn, ob Euer Leben lange währen wird? Vollendet deshalb Euren Lebenslauf mit Freuden und fürchtet Euch nicht vor denen, die wohl den Leib, nicht aber die Seele töten können. – Gebt immer und allezeit Gott die Ehre. Bittet am Abend und am Morgen und immer, wenn Ihr Euch vor ihm demütigt, daß er auch mich mit seinem Heiligen Geist erfülle und meine Seele und meinen Leib stärke. Ich lag drei Wochen krank und war am Rande des Grabes. Doch Gott hat sich meiner erbarmt. Aus der Tiefe meines Elends rief ich ihn an, mich zu erhören, und bereits nach zwei Stunden bin ich erlöst worden. Bei Gott ist kein Ding unmöglich. Wer auf ihn vertraut, wird immer bestehen. Lebt wohl, mein sehr geliebtes Patenkind. Gott rüste Euch aus mit Kraft. F. M.»

Jeden Tag, bei jedem der Tür des Verlieses sich nähernden Geräusch glaubten Blanche Gamond und Marthe Cassagne, es müßten die Henker sein, die den Auftrag hatten, ihnen die Haare abzuschneiden und die Köpfe zu rasieren; doch die Zeit verstrich und nichts dergleichen geschah. Es ging alles den gewohnten Gang furchtbarer Eintönigkeit. Die einzige Änderung, die die gefangenen Frauen feststellten, war, daß die Tage kürzer und die Nächte kälter geworden waren. Beklemmender noch als sonst empfanden sie die durch die Mauerlöcher hereindringende Feuchtigkeit, hörten sie das Glucksen des Wassers der Isère. Viele der Frauen verfielen in einen Zustand der Teilnahmslosigkeit und starrten stundenlang in dumpfem Brüten vor sich hin. Ihr Leben wäre zum bloßen Dahinvegetieren geworden, wenn sich nicht Blanche Gamond mit ganzer Kraft dafür eingesetzt hätte, sie vor diesem Unheil zu bewahren. «Meine Schwestern, werdet nicht nachlässig und gleichgültig im Glauben, haltet an am Gebet. Haltet eure Lampen bereit, denn wir wissen nicht, wann der Bräutigam kommt.»

Es war unter den Frauen kaum eine, die in diesem Loch, über dessen Mauern die Nässe herunterrann, nicht von einem bellenden Husten gequält worden wäre. Man brachte ihnen weder Decken noch wärmere Kleidungsstücke, und der stinkende Haufen schimmligen Strohs war trotz ihres inständigen Bittens und den Versprechungen von Besuchern, sich dafür verwenden zu wollen, noch nie erneuert worden. War es das ihnen bestimmte Schicksal, hier elendiglich zugrunde gehen zu müssen? Bereits unter zwei Malen war eine von ihnen gestorben, und beide Male hatten die Wärter die Leichen erst nach ein paar Tagen aus dem Verlies weggeschafft.

Dann aber, am 15. Oktober – Blanche Gamond zählte in der Gefangenschaft die Tage mit peinlicher Gewissenhaftigkeit – geschah es, daß ein ungewöhnlicher Lärm die Aufmerksamkeit der Frauen erregte.

Knarrend öffnete sich die Tür, und es kam eine Schar von Schattengestalten herein: zwanzig weitere Gefangene wurden ins unterirdische Verlies gebracht, in dem sich nun an die achtzig Frauen befanden.

Als die Wärter sich wieder entfernt und die Pforte verschlossen hatten, drängten sich die bisherigen Gefangenen um die neu Angekommenen, um sie mitfühlend und in herzlicher Freundlichkeit zu begrüßen. «Wer seid ihr und wo kommt ihr her?» erkundigte sich Blanche Gamond als Wortführerin ihrer Gefährtinnen.

«Ich bin Jeanne Terrasson aus Die», antwortete eine der Neuen, eine vielleicht dreißig Jahre alte Frau, die mit ihrer ruhigen, bestimmten Art auf Blanche Gamond sofort einen tiefen Eindruck machte, so daß sie ihr zunickte, die Arme um sie schlang und sie an sich zog, als hätten sie sich ihr Leben lang gekannt. «Mein Name ist Blanche Gamond», sagte sie schlicht, «so teilen wir also dasselbe Schicksal. Seid Ihr schon lange in diesem Gefängnis?»

Jeanne Terrasson verneinte. «Ende September haben sie mich auf einem Fluchtversuch ergriffen. Sie haben mich nach Grenoble gebracht und zu diesen neunzehn Frauen gesperrt, die alle aus dem Tal von Pragela und aus dem Dorfe Quind kommen. Der Kommissär hat mich verhört und aufgefordert, abzuschwören. Das habe ich aber nicht getan und so haben sie mich heute zusammen mit den andern Frauen, mit denen ich schon vierzehn Tage lang im Gefängnis war, in dieses Loch verbracht. Was müßt Ihr in der Zeit, die Ihr hier seid, ausgestanden haben! Ich habe gehört, daß die Gefangenen, die vor Euch in diesem Loch untergebracht waren, von der Feuchtigkeit und vom Gestank krank geworden sind. Ihre Körper waren mit großen Eiterbeulen bedeckt, und man befürchtete, es sei die Pest. Nachdem sie bereits halbtot waren, hat man sie dann weggeschafft. Die Stadtbehörden sind gewillt, sämtliche Gefangenen aus Grenoble wegzubringen, und es gibt deren nicht wenige. Denn alle Flüchtlinge, die an der Grenze aufgegriffen werden, bringen sie nach Grenoble, und das kommt jeden Tag vor.»

Schon im August hatten die Wärter Blanche Gamond erklärt, daß sie das Gefängnis von Grenoble verlassen müsse, man habe nämlich vor, sie im Spital von Valence unterzubringen. «Dort ist einer, der Euch bald zur Vernunft gebracht haben wird.»

Aber Tag um Tag verstrich, ohne daß etwas geschah. Als sich Blanche Gamond einmal erkundigte, ob man nun darauf verzichtet habe, sie nach Valence zu bringen, meinte der Wärter: «Macht Euer Bündel nur bereit, Ihr seid bestimmt bald an der Reihe. Die Bogenschützen, die Euch begleiten werden, sind bereits eingetroffen.»

Doch die Behauptung, daß sie das Gefängnis wechseln müsse, schien nur eine Drohung des Wärters zu sein, der sich darin gefiel, die Gefangenen zu ängstigen.

Eine Nadel ist das Zeichen

So blieb denn Blanche Gamond weiterhin bei den gefangenen Frauen im unterirdischen Verlies. Und wie so viele ihrer Gefährtinnen, erkrankte auch sie in diesem finsteren und feuchten Loch, in dem das Wasser an den Wänden herunterrann und den Boden bedeckte. Ein heftiges Fieber glühte in ihr und schüttelte ihren geschwächten Körper. Tagelang lag sie wie betäubt da, liebevoll umsorgt von ihren Freundinnen Marthe Cassagne und Jeanne Terrasson. Doch alles, was diese und die andern Schicksalsgenossinnen der Kranken zu geben vermochten, war Anteilnahme und schwesterliche Liebe. Man schien beschlossen zu haben, die Gefangenen im Verlies einfach ihrem Schicksal zu überlassen.

Blanche Gamond dachte nichts anderes, als daß sie sterben müsse, sie war so schwach, daß sie kaum mehr imstande war, die Suppe zu trinken, die ihr Jeanne einzuflößen versuchte. Aber sie äußerte noch den Wunsch, ihrem Paten zu schreiben und Abschied von ihm zu nehmen, überzeugt, daß sie bereits aus dieser Welt geschieden war, wenn Pfarrer Murat in Genf ihren Brief in die Hände bekam. Ihre Freundinnen mußten sie stützen und ihr die Hand führen, und trotzdem entfiel die Feder mehrmals ihren steifen Fingern. Schon nach wenigen Buchstaben mußte sie aussetzen und sich zurücksinken lassen, um wieder Kraft zu schöpfen. Sie fühlte sich so elend und todesmatt, daß sie eine zu Besuch kommende Dame namens Bouret bat, sich doch dafür einzusetzen, daß ihre Mutter in Saint-Paul benachrichtigt und nach Grenoble gebracht werde, damit sie von ihr Abschied nehmen und sie für alle begangenen Lieblosigkeiten und Versäumnisse um Verzeihung bitten könne.

Madame Bouret versprach, dem Kommissär Blanche Gamonds Wunsch vorzubringen, obwohl sie bezweifle, daß er ihm entsprechen werde.

Nach drei Tagen erschien der Gefängnisaufseher Gabet im Verlies und teilte Blanche Gamond im Auftrage von Herrn Petitchet mit, daß sie mit ihrer Mutter sprechen könne, sofern sie bereit sei, zu wechseln.

Blanche Gamond schüttelte den Kopf: «Darauf kann ich mich nicht einlassen. Wenn Ihr mir nicht erlauben wollt, meine Mutter auf dieser Welt noch einmal zu sehen, dann muß ich mich eben damit trösten, sie durch die Gnade Gottes eines Tages im Himmel wiederzusehen.»

«Eure Mutter ist hier. Sie steht vor der Tür und verlangt danach, Euch zu sehen. Wenn Ihr endlich versprecht, wechseln zu wollen, dann führe ich sie sogleich herein.»

«Nein», sagte Blanche Gamond, «das verspreche ich nicht. Gott, der mich bisher erhielt, kann mich auch weiterhin am Leben erhalten, wenn es sein Wille ist. Laßt doch davon ab, mich weiterhin zu verfolgen! Gönnt mir doch endlich Ruhe! Ihr seht doch, in welch erbärmlichem Zustand ich bin, es bereitet mir schon Mühe, Euch zu antworten.»

Doch Blanche Gamonds Stunde war noch nicht gekommen. Langsam erholte sie sich von ihrem Fieber. Aber kaum, daß sie sich besser fühlte, bildete sich an ihrem rechten Bein ein Geschwür, das sich rasch vergrößerte und ihr heftige Schmerzen verursachte. Schließlich öffnete es sich und eine eitrige, stark riechende Flüssigkeit brach heraus. Das Bein entzündete sich immer mehr und schmerzte dermaßen, daß sich Blanche Gamond nicht mehr vorwärtsbewegen konnte, wenn sie nicht auf beiden Seiten gestützt wurde. Das war im November 1686. Jeanne Terrasson machte die Wärter mehrmals auf den sich rasch verschlimmernden Zustand ihrer Freundin aufmerksam. «Wenn nicht sofort gehandelt wird, muß das Bein abgenommen werden, da sich sonst das Gift im ganzen Körper ausbreitet», erklärte sie ihm.

Aber es dauerte noch ein paar Tage, bis Gabet in Begleitung dreier Chirurgen im Verlies erschien.

«Dem Himmel sei Dank!» atmeten die Frauen auf, «es war wirklich höchste Zeit.»

«Für was höchste Zeit?» fragte der Aufseher verwundert.

«Was für eine Frage», verwunderte sich Jeanne Terrasson, «hat Euch denn der Wärter nichts ausgerichtet?»

Gabet wurde ungeduldig. «Wovon sprecht Ihr eigentlich?»

«Von der Wunde. Wollt Ihr Euch das Bein der Ärmsten nicht einmal ansehen? Riecht Ihr nicht, daß ihre Wunde zu faulen angefangen hat?»

Gabet spielte nervös mit dem Papier, das er in Händen hielt. «Daß es hier unten wie die Pest riecht, ist uns nichts Neues. Um das festzustellen, sind wir nicht hergekommen. Die Wunde kümmert uns vorderhand nicht. Ich habe keine diesbezüglichen Weisungen, wir sind wegen Eures Urteils hier.» Damit faltete er das Papier auseinander und verlas mit eintöniger Stimme noch einmal das über Blanche Gamond und Marthe Cassagne gefällte Urteil. «Ihr habt gehört, daß der hohe Gerichtshof die beiden Demoisellen Gamond und Cassagne nicht nur zu lebenslänglicher Gefängnisstrafe und zur Einziehung ihres gesamten Vermögens verurteilt hat, das Urteil ist verbunden mit einer Buße von zwanzig Pfund und mit der Verfügung, daß den beiden die Köpfe rasiert werden. Wir sind gekommen, um diesen Teil des Urteils zu vollstrecken. Meine Herren», wandte er sich dann mit einer höfisch eleganten Handbewegung an die Chirurgen, «waltet Eures Amtes.»

«Und die Wunde?» schrie ihm Jeanne Terrasson ins Gesicht, «es ist Eure Pflicht, sich um sie zu kümmern!»

«Madame», antwortete der Aufseher kalt, «ich bin es nicht gewohnt, von Euresgleichen Befehle entgegenzunehmen. Entfernt Euch! Ihr hindert diese Herren an der Ausführung ihres Auftrages.»

«Wollt Ihr mir die Haare abschneiden, um mich, wie das bei Simson der Fall war, meiner Kräfte zu berauben? Glaubt Ihr, mich Euch dadurch willfährig zu machen?» fragte Blanche Gamond den Aufseher. «Wenn Ihr das glaubt, dann irrt Ihr Euch, Monsieur. Gott wird meine Kraft und meinen Mut verdoppeln. Seht nur her!» Mit diesen ekstatisch ausgerufenen Worten erhob sie sich von ihrem Lager, streifte die verwundert sie anstarrenden Männer mit einem triumphierenden Blick und schritt hoch aufgerichtet vor ihnen auf und ab, als hätte ihr nie etwas gefehlt.

Als die Frauen solches sahen, kam sie ein Grauen an. Wie war es möglich, daß ihre Gefährtin, die seit Tagen unfähig gewesen war, auf ihrem kranken Bein auch nur zu stehen, nun plötzlich ohne Stütze vor ihnen auf und nieder ging? Was für Kräfte waren da auf einmal in ihr mächtig?

«Welche Haltung soll ich einnehmen, damit Ihr Eure Prozedur ausführen könnt?» fragte Blanche Gamond.

«Kniet nieder!» befahl ihr einer der Chirurgen. Sobald das Mädchen dieser Aufforderung nachgekommen war, wurde ihm die Haube abgenommen.

«Fih!» rief da einer der Männer bewundernd aus, «was für prächtige Haare! An denen werden die Perückenmacher ihre Freude haben!» Damit wickelte er die rötliche Haarflut um seinen entblößten Unterarm und begann zu zerren, daß Blanche Gamond vor Schmerzen die Lippen aufeinanderpreßte. Der zweite, der eine Schere in Händen hielt, schickte sich an, die Haare möglichst nahe dem Schädel abzuschneiden. Als er damit fertig war, stopfte er die Beute in seine Taschen. Da es kalt war – seit ein paar Tagen schneite es und die Maueröffnungen über den Wassern der Isère konnten nicht verschlossen werden –, schickte Blanche Gamond sich an, die Haube wieder aufzusetzen, wurde aber von einem der Chirurgen daran gehindert. «Nicht doch, Ihr habt gehört, daß wir Euch rasieren müssen.»

Die Frauen entsetzten sich. «Habt Ihr sie noch nicht genug geschändet?»

Aber der Chirurg kümmerte sich nicht um ihr Geschrei und entnahm seinem Kästchen ein Rasiermesser, dessen Klinge schartig und mit Rost überzogen war. Mit ihr begann er, den Kopf des Mädchens zu rasieren. Es war eine fürchterliche Tortur, da Blanche Gamond nach den eben überstandenen Fiebern noch äußerst empfindlich war und der Mann so grob und rücksichtslos vorging, daß er sie an drei Stellen schnitt, auf dem Kopf und am Hals, doch unternahmen die Chirurgen nichts, um das Blut zu stillen.

Seltsam, von diesem Tage an, da Blanche Gamond mit

Anstrengung ihres ganzen Willens den Schmerz überwunden und unmöglich Scheinendes getan hatte, fühlte sie sich besser. Die Wunde schwärte zwar weiter, aber dennoch war Blanche in der Lage, wenn auch mit Schmerzen, so doch ohne die Hilfe anderer beanspruchen zu müssen, im Verlies hin und her zu gehen. Sie war beglückt, den Gefährtinnen nicht länger zur Last zu fallen und nicht mehr auf ihre Hilfe angewiesen zu sein.

Seit Einbruch des Winters meldeten sich im Verlies wieder häufiger Besucher, vor allem waren es Mönche, Priester und Barfüßer, die alle versuchen wollten, was andern nicht geglückt war: den Widerstand der Ketzerinnen zu brechen. Doch blieben auch ihre Bemühungen ohne Erfolg.

Es war vor allem ein glatzköpfiger Pater, der sich vorgenommen hatte, Blanche Gamond, als die Hartnäckigste von allen, zur Räson zu bringen und damit ihr und sich selbst zum Seelenheil zu verhelfen. «Ihr behauptet, Euch auf die Heilige Schrift zu stützen», beschwor er sie, «ich aber sage Euch, die Heilige Schrift ist ein wenig verläßliches Fundament.»

«Wie das!» Blanche Gamond richtete sich hoch auf und maß den bleichen Pater Lamy sprühenden Blicks. «Ich möchte wissen, was ein besseres Fundament sein könnte! Wer seinen Glauben auf die Heilige Schrift gründet, der baut sein Haus auf einen Felsen, so daß auch Regen und Wind es nicht erschüttern können. Denn dieser Felsen ist Jesus Christus.»

«Ach was», ereiferte sich der Pater, «ich sehe, daß Ihr Euch in der Heiligen Schrift auskennt. Das ist Euch jedoch gar nicht erlaubt. War Euch denn nicht bekannt, daß es Frauen verboten ist, sie zu lesen?»

«Nun kommt auch Ihr mit dieser verdrehten Ansicht. Mit welcher Stelle der Heiligen Schrift wollt Ihr beweisen, was Ihr behauptet? Es wäre mir ein leichtes, Euch eine ganze Reihe von Stellen zu nennen, aus denen das Gegenteil hervorgeht. Gerade das ist der Grund, daß die Welt in Irrtum und Unwissenheit lebt, weil sie die Schrift nicht kennt!»

«Mademoiselle, manches in der Heiligen Schrift ist dunkel.»

«Vielleicht für Euch, Monsieur. Für mich ist sie von wunderbarer Klarheit. David lehrt uns: Dein Wort, o Ewiger, ist der Leuchter für meine Füße und eine Fackel auf meinen Wegen. Überhaupt solltet Ihr nun endlich eingesehen haben, daß all Eure Bemühungen nutzlos sind. Ihr seid nicht mein Hirte, Eure Stimme kenne ich nicht. Ihr kommt hierher im Pelz eines Schafes, doch unter diesem friedlichen Kleide verbirgt sich ein reißender Wolf.»

«Ein reißender Wolf, ich, der ich um Euer Seelenheil besorgt bin? Nun ist es genug!» rief Pater Lamy und hob drohend die Hände. «Ist das der Dank dafür, daß ich mich herbemüht habe, daß ich meine wertvolle Zeit opfere und versuche, den Schleier von Euren Augen zu reißen?» Wutschnaubend wandte er sich zum Gehen.

Wie es der Brauch war, begleitete Blanche Gamond den Pater zur Tür und machte vor ihm eine Verbeugung.

«Ha!» pfiff er sie an, wollte ihr etwas entgegnen, fand aber in seiner Erregung die Worte nicht und stampfte davon. Er war bereits ein paar Stufen hinaufgestiegen, als er sich umkehrte und zurückrief: «Ich werde dafür sorgen, daß Ihr in ein noch finstereres Loch geworfen werdet. Ihr werdet schon sehen. In ein Loch, in das kein Lichtstrahl mehr dringt, dort werdet Ihr ganz allein sein. So werdet Ihr wenigstens andere nicht mehr verderben können.»

«Monsieur», erwiderte Blanche Gamond, «tut, was Ihr für richtig haltet und als frommer Mann glaubt, vor Gott verantworten zu können. Ich bin bereit, alles über mich ergehen zu lassen. Wohl könnt Ihr mich des Lichtes und der Gesellschaft anderer Menschen berauben. Gott aber könnt Ihr mir nicht wegnehmen und auch nicht die Erkenntnis, die mir durch seinen Heiligen Geist zuteil geworden ist.»

Seitdem Jeanne Terrasson und die andern neunzehn Frauen aus dem Tal von Pragela und aus dem Dorfe Quind ins unterirdische Verlies gebracht worden waren, waren hier etwa achtzig Frauen und Mädchen zusammengepfercht. Dazu kamen noch die Gefangenen, die im Zivilgefängnis, und jene, die in den Zellen eingesperrt waren. Und außer den Frauen befanden sich in den Verliesen noch über sechzig Männer. Da täglich an der Grenze weitere Hugenotten aufgegriffen und nach Grenoble gebracht wurden, war das Gefängnis überfüllt.

Im März 1687 erschien eines Tages der Schreiber im Verlies und legte ein Verzeichnis aller der sich hier befindlichen Frauen und Mädchen an, und schon anderntags kam in Begleitung des Wärters ein Soldat, der die Gefangenen aufforderte, sich bereitzuhalten, da beschlossen sei, einen Teil von ihnen aus Grenoble in ein anderes Gefängnis zu schaffen. Und zu Marthe Cassagne und Blanche Gamond sagte er: «Auch ihr kommt von hier fort, allerdings an einen andern Ort als eure Gefährtinnen. Euch beide wird man hier in Grenoble im Spital unterbringen. So ist es beschlossen.»

Diese Meldung versetzte die Gefangenen in große Unruhe. Wenn es ihnen auch als eine Erlösung erschien, aus diesem fürchterlichen Loch herausgeholt zu werden, so schmerzte sie doch die bevorstehende Trennung von den beiden Schwestern Cassagne und Gamond, die nun während Monaten ihre geistigen Betreuerinnen gewesen waren und es mit ihrem Glaubensmut immer wieder verstanden hatten, sie zu trösten und aufzurichten. Dazu kam, daß ihr zukünftiges Geschick ganz im ungewissen lag, niemand wußte, wohin sie gebracht werden sollten.

So flossen denn viele Tränen und Marthe Cassagne und Blanche Gamond, denen als den Hartnäckigsten ein besonderes Schicksal bevorstand, waren mit dem Trösten der um sie herum Jammernden vollauf in Anspruch genommen. Der Glaube, daß ihnen nichts geschehen könne, was Gott ihnen nicht zu ihrem Heil zugemessen habe, erfüllte sie mit freudiger Zuversicht.

Unter denen, die weggeführt werden sollten, befand sich auch Jeanne Terrasson, der sich Marthe Cassagne und Blanche Gamond in der kurzen Zeit ihres Beieinanderseins so sehr angeschlossen hatten. «Werden wir uns in diesem Leben wohl noch einmal wiedersehen?»

«Wenn wir nur herausbringen könnten, wo ihr hinkommt!»

Doch weder der Wärter noch der Soldat wußten etwas Näheres, und dem Aufseher war es wohl untersagt, sich zu äußern.

«Bringt Ihr sie nach Valence zu La Rapine?» fragte Blanche.

«Ich weiß es nicht», antwortete der Wärter. Sobald der Aufseher sich entfernt hatte, fügte er hinzu: «Wenn es mir gelingt, etwas zu erfahren, will ich es Euch wissen lassen.»

Und dann kam anderntags, in der Morgenfrühe des 1. April 1687, die schmerzliche Trennung. Die Frauen umarmten sich, weinten und wünschten sich gegenseitig Gottes Segen. Die Bogenschützen, die den Befehl hatten, die Gefangenen zu begleiten, trieben diese zur Eile an. Es waren zweiundzwanzig Frauen und vier Männer, die weggeführt wurden.

«Der Herr sei euch gnädig!» rief ihnen Blanche Gamond nach, und dann verhallte der Lärm in den Gängen. Da kam eine der Frauen noch einmal zurückgeeilt. Es war

Jeanne Terrasson. Sie umarmte Blanche Gamond und netzte mit ihren Tränen das Gesicht der zurückbleibenden Schwester. «Ich mußte Euch noch einmal sagen, wie sehr es mich schmerzt, Euch verlassen zu müssen. Ihr wißt ja nicht, wie lieb Ihr mir geworden seid.»

«Tröstet Euch, geliebte Schwester in dem Herrn, ich weiß, daß ich Euch bald nachfolge, daß wir uns wiedersehen werden. In dieser Nacht sah ich im Traume eine Weintraube, die aber noch nicht ganz reif war. Man wählte die schon reifen Beeren aus und ließ die noch grünen zurück. Das kann nichts anderes bedeuten, als daß ich noch nicht reif genug befunden wurde, Euch begleiten zu dürfen. Aber ich bin gewiß, daß es eines Tages so weit sein wird.»

Nun die andern mit Jeanne Terrasson das Verlies verlassen hatten, verdoppelten Blanche Gamond und Marthe Cassagne ihre Gebete, um vom Himmel Stärkung zu erflehen. Und jedesmal, wenn Blanche Gamond am Schluß ihres Gebetes auf die Knie niederfiel, bat sie um die Gnade, nicht in die Hände des grausamen La Rapine fallen zu müssen. «Wenn es dennoch in deinem Rate beschlossen ist, so vermehre in mir deinen Heiligen Geist. Sende mir deine heiligen Engel, daß sie mich trösten und stärken. Gib es nicht zu, daß ich der Versuchung erliege. Erweise mir die Gnade, treu zu bleiben bis in den Tod, damit ich die Krone des Lebens empfange.»

Und weil sie glaubte, durch Fasten die Kraft ihrer Gebete unterstützen zu können, weigerte sie sich fortan, Brot und Kohlbrühe zu sich zu nehmen, wodurch sie rasch abschwachte und erneut in Krankheit verfiel. Wiederum raste ein heftiges Fieber durch ihre Adern und wiederum bangten ihre Gefährtinnen um das Leben ihrer geliebten Schwester.

Eines Tages ordnete Gabet die Überführung eines Teils

der gefangenen Frauen in ihr früheres Gefängnis an. Unter denen, die das unterirdische Loch verlassen durften, befanden sich auch Marthe Cassagne und Blanche Gamond. Wie manche Erleichterung brachte diese Veränderung den davon Betroffenen. Nun standen ihnen wieder Betten zur Verfügung, Wände und Boden ihres Kerkers waren trocken und sie wurden wieder der Wohltat teilhaftig, auf die Galerie geführt zu werden, um dort frische Luft zu schöpfen.

Doch diese Verbesserung ihrer Lage, die wesentlich dazu beitrug, daß Blanche Gamond ihre Kräfte wiederfand, ließ sie ihre weggeführten Gefährtinnen nicht vergessen. Jedesmal, wenn der Wärter das Gefängnis betrat, bedrängte sie ihn mit der Frage, wohin sie gebracht worden seien. Und jedesmal schüttelte der Wärter den Kopf: «Ich weiß es nicht, ich habe nichts über ihr weiteres Schicksal gehört.»

«Befinden sie sich in La Rapines Gewalt?»

«Ich kann es nicht sagen, Mademoiselle, es ist mir nichts bekannt.»

In dieser Zeit traf wieder einmal ein Brief von Blanches Paten ein, in dem er sein Patenkind erneut ermahnte, geduldig zu bleiben und auszuharren, komme, was immer der Herr beschlossen habe. «Die Welt wird ja nicht Zeuge Eurer Leiden sein, denn Eure Feinde werden Euch im geheimen peinigen. Doch die Engel Gottes und Gott selbst werden es innewerden, wie Ihr die Euch auferlegten Prüfungen besteht.»

Eines Tages führte Gabet ein paar Herren zu den Frauen in den Kerker. Und wiederum wurden die Namen der Gefangenen aufgeschrieben.

«Wozu das?» fragte Blanche Gamond. «Wozu werden wir immer wieder aufgeschrieben? Kommen nun auch wir an die Reihe? Werden nun auch wir fortgebracht?»

«Das ist wohl möglich», antwortete ihr einer der Herren, der sie die ganze Zeit hindurch mit Mitleid betrachtet und sich ihr gegenüber sehr freundlich verhalten hatte.

«Monsieur», bat ihn Marthe Cassagne, «so sagt uns doch, wohin man uns bringen wird.»

«Sobald ich es erfahre, werde ich es Euch mitteilen», sagte er ihr, als der Aufseher es nicht hören konnte. «Da es aber wohl möglich ist, daß sich mir dann keine Gelegenheit bieten wird, mit Euch zu reden, werde ich Euch durch ein Zeichen verständigen. Wenn beschlossen wird, Euch in ein anderes Gefängnis überzuführen, dann werde ich Euch dies Tüchlein zeigen. Wird aber entschieden, daß Ihr zu La Rapine kommt, dann soll eine Nadel das Zeichen sein.»

Drei Tage danach trat Marthe Cassagne mit Tränen in den Augen an das Lager Blanche Gamonds.

«Was ist Euch, was betrübt Euch, Schwester?»

«Nun ist es gewiß, daß sie uns zu La Rapine bringen werden. Der freundliche Herr hat mir soeben die Nadel gezeigt, die wir als Zeichen vereinbart hatten. Es heißt, daß ihm kein Mensch widerstehen könne, er lasse die, die ihm nicht gehorchen, Hungers sterben, er schlage sie mit Stöcken zu Krüppeln, er werfe sie ins Wasser und vergewaltige die Mädchen. Er wird auch uns zwingen, die Hostie zu nehmen. Ach, wir werden die Kraft nicht haben, allen Martern zum Trotz stark zu bleiben. Wenn mein Tod beschlossen ist, dann bin ich bereit, ihn zu erleiden, es mag ein Tod sein wie es will. Doch der Gedanke, La Rapine ausgeliefert zu werden, ist zu schrecklich. Lieber will ich doch noch wechseln, als mich solchem Elend auszusetzen. Denn wenn wir einmal bei La Rapine sind, wird er uns doch dahin bringen.»

«Es entsetzt mich, nach allem, was wir miteinander durchgemacht haben, aus Eurem Munde solch sündhafte

Worte zu hören. Sie treffen mich in tiefster Seele. Könntet Ihr wirklich im Ernst daran denken, die Wahrheit preiszugeben und mich zu verlassen? Ein Jahr und zwei Monate sind wir beieinander, und nun wollt Ihr schwach werden und fortgehen? Habt Ihr denn nicht bedacht, daß Ihr dann alle bisherigen Leiden umsonst erduldet habt? Im Namen Gottes beschwöre ich Euch, wohl zu überlegen, was Ihr tut! Ihr habt mit dem Geist begonnen, wollt Ihr nun mit dem Fleisch aufhören?»

Marthe Cassagne schüttelte den Kopf. «Ich würde diese Martern und Scheußlichkeiten nicht ertragen, ich würde an ihnen zugrunde gehen», jammerte sie verzagt.

«Ihr habt doch den Brief meines Paten auch gelesen, Ihr habt gelesen, wie er uns ermuntert, auszuharren bis ans Ende. Gott wird diejenigen belohnen, die im Glauben festbleiben. Stärken wir uns im Herrn, in der Macht seiner Kraft! Laßt uns die strahlenden Rüstungen Gottes anlegen, damit wir den Fallstricken des Teufels entgehen. Wir kämpfen ja nicht einen Kampf gegen Fleisch und Blut, sondern gegen die Mächte dieser Welt und die Fürsten der Finsternis. Wir kämpfen gegen die Bosheit, die in unserer Zeit den Platz der himmlischen Mächte einnimmt. Schwester, liebe Schwester, seien und bleiben wir stark, laßt uns das Schwert des Geistes, Gottes Wort ergreifen, um mit ihm das Böse zu überwinden und zu besiegen, laßt uns noch viel mehr als bisher zu jeder Stunde unsere Herzen zu Gott erheben und darüber wachen, daß wir den Anfechtungen nicht erliegen.»

In eben diesem Augenblick wurde die Tür des Gefängnisses aufgeschlossen und der Aufseher kam mit einigen Herren herein, unter denen Blanche Gamond den Kommissär Petitchet erkannte. «Wir sind hier, um Euch im Namen der Behörden mitzuteilen, daß alle, die nun nicht endlich bereit sind, abzuschwören, zu La Rapine nach

Valence geschickt werden», sagte Petitchet mit ernster, eindringlicher Stimme. Überlegt Euch nun wohl, was Ihr tun werdet. Mit Eurem Starrsinn werdet Ihr bei La Rapine nichts ausrichten können, er wird sich aller Mittel bedienen, um Euch zum Wechseln zu bringen. Deshalb rate ich Euch: erspart Euch seine Methoden, wechselt lieber noch hier. Und selbst, wenn Ihr bei La Rapine den Entschluß faßtet, zu wechseln, kämet Ihr dort doch nicht mehr hinaus und hättet dennoch alle Euch zugedachten Martern und Schmerzen durchzustehen. Ihr werdet es dort ungleich schlimmer haben als hier.»

«Monsieur», antwortete Blanche Gamond schlicht, «wenn ich etwas Unrechtes getan habe, dann übergebt mich dem Henker und laßt mich öffentlich hinrichten. Aber schickt mich nicht zu einem Henker, der seine Opfer im geheimen zu Tode quält, weil er vom Teufel besessen ist. Wenn ich aber nichts Unrechtes getan habe, was meine Hinrichtung rechtfertigt, warum tut Ihr mir dann dieses Unrecht an? Hütet Euch wohl, es wird nicht verborgen bleiben, was Ihr tut. Die ganze Welt wird vernehmen, daß die Behörden von Grenoble einen heimlichen Henker unterhalten, den La Rapine, der grausamer ist als der Teufel in der Hölle.»

«Mademoiselle, der Entschluß liegt bei Euch», sagte Petitchet, «ich habe es mit meinen Ermahnungen gut gemeint.»

«Daran zweifle ich nicht. Aber Ihr kennt meinen Entschluß, den ich nie geändert habe, den ich auch jetzt nicht ändere und den ich nie werde ändern können.»

Der Kommissär sah Blanche Gamond traurig an, hob bedauernd die Schultern und gab dann seinen Begleitern mit der Hand ein Zeichen, worauf die Männer mit Gabet das Gefängnis verließen.

So waren denn nun die Würfel gefallen.

Es stand ihnen also bevor, noch durch die dunkelste aller Prüfungen geführt zu werden.

Nachdem Blanche Gamond lange gebetet hatte, schrieb sie ihren Eltern einen Zettel, auf dem sie ihnen den Beschluß der Behörde mitteilte. «Wenn Ihr mich noch einmal sehen wollt, dann müßt Ihr bald zu mir nach Grenoble kommen. Wartet auf mich neben der Tür des Zuchthauses, das ich bald verlassen werde, da beschlossen worden ist, mich zu La Rapine zu bringen.»

Noch während sie schrieb, näherten sich ihr zwei ihrer jungen Mitgefangenen, deren Gesichter von Tränen überströmt waren. «Liebste Schwester, wie leid tut es uns, daß Ihr nun diesem Scheusal ausgeliefert werden sollt. Was gedenket Ihr zu tun?»

«Habe ich eine andere Wahl? Ich werde meinen Weg gehen, ich werde dem Lamm Gottes nachfolgen, wohin es mich auch führt. Ich kenne kein anderes Ziel mehr als Gott zu ehren, sei es durch mein armseliges Leben oder durch meinen Tod.»

Die Wände des Gefängnisses hallten wider vom Jammern, Klagen und Schluchzen der gefangenen Frauen, die sich nicht damit abfinden wollten, ins Spital von Valence gebracht zu werden. Es gab deren nicht wenige, die in ihrer Verzweiflung und beinahe von Sinnen aus Furcht versprachen, überzutreten, wenn ihnen dadurch Valence erspart bleibe. Doch kaum hatten sie sich zu diesem Verrat an ihrem Glauben durchgerungen, als ihr Gewissen sie zu peinigen begann. Sie rauften die Haare, stöhnten und schluchzten, stießen Verwünschungen wider La Rapine und sich selbst aus, und andere versuchten, durch wilde, markerschütternde Schreie ihrer Not und Beklemmung Luft zu verschaffen. Es waren die schlimmsten Tage und Nächte, die Blanche Gamond im Gefängnis von Grenoble verbrachte. Nie vorher, auch im unterirdischen Verlies nicht, war die Luft, die sie atmete, so sehr von Grauen, Furcht und Todesangst gesättigt gewesen.

Als Blanche Gamond einmal aus diesem Elend heraus auf die Galerie hinaufstieg, stand ihr beinahe das Herz still, als sie vor sich in eifrigem Gespräch Marthe Cassagne und ihre Mutter, Benoîte Malarte, gewahrte. So war die Gute auf Blanches Bitte hin bereits hergeeilt! Blanche wollte sich ihr in die Arme werfen, aber als sie sah, daß die Mutter völlig fassungslos und in Tränen aufgelöst war, brachte sie es nicht über sich, sich ihr zu nahen.

Und da war noch etwas anderes, was sie davon abhielt. Denn da sie die Mutter mit Marthe Cassagne hatte sprechen sehen, da hatte ihr plötzlich ein böser Verdacht das Herz zusammengekrampft. Die Mutter war schwach geworden und hatte gewechselt, war es nun auch mit Demoiselle Cassagne so weit? Und so entfernte sie sich, ohne die Mutter begrüßt zu haben. In diesem Augenblick hätte sie sie nicht zu trösten vermocht.

Blanche wußte ja, daß ihrer in Valence hunderterlei Schrecken warteten, doch hatte sie sich bereits damit abgefunden, sie hatte die Angst überwunden. Äußerliches Wohlsein hatte sie nie für sich begehrt; seitdem sie vernünftig geworden, war ihr ganzes Sinnen und Trachten allein darauf gerichtet gewesen, Christus zu gewinnen, um einst in ihm erfunden zu werden.

Später am Tage erlaubte ihr der Wärter auf ihre Bitte hin, ihn ins Verlies hinunter zu begleiten. Wie wohl tat Blanche die Freude, die die Gefangenen über ihren Besuch bekundeten!

«Habt Ihr es Euch auch gut überlegt?» drang Demoiselle Garçin, die Schwester eines Pfarrers, in sie, «wollt Ihr wirklich zu La Rapine gehen? Lieber möchte ich mich rädern lassen, als diesem Wüstling ausgeliefert zu werden. An Eurer Stelle würde ich wechseln. Denn dem La Rapine werdet Ihr nicht gewachsen sein. Er hat noch jeden, der zu ihm gebracht wurde, untergekriegt.»

«Ihr gebt mir einen schlechten Rat, Schwester. Habe ich nicht immer versucht, Euch zu trösten und zuzusprechen, wenn Ihr betrübt und verzagt wart? Aus eigener Kraft hätte ich das nicht vermocht. Aber mit Gott kann ich alles, und mit Christus, der mich stark macht.»

Als Blanche Gamond am Abend wieder bei den andern Frauen im Gefängnis war, erschien mit andern Männern Pater Lamy. Das war ungewöhnlich, da sonst nur untertags Besucher hereingelassen wurden. Er begann auf die Gefangenen einzureden, beschwor sie, in diesem letzten Augenblick noch zu wechseln und damit den Martern in Valence zu entgehen. «Bildet euch nicht ein, es komme eine noch lebendigen Leibes dort heraus. Ah, ihr kennt La Rapine nicht, sonst würdet ihr nun endlich bereuen und euren Irrtum aufgeben.»

Und je mehr die Frauen stöhnten und weinten, um so eifriger drang der Pater in sie, wechselte von wilden Drohungen zu schmeichlerischen Versprechungen und verwirrte damit die geängstigten Seelen immer mehr. Und er erreichte, daß schließlich außer Blanche Gamond nur noch Mademoiselle Dumas aus La Salle und Mademoiselle Rançon aus Annonay fest blieben, alle andern hatten sich zum Wechseln bereit erklärt. Auch Marthe Cassagne.

«O Gott», stöhnte Blanche Gamond in dieser Nacht, als sie sich ruhelos auf ihrem Lager herumwarf, «wie fürchterlich ist diese Prüfung. Aber du wirst es ihnen nicht anrechnen, nein, du gnädiger Gott, das wirst du nicht tun, denn sie haben in ihrer Not ja gar nicht mehr gewußt, was sie taten.»

Am nächsten Morgen führte der Aufseher Benoîte Malarte zu Blanche ins Gefängnis. Die Mutter hatte der Tochter ein Bündel Wäsche und Nahrungsmittel mitgebracht.

«Ach, liebe Mutter, Ihr meint es gut, aber in meiner Lage brauche ich nichts mehr von den Dingen dieser Welt. Nehmt das alles nur wieder mit Euch.»

Da begann Benoîte Malarte zu weinen. «Wie schrecklich ist das alles. Ist das nicht ein grausamer Gott, der so viel Leid zuläßt?»

«Sprecht nicht so, Mutter, versündigt Euch nicht. Was seid Ihr traurig? Was Ihr grausam nennt, ist eine Prüfung, die mir Gott auferlegt hat. Sein Wille geschehe. Ich weiß, Ihr habt Euch einmal darauf verlassen, in Eurem Alter in mir eine Stütze zu haben. Das wird nun nicht möglich sein. Aber tröstet Euch, an meiner Stelle wird Gott Euch beistehen. Denn denen, die Gott lieben, müssen alle Dinge zum Besten dienen.»

Es wurde ein bewegter Tag, nicht weniger als sieben Personen erschienen nacheinander im Gefängnis, um zu versuchen, auch noch die drei Hartnäckigsten zum Wechseln zu überreden. Aber trotz ihres Eifers erreichten sie nichts.

In allen Anfechtungen und in aller Traurigkeit erlebte Blanche Gamond an diesem Tage aber auch eine große Freude, als plötzlich Demoiselle de Leuze hereingebracht wurde, ihre treue Gefährtin aus den ersten Wochen ihrer Gefangenschaft. Sie hatten einander nie mehr gesehen, seitdem Jeanne de Leuze vom Lager Blanche Gamonds weggerissen und in den Turm de la Dauphine verbracht worden war. Sie hatten damals nicht einmal mehr Abschied nehmen können voneinander. Sobald nun Jeanne unter den Gefangenen ihre Freundin gewahrte, stieß sie einen Freudenschrei aus und warf sich der Wiedergefundenen an den Hals.

«O Schwester Blanche, gelobt sei Gott, der mir Euch ein zweites Mal schenkt!» Und die Tränen rannen ihr über die Wangen.

«Schwester Jeanne, es freut auch mich, Euch wiederzusehen, und doch sind wir nur wieder zusammengeführt worden, um gemeinsam großem Leid entgegenzugehen. Wie gnädig war der Herr, daß er auch Euch im Glauben ausharren ließ!»

Am 21. Mai war es soweit.

Um neun Uhr morgens wurden jene, die für Valence bestimmt waren, von den Bogenschützen abgeholt und auf das Schiff geführt: fünf Männer und die vier Mädchen Mademoiselle de Leuze, Mademoiselle Dumas, Mademoiselle Rançon und Blanche Gamond.

Als sie das Gefängnisgebäude verließen, kam Benoîte Malarte, die dort gewartet hatte, herbeigeeilt und umarmte schluchzend ihre Tochter. Aber noch während sie sie in den Armen hielt, hieben die Bogenschützen mit ihren Stöcken auf sie ein und rissen die beiden auseinander. Und als die Gefangenen über den Steg aufs Schiff getrieben wurden, das nicht weit vom Gefängnis bereitlag, denn die Reise nach Valence sollte auf der Isère zurückgelegt werden, da versetzte einer der Soldaten auch Blanche einen harten Schlag, weil sie einen Augenblick stehengeblieben und nach den schwarzen Bergen der Drôme zurückgeschaut hatte. Umsonst waren die Strapazen beim Durchqueren jener Wildnis gewesen. Und was mochte aus dem Bruder geworden sein?

«Könnt Ihr nicht aufpassen!» schrie der Soldat sie an.

Doch Blanche Gamond machte sich nichts aus seiner Roheit. Sie hatte ja seit ihrer Gefangennahme viel Schlimmes erlebt, und was ihr bevorstand, würde noch schlimmer sein. Selbst im unterirdischen Loch hatte sie den Segen der Gemeinschaft erleben dürfen. Hatten sie dort nicht eine kleine Kirche gebildet, der sie durch Gottes Gnade hatte vorstehen dürfen? Hatten sie nicht aus dieser Gemeinschaft, in der sie gebetet und Psalmen gesungen, immer wieder Trost und Kraft schöpfen dürfen?

Sie war ja auch jetzt nicht allein, aber sie wußte es aus den Berichten anderer, daß La Rapine in Valence unter den Hugenotten keine Gemeinschaft duldete, daß er im Gegenteil alles tat, um selbst ein Gespräch unter ihnen zu verhindern.

Noch als das Schiff an der Landestelle vertäut lag, weckte der Lärm aufgeregter Stimmen Blanche Gamond aus ihren Gedanken, und als sie hinhörte, vernahm sie, daß es einem der gefangenen fünf Männer gelungen war, zu entfliehen. Denn es hatten sich viele Schaulustige eingefunden, um der Abfahrt des Schiffes beizuwohnen, und so hatte der Mann in der Menge untertauchen können. Obwohl die Bogenschützen sofort seine Verfolgung aufnahmen, gelang es ihnen nicht, seiner wieder habhaft zu werden. Unverrichteter Dinge kehrten sie schließlich zurück. Sie fluchten und die Schiffsknechte lachten, und es wäre zwischen ihnen wohl noch zu Tätlichkeiten gekommen, wenn sich nicht ein Priester, der die Fahrt mitmachte, ins Mittel gelegt hätte. Nicht, daß die Schiffsknechte ihm viel Ehrfurcht erwiesen hätten! Sie verlachten ihn, verhöhnten ihn mit lästerlichen Gebärden, wollten es aber doch nicht auf einen Streit mit ihm ankommen lassen.

Endlich erteilte der Schiffsherr den Befehl zur Abfahrt, aus dem Innern des Schiffes waren die Rufe des über die angeschmiedeten Galeerensträflinge gesetzten Aufsehers zu hören, die Ruder senkten und hoben sich, und bald glitt das Schiff in rascher Fahrt auf den schimmernden Fluten der Isère dahin.

Blanche Gamond saß mit ihren Schicksalsgefährten und Schicksalsgefährtinnen auf Taurollen und Gepäckstücken, sah mit leerem Blick auf die vorübergleitenden Ufer, hörte die ihre Gefangenen bewachenden Soldaten schwatzen und lachen, doch ihre Gedanken weilten in der versunkenen Welt ihrer Kindheit, und so kam es, daß ein glückliches Lächeln auf ihrem bleichen Gesichte lag, obwohl sie nach Auffassung aller der Hölle entgegenfuhr.

Als die Dunkelheit hereinbrach, legte das Schiff in Romans an, die Gefangenen wurden an Land geführt und in ein Haus gebracht. Dort mußten sie sich alle im gleichen Raum niederlegen, in dem auch die Bogenschützen schliefen, von denen aber abwechslungsweise immer zwei die Wache hielten. Die ganze Nacht hindurch brannte auf dem Tisch eine Kerze, so daß keiner der Gefangenen etwas tun konnte, ohne daß die Soldaten es sahen.

Es war aber Blanche Gamond gelungen, sich neben Jeanne de Leuze hinzulegen. Beide schliefen nicht. Flüsternd erzählte Jeanne ihrer Freundin, was sie im Turm der Dauphine an Leiden alles hatte durchmachen müssen. Als die beiden Wächter einmal den Raum verließen, zog Blanche Gamond rasch die Briefe hervor, die sie in ihren Kleidern verwahrt hatte. Sie zerriß sie in kleine Stücke und schob die Fetzchen neben einer losen Planke in den Fußboden, da sie überzeugt war, daß man sie in Valence noch mehr mißhandelt hätte, wenn die Briefe auf ihr gefunden worden wären. Wie oft hatte sie aus den Briefen ihres Paten Kraft geschöpft, nun war auch diese Quelle versiegt.

Am Morgen ging die Reise weiter.

Im Verlaufe der Fahrt wandte sich der Priester, der zwischen den Soldaten und den Schiffsknechten vermittelt hatte, an Blanche Gamond und erkundigte sich, wer sie sei. Sie gab ihm willig Auskunft, und er stellte sich, als ob er bedaure, daß sie sich in den Händen der Bogenschützen befand, die im Gespräch noch mehr als am Vortag an Unflätigkeiten und Flüchen mit den Schiffsknechten wetteiferten, so daß sich Blanche Gamond immer wieder entsetzte.

Der Priester unterhielt sich mehr als zwei Stunden mit

der Hugenottin und gestand ihr schließlich, nicht gewußt zu haben, daß die Leute von der Religion so gut unterrichtet seien.

Noch ein zweites Mal mußten die Gefangenen unterwegs übernachten, und auch in dieser zweiten Nacht fanden Blanche Gamond und ihre Freundin keinen Schlaf, wußten sie doch, daß sie am nächsten Tag in die Gewalt La Rapines gegeben wurden.

Wer war nun aber La Rapine, der in der Vorstellung Tausender als die Inkarnation des Bösen galt und dessen Name allein Furcht und lähmendes Entsetzen verbreitete?

Sein Herkommen und seine Vergangenheit sind in Dunkel gehüllt. Es ist nicht abgeklärt, ob er aus Italien oder aus Frankreich stammte. Sein frühester feststellbarer Name war Henry Guichard. Aus den Prozeßakten des Hofmusikers Lully geht hervor, daß dieser Henry Guichard ein Abenteurer war, der sich unter anderem als Architekt, Musiker in der Kapelle des Herzogs von Orléans, Leiter einer Blechfabrik, Opernzeichner und Theaterdirektor betätigt hatte, ehe er 1675 der Vergiftung Lullys angeklagt wurde, mit dessen Frau er ein Verhältnis unterhalten hatte. Obwohl ihm die Vergiftung nachgewiesen werden konnte, gelang es ihm mit Hilfe des Bischofs von Valence und Die, Daniel de Cosnac, der mit Guichard eine dunkle Vergangenheit teilte und diesem als Mitwisser verpflichtet war, sich ins Ausland abzusetzen, wo er sich an verschiedenen Höfen herumtrieb.

Aber schon sechs Jahre vor dieser Vergiftungsaffäre war er in einen Skandal verwickelt gewesen. Er hatte nämlich im Kloster des Filles de la Miséricorde in Paris Altargewänder gestohlen und diese in ein Freudenhaus gebracht, wo er und seine Genossen sie anläßlich einer wilden Orgie auf das abscheulichste mißbraucht hatten.

Und ausgerechnet dieser Mann erwarb sich während

seines Aufenthaltes im Ausland als unwiderstehlicher Ketzerverfolger und Wiederhersteller des Glaubens höchsten Ruhm, der ihm vorauseilte, als er ein paar Jahre nach seiner Flucht nach Frankreich zurückkehrte, wo er sich bald d'Hérapines oder d'Herpine und schließlich des Rapines nannte. Im Volk wurde von ihm nur als von La Rapine gesprochen. Der mit ihm befreundete und ihm verpflichtete Bischof von Valence nahm ihn als Ausrotter der Ketzerei in seine Dienste und machte ihn zum Verwalter des an der Rhone gelegenen Spitals. Auch der Graf de Tessé, als Verfolger der Hugenotten in Orange bekannt, gehörte zu La Rapines Gönnern.

Im Spital von Valence war La Rapine niemandem untertan. Einzig der Bischof hatte das Recht, das Spital zu betreten, um Einsicht zu nehmen in die Tätigkeit seines obskuren Vertrauensmanns, dessen Grausamkeiten nur die Folge krankhafter Veranlagungen sein konnten. Er muß ein Wahnsinniger gewesen sein. Aber der Bischof de Cosnac hatte ihm seine Freundschaft geschenkt und bewahrte sie ihm selbst dann noch, als nicht nur in Valence, sondern weit im Lande herum bekannt geworden war, daß es La Rapine hohnlächelnd über sich brachte, seine Opfer eigenhändig zu Tode zu quälen.

Als er von seinem Hund, der ihm lieb gewesen, gebissen wurde, steckte er dem Tier eine glühende Kohle ins Maul und preßte ihm mit beiden Händen die Kiefer so lange zusammen, bis es verendet war.

Kam ein Reformierter zu La Rapine ins Spital, dann hieß es, er bekomme nun noch die letzte Ölung. Pierre Jurieu hat in seinem Pastoralbrief vom 1. April 1687 La Rapine den größten Schurken unter allen Henkern genannt, und der hugenottische Geschichtsschreiber Benoît schrieb, La Rapine habe über Kerker verfügt, in denen alle Schrecknisse vereinigt gewesen seien.

Im Juni 1686 war der Advokat Menuret aus Montélimar nach neun Monaten Haft und vergeblichen Bekehrungsversuchen nach Valence ins Spital zu La Rapine gebracht worden. La Rapine hatte diesen einst angesehenen, ehrenwerten Mann, dessen einzige Schuld in seinem Bekenntnis zur reformierten Religion bestand, mit den Worten empfangen: «Es wird sich zeigen, ob dir in meinen Händen deine Hartnäckigkeit nicht vergehen wird.»

Menuret wurde in einer Zelle untergebracht, unter der sämtliche Abwässer des Spitals durchflossen, so daß in ihr ein fürchterlicher Gestank herrschte. An Stelle eines Bettes lag ein Brett auf dem Fußboden. Gleich neben dieser Zelle befand sich die Spitalkapelle, und in der Wand, die die Zelle von der Kapelle schied, war ein Loch ausgebrochen, durch welches Menuret auf Befehl La Rapines jedesmal die Messe hätte mitanhören müssen. Als sich dann herausstellte, daß sich der Gefangene diesem Befehl widersetzte, wurde er in den Hof hinuntergeführt. Dort wurden ihm die Arme am Ast eines Maulbeerbaumes festgebunden, so hoch, daß seine Füße den Boden nur noch knapp berührten und so der Bemitleidenswerte praktisch an den Armen aufgehängt war. La Rapines Knechte mußten dem Opfer die Kleider und auch das Hemd vom Leib herunterreißen, und dann begann La Rapine den Wehrlosen mit einem gewaltigen Ochsenziemer durchzupeitschen. Da aber auch nach dieser Behandlung Menuret an seinem reformierten Glauben festhielt, peitschte ihn La Rapine auch am folgenden Tage aus und so vierzehn Tage hintereinander, bis der Körper des Geschändeten nur mehr ein blutbesudeltes Fleischbündel war. Trotz der furchtbaren Qualen, die Menuret auszustehen hatte, erflehte er zwischen den Schmerzensschreien immer wieder von Gott Gnade und Erbarmen sowohl für sich als auch für seine Peiniger.

Zwei Kapuzinermönche, die, herbeigelockt durch die

Schreie des Gemarterten, Zeugen dieser grausamen Behandlung wurden, ersuchten La Rapine, nicht länger auf den Unglücklichen einzuschlagen. Und La Rapine, der sonst über jeden ihm erteilten Ratschlag zornig wurde, schenkte diesmal den Mönchen Gehör und verfügte, daß Menuret bei einem Umbau zum Herbeischleppen von Steinen eingesetzt wurde.

Am 1. April des darauffolgenden Jahres, am gleichen Tag, an dem Pierre Jurieu in seinem Pastoralbrief La Rapine als den größten Schurken unter allen Henkern bezeichnete, erschien der Bischof von Valence in der stinkenden Zelle Menurets, um ihn, der sich nun bereits neun Monate in La Rapines Gewalt befand, zum Wechseln zu überreden. Doch erreichte er mit seinen bald drohenden, bald ermahnenden Worten nicht mehr, als La Rapine mit seinen Grausamkeiten erreicht hatte.

Verärgert über die Standhaftigkeit Menurets meinte der Bischof zu La Rapine, er scheine den Ketzer noch zu wenig hart angefaßt zu haben, da dessen Trotz nach neun Monaten noch immer nicht gebrochen sei.

Dieser Vorwurf seines Gönners versetzte den Verwalter des Spitals von Valence dermaßen in Zorn, daß er sich wutschnaubend und unverzüglich mit zwei Knechten in die Zelle Menurets begab, wo die beiden handfesten Burschen abwechslungsweise und mit ganzer Kraft mit dem Ochsenziemer auf den Gefangenen einschlagen mußten, daß die gellenden Schreie des Gefolterten weitherum zu hören waren und jedem, der sie hörte, das Blut in den Adern erstarren ließen. Sie ließen von ihrem Opfer erst ab, als es unter ihren Streichen wie leblos zusammensackte. Da ließen sie Menuret liegen, damit er sich erhole; als sie aber unter Anführung La Rapines nach zwei Stunden zurückkehrten, um dem Starrköpfigen eine weitere Behandlung zu verabfolgen, da mußten sie feststellen, daß er bereits tot war.

Solcherweise waren die Methoden des Wiederherstellers des Glaubens, dem nun Blanche Gamond und sieben weitere Opfer zur Verabfolgung der letzten Ölung zugeführt wurden.

In La Rapines Gewalt

Am Nachmittag des 23. Mai 1687, es war an einem Donnerstag, legte das Schiff nach dreitägiger Fahrt auf der Isère in Valence an. Sobald es vertäut war, trieben die Bogenschützen ihre Gefangenen über den Steg an Land.

Unter den Neugierigen, die dem Anlegen des Schiffes zuschauten, befanden sich auch zwei Kapuziner, die sich sofort an die Bogenschützen heranmachten und sie fragten, ob die Personen, die sie begleiteten, nun wohl die neun Hugenotten aus Grenoble seien, die im Spital erwartet würden.

«Jawohl», bestätigte der Wortführer der Soldaten, «das ist die Höllenbrut. Leider nicht vollzählig. Einer ist uns beim Einschiffen in Grenoble durch die Lappen gegangen. In dem herrschenden Gedränge haben wir es zu spät entdeckt. Nun, der Hölle ist er doch nicht verloren!»

«Dann gehen wir voraus, um Monsieur La Rapine ihre Ankunft zu melden.»

Die Bogenschützen riefen dem ihnen nachschauenden Schiffsherrn noch etwas zu, wechselten lachend ein paar Worte mit den Schiffsknechten und setzten dann den Trupp, den sie zu betreuen hatten, in Bewegung. Voran die vier Männer, hinter diesen die vier Mädchen.

Das Spital von Valence, ein mächtiges, düsteres Gebäude, steht heute noch und ist in seinem Äußern nur wenig verändert, nur, daß seither das oberste Stockwerk zu Operationssälen ausgebaut worden ist.

Damals reichten die hinter dem Spital gelegenen Gärten bis an die mächtig vorüberflutenden grauen Wasser der Rhone. Heute sind die Gärten nur noch ein verwahrloster Hof mit einigen Platanen, eingezäunt und von der Rhone durch eine breite Straße getrennt.

Die Gefangenen wurden vorerst in den neben dem Portal gelegenen Hof geführt, den man auch heute noch zu durchschreiten hat, um in den größeren Hof mit den Bäumen zu gelangen. Sie wußten, was ihnen bevorstand, und daß nicht alle von ihnen diesen Schreckensort lebend verlassen würden.

Eine Weile ließ man sie warten, dann trat ein mittelgroßer Mann aus dem Gebäude, kam langsam die Treppe herunter und auf sie zu. Es war der Gefürchtete: La Rapine, in dessen Gewalt sie nun gegeben waren.

Er trug ein schwarzes Kleid, hatte ein fahles, aufgedunsenes Gesicht, breite graue Schattenkissen unter den schwarzen Augen, die wie im Fieber glänzten. Lässig in den Hüften sich wiegend, die ihm spürbar entgegenschlagende Furcht seiner neuen Opfer genießend, ging er vor ihnen auf und ab, jedes einzelne Gesicht aufmerksam musternd, als gelte es, den zu gewärtigenden Widerstand, den zu brechen ihm auferlegt war, schon jetzt abzuschätzen.

Nun blieb er mit einem Ruck stehen und hieb zwei-, dreimal mit der Peitsche pfeifend durch die Luft. Es war aber nicht eine gewöhnliche Peitsche, sondern ein Ochsenziemer von gewaltigen Ausmaßen.

Die Bogenschützen hatten beim Erscheinen La Rapines Stellung angenommen, nun trat ihr Anführer vor ihn hin, grüßte und überreichte ihm einen Brief, den er unter dem aufgeknöpften Rock hervorgezogen hatte. «Von der Regierung in Grenoble zu überreichen», meldete er.

La Rapine faltete den Brief auseinander, las ihn und nickte den Gefangenen mit diabolischem Lächeln zu. «Da schreibt mir die hochwohllöbliche Regierung von Grenoble, daß von den Gefangenen, die mir kürzlich geschickt wurden, meinem Antrag gemäß zweiundzwanzig freizulassen sind, weil sie getan haben, was von ihnen verlangt worden ist. Sie haben die Verwerflichkeit ihres falschen Glaubens eingesehen, bereuen und haben gebeten, in den Schoß der alleinseligmachenden römischen Kirche zurückkehren zu dürfen. Seid ihr ebenso vernünftig, dann werdet auch ihr bald hier herauskommen. Bliebet ihr aber verstockt, was zu tun ich euch nicht anrate, dann würdet ihr erfahren, wie La Rapine mit solchem Lumpenpack verfährt. Seid ihr bereit, abzuschwören?»

Keiner meldete sich, alle verharrten unbeweglich und stumm mit bleichen, in Furcht erstarrten Gesichtern.

«Keiner? Nun, wie ihr wollt, ihr Böcke und Huren! So werde ich euch in meine Schule nehmen und euch Vernunft und Gehorsam einbläuen.» Und er winkte die Wärterinnen herbei, die, seinem Befehle gewärtig, unter der Türe standen. «Da!» und er zeigte auf Jungfer de Leuze, «zieht ihr die Kleider aus und gebt ihr Lumpen dafür. Und dann führt sie in die Zelle der Heiligen Genoveva und verabfolgt der Lumpendirne hundert Stockhiebe zum Empfang. Damit sie spürt, wo sie hingeraten ist. Die drei andern Dirnen führt ihr in die Küche, und die Männer kommen vorerst in den Knabensaal. Allen werden die Kleider ausgetauscht.» Eine Weile ließ man die drei Mädchen in der Küche stehen, ohne sich um sie zu kümmern, bis Demoiselle Dumas fragte, ob sie nicht einen Schluck Wasser bekommen könne, weil sie so durstig sei.

«Wollt ihr wohl schweigen? Es ist euch verboten, in diesem Hause miteinander zu reden, ja nicht einmal anschauen dürft Ihr euch, solange ihr euren Teufelsglauben nicht abgeschworen habt.»

Als dann endlich La Rapine in der Küche erschien, mußten die Mägde die Gefangenen vom Kopf bis zu den Füßen durchsuchen. Sie taten dies grob und rücksichtslos. Dann rief La Rapine jede einzelne von ihnen auf und fragte sie nach ihrem Namen, den er auf ein Täfelchen schrieb. Daraufhin wurden sie in einen der Mädchensäle hinaufgebracht. Hintereinander stiegen sie über die ausgetretene Treppe empor.

Jedem der drei Mädchen – Jeanne de Leuze war ja nicht mehr bei ihnen – wurde ein Bett zugewiesen, aber es waren Betten ohne Leintücher, auf den Gestellen lag einfach ein mit Stroh gefüllter Sack, über dem eine Decke ausgebreitet war. Dann mußten sie sich ausziehen. Kleider und Wäsche wurden ihnen weggenommen. Dafür erhielten sie ungewaschene Hemden, die andere vor ihnen schon wochenlang getragen hatten, verschmiert mit Blut und Unrat. Dann hatten sie Wasser und Fegebürsten zu holen, um den mit Kot bedeckten Fußboden zu kehren. Zum Essen bekamen sie an diesem ersten Abend lediglich ein Stück Schwarzbrot und gemeinsam einen Krug abgestandenen Wassers. Das Brot schmeckte abscheulich, so daß Blanche Gamond ihr Stück trotz des Hungers, den sie verspürte, liegen ließ. Sie hätte es nicht hinuntergebracht. Nachher wurde sie von einer Frauensperson, deren Aufsicht sie unterstanden, in den Garten hinuntergeführt. «Da, schaut nur her!» rief Frau Anne und wies auf den in der Mitte des Hofes stehenden Maulbeerbaum. «An diesem Baum ist Menuret aufgehängt und durchgepeitscht worden. Vierzehn Tage hintereinander, und das Blut ist ihm aus allen Öffnungen seines Leibes herausgeflossen. So geht es allen, die sich nicht unterwerfen und abschwören.»

In ihrem Entsetzen über das Gehörte atmete Blanche Gamond tief die feuchte Luft, die vom Strom herüber unter die Bäume drang.

Da begann eine Glocke zu läuten.

«So lauft doch!» herrschte die Wärterin Blanche Gamond an, oder hört Ihr die Glocke nicht?»

«Was hat ihr Geläute zu bedeuten?»

«Daß Ihr Euch mit den andern in die Kapelle begeben sollt, um dem Gebet des Herrn de la Rapine beizuwohnen.»

Aber Blanche Gamond weigerte sich. «Beten kann ich auch hier. Ich werde nicht in die Kapelle gehen.»

«Ich will Euch lehren!» keifte die Wärterin und rief drei Mägde herbei, mit deren Hilfe sie das sich widersetzende Mädchen in den Speisesaal und durch diesen in die Küche schleppte, wo Schwester Marie, die dem ganzen Spitalhaushalt vorstand, sie mit den unflätigsten Ausdrücken empfing. «Du willst nicht in die Kirche? Du willst nicht die Knie beugen? O du Lumpenmensch, du Hündin von einer Hugenottin! Ich will dich lehren!» Und sie ließ sich einen Stock reichen und schlug damit in wildem Zorn auf Blanche Gamond ein. Wohl in der Absicht, sie an den Haaren zu packen, riß sie ihr die Haube vom Kopf. Als sie sah, daß Blanches Kopf kahl war, wurde sie noch wütender und befahl den Mägden, die Verstockte trotz ihres Schreiens und Weinens an Armen und Beinen aufzuheben und in die Kapelle hinüberzutragen. Dabei wurde Blanche Gamond so übel zugerichtet, daß sie sich an diesem Abend nicht allein auskleiden konnte. Sie vermochte die Arme weder zu drehen noch zu heben.

Anderntags mußte sie um viereinhalb Uhr aufstehen und sich wie die übrigen Gefangenen an die Arbeit begeben. Um sechs Uhr kamen zwei Mägde, packten sie und brachten sie trotz ihres Widerstandes in die Kapelle. «Laßt mich, ich will nicht hinein!» wehrte sich Blanche, «ich gehöre zur Religion!»

Doch die Mägde gaben nicht nach. «So ist im Spital die Ordnung, der auch Ihr Euch zu fügen habt. Die andern gehen auch. Aber keine ist so verstockt und eigensinnig wie Ihr. Oder soll man Euch wieder wie gestern mit dem Ochsenziemer halbtot schlagen?»

So gab sie denn endlich nach und fügte sich, schloß aber die Augen, um im Tempel der Götzen, als der ihr die Kapelle erschien, nichts sehen zu müssen. Am Abend ließ La Rapine Blanche Gamond und noch fünf andere Mädchen, die sich ebenfalls weigerten, zu wechseln, vor sich kommen. Die übrigen Gefangenen waren alle eingesperrt. In dem Raum, in dem La Rapine die Gefangenen empfing, waren außerdem etwa drei Dutzend Papistinnen anwesend, Frauen, die im Spital eine Beschäftigung hatten. Vor ihnen, die sich schon mehrmals als ihre Peinigerinnen erwiesen hatten, mußten sich die Hugenottinnen in einer Reihe aufstellen.

«Wißt ihr, was ihr seid?» schrie La Rapine sie an, «Verstockte, die sich dem Willen des Königs und Gottes widersetzen. Ein Haufen Dreck seid ihr, Unrat, der zum Himmel stinkt. Und wenn ihr nun nicht wechselt, dann werdet ihr eben krepieren, eine andere Möglichkeit gibt es nicht für euch. Aber ich werde euch zum Wechseln bringen, wie ich schon viele vor euch zum Wechseln gebracht habe. Mit meinem Ochsenziemer, ihr verfluchtes Gezücht! Ich beherrsche meinen Beruf, ich weiß, wie ich vorzugehen habe. Nicht umsonst bin ich sechsundfünfzig Jahre alt geworden. Ich werde euch kirre machen, besser als jeder andere Ketzerverfolger im Land. Verflucht noch einmal! Glaubt ihr vielleicht, dieses Spital sei für euch gebaut worden? Aber da ihr schon hier seid, habt ihr euch der Ordnung zu unterziehen, die in diesem Hause gilt. So ist es der Wille des Herrn Bischofs von Valence, der ja auch der Bischof von Die ist. Solange ihr nicht gewechselt habt, seid ihr nichts als Unrat in diesem Hause und werdet auch nicht anders als Unrat behandelt. Ihr werdet vom Morgen bis am Abend arbeiten müssen, und wenn eine von euch ihre

Pflicht nicht tut, bekommt sie hundert Schläge mit dem Ziemer. Nachher wird sie in eine Zelle eingesperrt, in der sie verhungern muß. Damit aber ihre Qualen länger dauern, wird man ihr Wasser und Brot geben. Und dazu wird sie mit dem Ziemer geprügelt. Das hält keine länger als vierzig Tage aus. Die meisten krepieren bereits nach dreißig Tagen. Das wissen wir aus Erfahrung. Und wenn ihr krepiert seid, wirft man euch auf den Schindanger. Erst kürzlich, am 29. April, hat unser glorreicher König ein Gesetz erlassen, wonach die Leichen Reformierter, die nicht noch vor dem Sterben übergetreten sind, genau wie die Leichen Neubekehrter, die auf dem Sterbebett die Annahme der Sakramente verweigerten, auf den Schindanger geworfen werden müssen. So wird es euch ergehen, ihr Huren und Lumpenpack, sofern ihr meinen Rat nicht befolgt und verstockt in eurem Irrglauben verharrt.»

Und dann, nachdem La Rapine ein paarmal seinen Ochsenziemer durch die Luft hatte pfeifen lassen, wandte er sich an die Angestellten des Spitals: «Es ist eure euch von mir übertragene Aufgabe, diese Hugenottinnen zu beaufsichtigen. Ihr seid dafür verantwortlich, daß sie vom Morgen bis am Abend in Atem gehalten werden, sie sollen das Haus vom Dach bis in den Keller hinunter reinhalten. Wehe der, die euch nicht gehorchen sollte! Ihr habt sie mir sofort zu melden, damit ich sie züchtigen kann. Unterlaßt ihr die Meldung, dann macht auch ihr euch schuldig und werdet mit hundert Stockschlägen bestraft. Ihr seid die Töchter dieses Hauses, auf eure treue und eifrige Mitarbeit muß ich mich verlassen können.»

An diesem zweiten Abend ihres Aufenthaltes im Spital von Valence wurde Blanche Gamond angewiesen, ihr Bett zu wechseln. Sie kam ins Zimmer der Heiligen Therese, in dem es etwas freundlicher aussah als im Mädchensaal. Die Betten waren hier sogar mit Leintüchern versehen. Wenn sie auch nicht gewaschen waren, so war es doch eine Wohltat, nicht nur auf einem Strohsack liegen zu müssen. Aber die Glieder schmerzten sie vom Vortage her noch so sehr, daß sie trotz ihrer Müdigkeit lange nicht einschlafen konnte. Und als sie dann endlich doch in Schlaf gesunken war, wachte sie auf, weil jemand sie berührt hatte. Erschreckt richtete sie sich auf.

Da gewahrte sie, daß das Frauenzimmer Anne, das zu ihrer Wärterin bestimmt worden war, neben ihrem Bette stand. Es war den Hugenottinnen nämlich verboten worden, das Bett zu verlassen, um zum Beten niederzuknien. Und nun, da es Zeit war aufzustehen, war die Wärterin gekommen, um darüber zu wachen, daß das Verbot auch befolgt wurde. Das Niederknien wäre ein Verstoß gegen die Ordnung des Hauses gewesen und mit schwerer körperlicher Züchtigung bestraft worden.

La Rapine hatte angeordnet, daß alle im Spital gefangengehaltenen Hugenotten um sechs Uhr früh und abends um acht Uhr der in der Spitalkapelle gehaltenen Messe beiwohnen mußten. «Es ist dies der ausdrückliche Befehl des Herrn Bischofs von Valence, dessen Diener ich bin.»

Immer am Abend, oft auch in der Morgenfrühe, stand La Rapine mit dem schrecklichen Werkzeug seiner Grausamkeit vor dem Tor der Kapelle, um die Gefangenen zu beaufsichtigen. So war es auch am Morgen des 29. Mai. «Hund!» schrie er einen Hugenotten an, «soll dir mein Ziemer Beine machen? Willst du dich wohl beeilen!» Und damit zog er dem Mann mit dem Ziemer eines über die Beine, daß er strauchelte und hinfiel.«Es hat den Anschein, als ginget ihr Hunde lieber aufs Schafott als in die Kirche. Aber hier stehe ich, um zu kontrollieren, ob auch jeder beim Betreten der Kapelle Weihwasser nimmt und sich bekreuzigt. Weigerte sich einer, ich zerschlüge ihm die Knochen im Leib.»

Das aber bereitete den Hugenotten unter allen Martern und Qualen die größte Pein, daß sie jeden Tag zweimal in die Kapelle gehen mußten, diesen Götzentempel, wie sie die Kapelle nannten. Denn diese Übertretung des göttlichen Gesetzes war ihrer Meinung nach die schwerste Sünde, womit sie sich in ihrem Leben belasten konnten.

Schon nach wenigen Tagen hatte Blanche Gamond zum drittenmal das Zimmer zu wechseln. Diesmal kam sie in das Zimmer der Heiligen Katharina, in dem es von Läusen, Flöhen und Wanzen wimmelte. Oh, daß es ihr bestimmt war, auch das durchzustehen! Schon aus Ekel vor dem herumkriechenden Ungeziefer konnte sie kaum schlafen, und wenn sie in ihrer Erschöpfung dann doch in einen betäubungsähnlichen Zustand verfiel, weckten sie in der Morgenfrühe die Schmerzen, die diese Blutsauger ihr verursachten. Es war ihr, als sei sie gezüchtigt worden, so brannten die Stiche und Bisse. Die kleinen Peiniger waren in solcher Menge vorhanden, daß gegen sie nichts auszurichten war. Auch hatte es in dieser Stube auf den Betten keinerlei Tücher, sondern nur Stroh und eine Decke. Den gefangenen Hugenottinnen war es strenge untersagt, ihre Hemden zu waschen oder durch eine der Mägde waschen zu lassen. Auch war es ihnen verboten, die Läuse, die über sie hinliefen, zu töten.

Eines Morgens, als es Blanche Gamond vor Schmerzen kaum mehr aushielt und die beiden in der gleichen Stube untergebrachten Aufseherinnen noch in ihren Betten lagen, stand sie auf und schlich ans Fenster, da es im Zimmer noch ganz dunkel war. Sie glaubte sich unbeobachtet und streifte das Hemd von der Schulter, um die Läuse herauszulesen. Doch schon kamen die beiden Wärterinnen, Suzanne Roulatte und Françoise Pourchillonne, wie zwei Tigerinnen auf sie zugeeilt, packten und schüttelten sie, und die eine versetzte ihr einen solchen Schlag auf den Rücken, daß die Kruste platzte, die sich über den Wunden gebildet hatte. Blanche Gamond glaubte, vor Schrecken und Schmerzen ohnmächtig zu werden. Doch schon nach kurzer Zeit hatte sie sich wieder in Gewalt. «Mein Gott, warum schlagt ihr mich so? Was habe ich denn Böses getan?»

«O diese Heuchlerin! Hat man Euch nicht unter Androhung schwerster Strafen verboten, Euch der Läuse zu entledigen? Gerade aus diesem Grunde seid Ihr in dieses Zimmer gebracht worden. Das Ungeziefer soll Euch nur fressen, wenn Ihr nicht endlich wechseln wollt! Ich werde es Herrn de la Rapine melden, daß Ihr die Läuse aus Eurem Hemd entfernen wolltet. Dafür werdet Ihr Prügel bekommen.»

Und ein wenig später, als Blanche Gamond den Boden im Refektorium der Mädchen wischte, ging die Quälerei weiter.

«Hattest du nicht den Befehl, von diesen Truhen den Staub zu wischen? Nichts, gar nichts hast du getan, du Hugenottenhure», schrie Schwester Marie und hob ihren schweren Schlüsselbund, um damit Blanche Gamond ins Gesicht zu schlagen. Die tat aber einen raschen Schritt zur Seite, so daß der Schlag mit den Schlüsseln die Wand traf und den Verputz abblättern ließ.

Und dann geschah es am Morgen des 9. Juni, daß Blanche Gamond nach der Messe angewiesen wurde, gemeinsam mit Demoiselle de Leuze, die schon am Tage ihrer Ankunft in Valence in eine Zelle gesperrt, nach ein paar Tagen aber wieder daraus entlassen worden war, Wasser zu tragen. Es befand sich nämlich hinten in den Gärten ein großer Springbrunnen, der aber nur lief, wenn im Kanal das Wasser genügend hoch stand. War das nicht der Fall, dann trocknete das Becken aus und mußte von Gefangenen mit Wasser gefüllt werden, das sie in Kübeln herbeizuschleppen hatten. Und eben das war an diesem Morgen die Arbeit, die Blanche Gamond und Jeanne de Leuze zugewiesen worden war.

Eines der Spitalmädchen, ein faules Ding namens Muguette, hatte sie dabei zu beaufsichtigen. Mit einer Gerte in der Hand ging es neben den beiden Gefangenen her und machte sich ein Vergnügen daraus, ihnen von Zeit zu Zeit auf die Finger zu schlagen.

Es war eine qualvolle Arbeit, die da von den Gefangenen gefordert wurde, denn der mit Wasser gefüllte Kübel, den sie gemeinsam schleppten, war so schwer, daß selbst zwei Männer Mühe gehabt hätten, ihn zu tragen.

Als nun die beiden Gefangenen in ihrem geschwächten Zustand den Henkel einmal gleiten ließen, wodurch etwas Wasser auf das Pflaster verspritzte, schrie Muguette mit Zeter und Mordio zwei andere Mägde herbei, die davoneilten, um La Rapine herbeizuholen.

Zornbebend erschien er und befahl die beiden Hugenottinnen in den Speisesaal der Mägde, wo er Blanche anschrie, es sei wohl nicht genug, selber verderbt zu sein, sie habe es darauf abgesehen, auch die andern mit ihrem aufrührerischen Geist anzustecken. «Du bist wie ein schleichendes Gift, das die andern daran hindert, zu wechseln. Ich werde dich aber lehren, zu gehorchen. Auf den Boden mit dir, du räudige Hündin, ich will meinen Ziemer holen und dir damit hundert Streiche aufbrennen!»

Und während Blanche Gamond auf die Knie niedersank, entfernte sich La Rapine in aller Eile. Würde er sie totschlagen in seinem Zorn? Und in ihrem heißen Herzen rief sie Gott um Gnade und Barmherzigkeit an im Gebet, das sie jedesmal betete, wenn sie sich in Todesgefahr wußte: «Weder Tod noch Leben, weder Engel noch Fürsten noch andere Mächte, weder gegenwärtige noch zukünftige Dinge, weder Elend noch Reichtum noch irgendeine Kreatur, nichts kann mich je von dir trennen, o Gott, und von deiner Liebe, die du mir in Jesus Christus gezeigt hast, deinem lieben Sohn und unserem Erlöser.»

Und während sie so auf den Knien lag, des Urteils gewärtig, das über sie verhängt würde, kam Schwester Marie herein, trat zu ihr hin und versetzte ihr einen Fußtritt. «Was ist denn schon wieder mit Euch los? Wer hat Euch geheißen, am hellichten Tage, da Ihr arbeiten solltet, hier niederzuknien? Seid Ihr eigentlich noch nicht am Ende mit Eurem Trotz? Habt Ihr Euch noch immer nicht entschlossen, zu wechseln? Verspräche Ihr, von Eurem Irrglauben zu lassen, dann würdet Ihr frei und könntet hingehen, wohin Ihr wollt, nach Genf oder auch an einen andern Ort.»

Doch Blanche Gamond schüttelte den Kopf. Die Schmerzen in ihren Knien waren unerträglich geworden. Das Geschwür, das sie sich in Grenoble im unterirdischen Verlies zugezogen hatte, war seither schlimmer geworden, auf diesem Bein zu knien war eine Qual. Der Schweiß trat ihr auf die Stirn, und mehrmals glaubte sie, die Besinnung zu verlieren. Alles um sie her begann sich zu drehen. Schwester Marie mochte ihr ansehen, wie schlecht es ihr ging.

«Seid Ihr noch immer nicht müde, so auf den Knien zu liegen? Eigentlich tut Ihr mir leid. Warum nehmt Ihr nicht endlich Vernunft an? Es ist ja so einfach und so wenig, was wir von Euch verlangen. Wir haben Euch Wasser schleppen lassen, um es nachher auf den Boden zu gießen, Ihr mußtet den Garten wischen, was um diese Jahreszeit gar nicht nötig gewesen wäre. Wir haben das alles von Euch verlangt in der Hoffnung, Euch damit zum Wechseln veranlassen zu können. Wenn Ihr ein mitleidiges Herz habt, so beweist es, indem Ihr Mitleid mit Euch selber habt. Es stehen Euch große Leiden bevor, wenn Ihr nicht nachgebt. Denn wenn Ihr jetzt hartnäckig bleibt, werdet Ihr auf Weisung des Herrn de la Rapine mit Ruten geschlagen, bis Ihr blutig seid. Man wird jedoch rechtzeitig damit aufhören, um Eure Qualen zu verlängern. Wenn ich Euch raten darf, dann wechselt. Seid vernünftig. Ihr könnt ja doch Eure Gottesdienste nicht mehr besuchen, da sie verboten worden sind, und so bleibt Euch nichts anderes übrig, als mit uns in die Kirche zu gehen.»

«In Eure Kirche gehe ich nur, weil man mich dazu zwingt», antwortete Blanche Gamond ruhig und ergeben. «Von dem, was ich dort zu hören bekomme, glaube ich nichts, und was ich sehe, stärkt mich nur in meinem Glauben und veranlaßt mich, darin auszuharren. Denkt nicht, Eure Verfolgungen hätten mich wankend gemacht. Das Gegenteil ist der Fall. Ich stehe heute noch überzeugter in meinem Glauben als an dem Tage, an dem man mich hierhergebracht hat.»

Doch Schwester Marie gab ihren Versuch noch nicht auf. Bestimmt handelte sie im Auftrage La Rapines. Sie ging in die Küche und rief sechs Mägde herbei, die nun ebenfalls mit Eifer auf Blanche Gamond einredeten, sie ermahnten, doch einsichtig und vernünftig zu sein, sich zu bekehren und damit ihrem unwürdigen Zustand ein Ende zu bereiten. Doch auch sie vermochten nichts auszurichten. Blanche Gamond blieb standhaft.

Als Schwester Marie einsehen mußte, daß all ihre Bemühungen umsonst waren, entfernte sie sich, um La Rapine vom Mißerfolg ihrer Bemühungen in Kenntnis zu setzen. Als sie mit ihm zurückkam, schäumte er vor Wut und schrie auf die immer noch auf ihren Knien liegende Blanche Gamond ein: «Bist du immer noch hier, du Hurenmensch? Haben dir die hundert Schläge, die du bereits erhalten hast, so wenig Eindruck gemacht? Wieviel müssen wir dir aufbrummen, bis du deine verdammte Religion endlich aufgibst? Wir werden dich leiden lassen wie eine Märtyrerin, aber eine Märtyrerin des Teufels. Hier auf der

Stelle wirst du mit Ruten ausgepeitscht, und nachher werfen wir dich in ein dreckiges Loch, wo wir dich krepieren lassen. Und wenn es soweit ist, wirst du auf den Schindanger geworfen, und der König von Frankreich ist eines seiner räudigsten Subjekte los. Verlaß dich drauf, du Lumpendirne. Und jetzt», wandte er sich an Schwester Marie und die sie umstehenden Küchenmägde, «jetzt ist es an euch. Führt sie in die Küche und schlagt sie mit den Ruten! Aber eines rate ich euch: schont sie nicht, sonst werdet ihr selber gezüchtigt.»

Er spie vor Blanche Gamond auf den Boden und stampfte davon.

«Steh auf!» herrschte Schwester Marie die noch immer Kniende an.

Die Mägde umringten die Gefangene und führten sie in die hinter dem Speisesaal gelegene Küche. Sie verschlossen die Türe und machten sich an den Weidenruten zu schaffen, die geschnitten in einem blechernen, mit Wasser gefüllten Kessel standen. Jede nahm davon ein armdickes Bündel, band die Ruten zusammen, und als das geschehen war, befahl Schwester Marie der Hugenottin, sich auszuziehen. Schweigend gehorchte Blanche.

«Bis auf die Haut, auch das Hemd sollt Ihr ausziehen», befahl die Schwester.

Da aber Blanche Gamond vor Schmerzen die Arme kaum heben konnte, rissen ihr die Mägde das Hemd vom Leib. Mit entblößtem Oberkörper, vor Scham den Blick gesenkt, stand die Wehrlose vor ihren Peinigerinnen.

Suzanne Roulatte, eine der Mägde, brachte ein Seil, mit dem Blanche Gamond am Balken festgebunden wurde, an dem das Brotbrett befestigt war. Die Mägde zogen das Seil an, bis es in den weißen, gemarterten Leib einschnitt, und fragten: «Tut Euch das weh?» Und dann griffen sie nach ihren Rutenbündeln und schlugen mit ihnen auf

Blanche Gamond ein, zu jedem Hieb ein Schimpf- oder ein Hohnwort rufend.

«So betet doch zu Eurem Gott!» spottete Suzanne Roulatte, «betet, daß er Euch erlöse!»

Doch die Verhöhnte machte sich nichts daraus.

Wurde ihr nicht durch diese in ihrer Grausamkeit wie toll sich gebärdenden Mägde die größte Ehre zuteil, die ihr in diesem Leben zuteil werden konnte? Wurde sie nicht um Christi willen geschlagen, um gleichzeitig mit seinem Trost und mit seiner Gnade erfüllt zu werden? Ein Frieden, der nicht von dieser Welt sein konnte, durchflutete sie und ließ sie kaum mehr empfinden, wie sehr ihr Leib geschunden wurde. Wohl hörte sie noch die Stimmen der Mägde, doch verstand sie nicht mehr, was sie schrien. Schließlich schwanden ihr die Sinne, die Füße versagten ihren Dienst und kraftlos hing sie am Marterholz.

«Bindet sie los und werft sie zu Boden, damit wir sie besser schlagen können!» geiferte Suzanne Roulatte.

Das Blut rann der Ohnmächtigen von den Schultern über Rücken und Brust. Trotzdem schlugen die wie toll sich gebärdenden Mägde noch immer auf sie ein.

«Mein Gott!» schrie Blanche Gamond auf, als sie wieder zu sich kam, «mein Gott, erbarme dich meiner!»

Da stürzten sich zwei der Mägde auf sie, rissen sie vom Boden hoch und verdrehten ihr die Arme, als sie ihr das Hemd überzogen. «Nun habt Ihr gesehen, wie es Euch ergeht. Und wenn Ihr nicht wechselt, messen wir Euch morgen eine noch größere Ration zu.»

«Daß ich einst von dieser Erde in den Himmel übertreten darf, das ist meine Hoffnung», antwortete Blanche Gamond mit matter Stimme. «Nie aber werde ich von meiner Religion lassen und in eine andere übertreten.»

Als sie ihr über das Hemd das Mieder um den wunden Körper legten, bat sie flehentlich, es doch zu unterlassen und ihr lediglich den Mantel um die Schultern zu hängen. Doch da preßten sie ihren Leib erst recht mit dem Mieder. «Wir drücken dir den dreischwänzigen Teufel heraus», triumphierte Suzanne Roulatte mit gellender Stimme.

Ach diese Schmerzen, diese brennenden Qualen, die Blanche Gamond auszustehen hatte. «Mein Gott, mein Gott, willst du dich meiner nicht erbarmen?» stöhnte sie.

Das aber waren die Namen der sechs Mägde, die sie auf Geheiß La Rapines und Schwester Maries am Dienstag, den 9. Juni 1687 solcherart gepeinigt hatten: Suzanne Roulatte, Françoise Pourchillonne, Claudine Troullière, Suzanne Guiermande, Nanette Boudelatte und Ninon Muguette. Und es war um ein Uhr mittags gewesen, als solches geschah. Obwohl Blanche Gamond völlig zerschlagen war, das Blut aus ihren Wunden floß und sie sich kaum mehr rühren konnte, wurde sie doch nicht geschont und mußte wieder an die Arbeit.

«Vier Hugenottinnen her, um Wasser zu tragen!» befahl Schwester Marie, «und zwei von diesem Lumpenpack sollen Mehl führen. Vorwärts, Ihr da!», und sie versetzte Blanche Gamond einen Stoß, «marsch, beeilt Euch, Ihr habt uns heute schon lange genug aufgehalten!»

Als Blanche Gamond an einem der folgenden Tage den Speisesaal gekehrt hatte und eben beginnen wollte, auch die Schreibstube zu reinigen, glaubte sie, vor Schwäche hinsinken zu müssen. Seitdem sie von den Mägden so fürchterlich geschlagen worden war, hatte sich beim Verheilen der Wunden ein Ausschlag gebildet, der ihren ganzen Körper mit Geschwüren in Erbsengröße überdeckte. Sie meldete sich bei Herrn Durand, dem Arzt. Doch der untersuchte sie nicht lange. «Das wird sich schon wieder geben, es ist nicht die Räude, sondern nur etwas gestocktes Blut. Rührt Euch ein wenig mehr, dann schwitzt Ihr es schon hinaus.»

Aber noch am gleichen Tage wurde sie vom Fieber gepackt. Wenn man sie doch nur in Ruhe gelassen hätte, wenn sie sich ein wenig hätte niederlegen können! Doch immer waren die Spitalmägde wie die bösen Geister hinter ihr her und quälten sie, wo sie nur konnten.

Ab und zu meldete sich bei den Hugenottinnen im Spital von Valence ein Herr Clary aus Die, der früher reformierter Pfarrer gewesen war, dann aber zum römischen Glauben hinübergewechselt hatte. Nun war er vom Verlangen erfüllt, seine ehemaligen Glaubensgenossen ebenfalls für die katholische Kirche zu gewinnen und sie davon zu überzeugen, daß die angeblich reformierte Religion tatsächlich nur angeblich reformiert und ein Irrtum sei. Seitdem er Blanche Gamond kennengelernt hatte, diskutierte er besonders gern mit ihr. Wenn ihn ihre Starrköpfigkeit auch dann und wann empörte und aus der Fassung brachte, so konnte er doch nicht umhin, ihre schlichte Art zu bewundern, mit der sie ihren Standpunkt vertrat. Da er aber gehalten war, La Rapine über das Ergebnis seiner religiösen Gespräche mit den reformierten Gefangenen auf dem laufenden zu halten, war La Rapine unterrichtet, wie standhaft Blanche Gamond an ihrer Überzeugung festhielt.

In der Nacht, die einem Nachmittag folgte, an dem sich Herr Clary wieder einmal mit Blanche Gamond unterhalten hatte, kam Anne Dumas, eine der in einem andern Raum untergebrachten Hugenottinnen heimlich in die Stube Blanche Gamonds, weckte sie und erklärte, sie sei da im Auftrage aller Schwestern, um sie zu bitten, sich doch mit niemandem mehr in ein Gespräch über religiöse Fragen einzulassen. Sie habe gehört, daß La Rapine entschlossen sei, sie anderntags mit seinem scheußlichen Ochsenziemer zu züchtigen, weil sie Herrn Clary widersprochen habe. «Es tut uns allen leid, immer wieder mitansehen zu müssen, wieviel Ihr hier um unseres Glaubens willen zu erdulden habt. Ihr müßt mir versprechen, künftighin zurückhaltender zu sein.»

«Ach, liebe Schwester, meinethalben dürft Ihr nicht traurig sein, und auch die andern Schwestern nicht. Bedenkt, daß der, von dem ich die Kraft habe, für ihn zu zeugen, mir auch die Kraft geben wird, die Schläge meiner Widersacher zu ertragen.

Als Anne Dumas einsah, daß sie nichts auszurichten vermochte, ergriff sie Blanche Gamonds Hände und netzte sie mit Tränen. Dann schlich sie hinaus und kehrte in ihren Schlafraum zurück.

Anderntags, als Blanche Gamond die Dachkammern fegte, die lange Zeit nicht mehr benützt worden waren und sich so in einem entsetzlichen Zustande befanden, bat sie ihre Aufseherin, ihr doch zu erlauben, einen Schluck Wasser zu trinken. «Nichts da, jetzt wird gearbeitet. Trinken könnt Ihr, wenn Essenszeit ist.» Auch als sie später bat, ihre Notdurft verrichten zu dürfen, wurde sie abgewiesen. Erst, als sie es kaum mehr aushielt, bequemte sich die Wärterin, mit ihr in den Mädchenhof hinunterzugehen, wo sich die Abortanlagen für die Frauen befanden. Dort traf sie mit einer andern Hugenottin, Judith Roivit, zusammen, die von ihrer Aufseherin ebenfalls hinuntergeführt worden war.

Plötzlich schrie die Wärterin der Judith Roivit auf, zeterte, sie habe es wohl gesehen, wie diese soeben zum Fenster der Demoiselle Mostardié hinauf Zeichen gegeben habe, und daß sie eigens zu diesem Zwecke habe hinuntergeführt werden wollen, um sich mit ihrer Komplizin verständigen zu können. «Dieses Pack ist schlimmer als Aussatz und Pest!»

Judith Roivit unternahm den Versuch, sich zu verteidigen. Sie habe keinerlei und niemandem Zeichen gegeben und wisse nicht einmal, welches Fenster zum Zimmer gehöre, in dem Demoiselle de Mostardié untergebracht sei.

«Lügen, Lügen, nichts als Lügen! Aber kann von solchem Gesindel etwas anderes erwartet werden? Dafür sollt Ihr gezüchtet werden. Unverzüglich werde ich Herrn de la Rapine herbeiholen.»

Die beiden Wärterinnen, die darauf brannten, der Züchtigung der beiden Gefangenen beizuwohnen, drängten sie aus dem Hof ins Refektorium der Mädchen. Es dauerte nicht lange, bis La Rapine hereinkam, wie gewöhnlich aschfahl im Gesicht und zitternd vor Wut. «Wo ist mein Ziemer? Bringt mir meinen Ziemer, damit ich diesen Hurentöchtern Gehorsam beibringen kann.»

Die Wärterin der Judith Roivit entfernte sich eilends, um La Rapines Zuchtrute zu holen.

«Wo kommen diese beiden her?» schrie La Rapine, «was haben sie zu dieser Zeit hier unten zu tun?»

«Sie verlangten, zu den Aborten geführt zu werden.»

«Zu den Aborten? Sie sollen ihren Dreck und Unrat auffressen und daran ersticken, so hat man endlich Ruhe vor diesem Pack!» geiferte La Rapine, und da eben in diesem Augenblick die Wärterin mit dem verlangten Ochsenziemer hereinkam, riß er ihr diesen aus der Hand und schlug wie irrsinnig auf Judith Roivit ein. «Diese Lumpenhündinnen! Ich verbiete, daß sie künftighin während der Arbeitszeit auf die Aborte gehen. Man hat sie mir übergeben, damit sie hier etwas tun, und daß sie nicht ihren heidnischen Schweinereien frönen. Wenn je wieder einmal eine verlangt, dorthin geführt zu werden, so meldet es mir und es wird sie hundert Schläge kosten.» Und immer noch schlug er wie ein Tollwütiger auf das wimmernde Mädchen ein.

Blanche Gamond, der die Tränen über das Gesicht rannen, erwartete nichts anderes, als daß sie nun auch noch an die Reihe kommen werde, war doch Judith nicht schuldiger als sie.

«Und nun noch die andere!» keuchte La Rapine und strich sich mit der Hand über die schweißnasse Stirn.

Doch da stellte sich die Wärterin Blanche Gamonds vor diese hin. «Heute nicht», sagte sie, und nach kurzem Zögern erklärte sich La Rapine damit einverstanden.

Blanche Gamond zuckte zusammen und wußte nicht, wie ihr geschah. War sie verschont worden, weil sie am Vormittag ihrer Wärterin das schöne gestickte Hemd geschenkt hatte, das sie bei ihrer Einlieferung gegen eines der schrecklichen Spitalhemden hatte auswechseln müssen? Ach, die Reihe würde bald genug auch wieder an sie kommen!

Es war nicht nur Herr Clary, der die im Spital von Valence gefangengehaltenen Hugenottinnen zu bekehren versuchte. Eines Tages, als Blanche Gamond im Refektorium der Mädchen eine Arbeit zu verrichten hatte, erschienen zwei Männer, von denen der eine ein Jesuit war. Dieser fragte Blanche, ob sie etwa auch zu den Leuten von der Religion gehöre. Als sie das bejahte, sagte er ihr, er habe von ihren Leiden gehört, und was er gehört habe, das habe ihn erschüttert. «Warum aber befreit Ihr Euch nicht aus diesem Elend? Ihr braucht ja nur Eurer Religion zu entsagen, und niemand wird Euch noch etwas zuleide tun.»

«Es gibt aber nichts, das mich bewegen könnte, meinen Glauben aufzugeben.»

«Das sagt Ihr aus Unwissenheit, weil Ihr nichts anderes gesehen und kennengelernt habt. Laßt Euch belehren. Es gibt in diesem Hause Leute genug, die wohl in der Lage wären, Euch zu unterweisen.»

«Das ist meine Aufgabe, ehrwürdiger Vater», mischte sich da Magdelon Ruffy, die unterdessen herzugekommen war, in das Gespräch. «Herr de la Rapine hat mir alle diesbezüglichen Anweisungen erteilt. Doch was nützen sie mir, wenn die Hugenotten sich die Ohren zuhalten und sich weigern, meine Lehren entgegenzunehmen?»

Es war aber unter den Gefangenen bekannt geworden, daß man Magdelon Ruffy wegen ihres liederlichen Lebenswandels in das Spital eingeliefert hatte, so daß sie bestimmt nicht die Voraussetzungen erfüllte, um andere überzeugend in Dingen des Glaubens unterweisen zu können.

Der Pater wandte sich an Blanche Gamond mit der Frage, wie es sich damit verhalte.

«Was hätte es für einen Sinn, sich in einer Religion unterrichten zu lassen, die man nicht annehmen will?»

«Und weshalb wollt Ihr sie nicht annehmen? Das will ich Euch sagen: weil Ihr sie nicht kennt. Seht, Mademoiselle, ich bin viel gereist und weit in der Welt herumgekommen. Ich habe manches gesehen, wovon Ihr noch nie gehört habt, und dabei ist mir mancherlei Erkenntnis zuteil geworden. Ich bin fest überzeugt, daß es Euch nicht mehr schwerfallen wird, zu wechseln, wenn Ihr endlich die Wahrheit erfahren habt.»

«Es ist schon mancher zu mir gekommen und hat gleich oder ähnlich mit mir gesprochen wie Ihr, um mich zu versuchen. Ich bin jedoch nicht willens, mich durch Euch oder diese Demoiselle unterrichten zu lassen. Erspart Euch nur Eure Mühe. In der Bibel steht, Gott habe diese Dinge den Weisen und Gelehrten verborgen und sie den kleinen Kindern offenbart.»

«Das ist wahr. Aber sagt mir, wie kommt es, daß selbst die Narrheit der Männer noch mehr ist als die Weisheit der Frauen? Da Ihr so weise seid, so erklärt mir doch, wie das kommt?»

«Ihr verlangt zuviel von mir, Herr. Erst prahlt Ihr damit, wieviel Ihr gesehen habet und wie klug Ihr geworden auf allen Euren Reisen, und dann verlangt Ihr von mir, Euch zu erklären, weshalb das so sei.»

«Mit Euch ist nichts anzufangen!» brauste da der Pater unbeherrscht auf und ließ den Mantel seiner heuchlerischen Freundlichkeit fallen. «Ihr seid vom Teufel besessen und werdet in alle Ewigkeit verloren und verdammt sein.»

Natürlich erstattete er La Rapine Bericht über alles, was Blanche Gamond gesagt hatte, und vermutlich sagte er in seinem Ärger noch mehr.

Es war ein Tag voller Bedrohung für sie. Am Nachmittag wurde sie von Krämpfen befallen, unter denen sie seit einiger Zeit litt. Sie hatte sich in eine Ecke des Gartens verkrochen, kauerte dort hinter hohem Gesträuch, um von den sie suchenden und nach ihr rufenden Wärterinnen und Spitalmägden nicht entdeckt zu werden. Wenn sich nur etwas hätte tun lassen gegen diese fürchterlichen Krämpfe, die in ihren Eingeweiden wühlten! Sie ließen sie nicht einmal auf der kühlen Erde liegen, sie mußte umherkriechen, hierhin und dorthin, doch nirgends und in keiner Stellung wurde sie ihre kochenden Schmerzen los.

Da hörte sie Schritte, die näher kamen, und schon stand Magdelon Ruffy vor ihr. «Habe ich dich endlich, du Metze! Verkriechen tust du dich, um nicht arbeiten zu müssen. Daß du es nur weißt, man wird dich in die Zelle einsperren, weil du heute morgen in solch unverschämter Weise mit dem gütigen Jesuitenpater gesprochen hast.»

«So sperrt mich nur ein, ich bitte Euch darum! Geht unverzüglich und holt den Schlüssel, und ich verspreche Euch dort zu sein und auf Euch zu warten, bis Ihr mit dem Schlüssel kommt, um mir zu öffnen.» Das aber sagte sie, weil sie sich in ihrem Elend danach sehnte, einsam und ohne gestört zu werden mit Gott in der Stille zu sein.

Aber es kam doch nicht dazu, Magdelon Ruffy hatte ihr nur mit leeren Worten gedroht.

Als Blanche Gamond einmal in der Küche Geschirr gewaschen hatte, brachte ihr Schwester Marie noch sechs

Kerzenstöcke, die vom Wachs gesäubert werden mußten. In der Absicht, der Verwalterin Freude zu bereiten und von ihr einmal ein Wort der Anerkennung zu empfangen, gab sie sich besondere Mühe und rieb und scheuerte, daß sie dabei zu schwitzen kam und der Arm sie schmerzte. Aber dafür glänzten nachher die Kerzenstöcke, als wären sie neu. Sie war ganz glücklich bei ihrem Anblick. Als sie sie dann ablieferte, reichte ihr Schwester Marie noch einen weiteren Halter, der aber gesprungen war und zerbrach, als Blanche Gamond ihn rieb. Das Herz tat ihr weh vor Schreck, als sie auf die Bruchstücke in ihrem Schoß starrte. «O du unglückseliges Geschöpf!» stürzte sich Schwester Marie auf sie. Bestimmt hatte sie Blanche Gamond heimlich beobachtet. «Für nichts ist sie zu gebrauchen! Nun hat sie mit ihren tolpatschigen Fingern diesen prächtigen Leuchter zerbrochen. Wer weiß, vielleicht hat sie es mit Absicht getan. Dafür aber sollen ihr die Rippen gebrochen werden!»

Es sprach sich sofort im ganzen Spital herum, was für ein Mißgeschick Blanche Gamond widerfahren war, und für die Gefangenen war es eine ausgemachte Sache, daß Schwester Marie damit beabsichtigt hatte, Blanche Gamond, die sie von allen Hugenottinnen am wenigsten leiden konnte, in Schwierigkeiten zu bringen. Bestimmt hatte sie gewußt, daß der Kerzenstock gespalten gewesen war. Blanche Gamonds Gefährtinnen hatten Mitleid mit ihr und anerboten sich, Geld zusammenzulegen, damit Blanche den in Brüche gegangenen Kerzenstock ersetzen könne.

Doch davon wollte die Verwalterin nichts wissen. «Für den angerichteten Schaden soll sie nur büßen. Vielleicht paßt sie dann ein andermal besser auf.»

Obwohl der folgende Tag ein Sonntag war, hatte man die Gefangenen zur Arbeit befohlen. Mit andern ihrer Gefährtinnen mußte Blanche Gamond den Mädchenhof säubern. Da nicht für jede ein Besen zur Verfügung stand, wurde ihr befohlen, mit einem Kübel herumzugehen und mit ihren Händen den Unrat einzusammeln.

Da kam La Rapine daher, in großer Aufregung und rasend vor Zorn. So hatten sie ihn noch gar nie gesehen. Es mußte etwas Fürchterliches vorgefallen sein. Er schrie und tobte und schlug mit seinem Ochsenziemer um sich, wohin er eben traf, so daß die fünf seiner Wut ausgelieferten Hugenottinnen davon überzeugt waren, an diesem Tag sterben zu müssen.

«Heute befinden sich wohl keine Teufel mehr in der Hölle», flüsterte Blanche Gamond einer ihrer Gefährtinnen zu, «sie wurden alle auf uns losgelassen.»

Und doch kam es nicht zum Äußersten. La Rapine verschwand plötzlich ins Haus hinein. Dafür erschien nach einer Weile die Verwalterin im Hof, um Aufsicht zu üben. Nachdem sie den Hof gereinigt hatten, wurden die Hugenottinnen in den Garten hinübergetrieben, um dort Unkraut zu zupfen.

Als sie schweigend etwa eine Stunde gearbeitet hatten und Blanche Gamond allein in der Nähe Schwester Maries am Rande eines Beetes kniete, fragte sie:

«Weshalb wird eigentlich von uns verlangt, auch am Sonntag zu arbeiten? Ist Euch nicht bekannt, daß diejenigen, die den Sonntag nicht heiligen, nicht in den Himmel kommen werden?»

«Das ist uns freilich bekannt, du naseweises Ding, aber ihr Lumpenpack kommt ja ohnehin nicht hinein. Übrigens ist im Spital die Sonntagsarbeit gestattet. Unsere geistlichen Väter haben uns Dispens erteilt.»

Während die Frauen weiterarbeiteten, erschienen vier Männer in den Gärten. Sie unterhielten sich eifrig, blieben ab und zu stehen, näherten sich aber doch langsam den Gefangenen. Schon von weitem erkannte Blanche Gamond in einem von ihnen La Rapine. Dann, als die Männer ganz nahe waren, sah sie, daß einer seiner Begleiter der Graf de Tessé war, den sie seinerzeit in Orange gesehen hatte. Die Herren blieben vor der Verwalterin stehen, begrüßten sie und ihrem Gespräch konnte Blanche Gamond entnehmen, daß die andern Herren zwei Bischöfe waren, in deren Begleitung der Graf hergekommen war.

«Wie steht es nun mit jenen, die von der Regierung von Grenoble hergeschickt worden sind? Haben sie ihre Religion gewechselt?» erkundigte sich Graf de Tessé bei La Rapine.

«Leider nein», antwortete dieser, «sonst wären sie heute nicht an der Arbeit. Sie sind alle samt und sonders eigensinnig und verstockt. Eine solche Starrköpfigkeit ist mir bis heute noch nicht begegnet. Sie sind der Abschaum und der Unrat meines Hauses. Aber ich gebe nicht auf und steigere ihre Strafen von Tag zu Tag, bis ich ihren Trotz gebrochen habe.»

Seine Begleiter hörten ihm zu und sagten nicht viel, solange die Gefangenen es hören konnten; es hatte aber den Anschein, als seien sie mit La Rapine nicht in allen Teilen einverstanden.

Die Herren schickten sich schon an, sich zu entfernen, als La Rapine noch einmal zurückkam und Blanche Gamond sagte, sie solle sich nur darauf vorbereiten, morgen werde sie ihren Lohn erhalten für den zerbrochenen Kerzenstock.

«Lange werdet Ihr nicht mehr zu leben haben», meinte Schwester Marie, seufzte und blickte mit theatralischer Geste zum Himmel, «denn vermutlich wird Euch Herr de la Rapine morgen mit seinem Ochsenziemer totschlagen.»

Und möglicherweise wäre es dazu gekommen, hätte in dieser Stunde der Gefahr nicht Gott eingegriffen.

Noch an eben diesem Sonntag, an dem Graf de Tessé

mit den beiden Bischöfen bei La Rapine im Spital gewesen war, ereignete sich etwas völlig Unerwartetes: nach Einbruch der Dunkelheit, zwischen neun und zehn Uhr, verließ La Rapine fluchtartig das Spital von Valence.

Wie ein Lauffeuer verbreitete sich anderntags die schier unfaßbare Nachricht unter den Gefangenen und den übrigen Insassen des Krankenhauses: «La Rapine ist geflohen!»

Geflohen vor wem? Vor den Stadtbehörden? Vor dem Bischof? Oder am Ende vor seinem eigenen Gewissen?

«Gott hat unsere Gebete erhört und ist durch unsere Tränen gerührt worden», sagten die Hugenotten und schöpften Hoffnung auf eine baldige Veränderung ihrer Lage. Am Abend des 11. Juli 1687 hatte Gott sie aus den Fingern ihres grimmigsten Widersachers befreit.

«Gebt euch keinen falschen Hoffnungen hin, ihr Lumpenpack!» geiferte Schwester Marie die im Speisesaal herumstehenden Gefangenen an. «Macht, daß ihr an die Arbeit kommt, wenn ihr nicht die Ruten zu spüren bekommen wollt! Herr de la Rapine wird zurückkommen, eher, als ihr glaubt, und bis dahin ist ein Vertreter eingesetzt, der zum Rechten sehen wird.»

Doch glaubten die Gefangenen ihren Worten nicht. «Gott ist gnädig», sagten sie, «er hat uns erlöst, als wir es am wenigsten erwartet haben.»

Eine Woche später, am 18. Juli, wurden sie auch von Schwester Marie, der Verwalterin des Spitals, befreit. Sie floh nicht, wie La Rapine geflohen war. Während sie um sieben Uhr morgens in der Kapelle der Messe beiwohnte, erschienen sechs Soldaten, holten sie heraus und nahmen sie mit sich. Zwar widersetzte sie sich, schrie und schlug um sich wie eine Irrsinnige. Aber es half ihr nichts. Die sechs Männer überwältigten sie doch. Sie konnte sich nicht einmal umziehen und durfte nichts mit sich nehmen. So, wie sie in der Kapelle gewesen war, wurde sie mitgenommen.

Doch der Leiden ist noch kein Ende

Doch vorderhand nahmen trotz des Verschwindens ihrer beiden grausamsten Verfolger die Leiden der Gefangenen noch kein Ende. Am Tage nach Schwester Maries Verhaftung, die, das war nun allen klar geworden, als Verwalterin des Spitals nicht nur den Befehlen La Rapines gehorcht hatte und damit das Werkzeug seiner Grausamkeit, sondern überdies auch seine Vertraute und vielleicht noch mehr gewesen war, war Blanche Gamond beauftragt, den Speisesaal der Mädchen zu wischen. Seit dem Vorfall mit dem zerbrochenen Kerzenständer fühlte sie sich nicht wohl. Nun hatte sie in der Nacht wieder Fieber gehabt. Obwohl es Sommer war, hatte sie im Bett gezittert vor Kälte und mit den Zähnen geklappert, und am Morgen beim Ankleiden war es ihr schwindlig geworden. Nun packte das Fieber sie neuerdings, so daß sie sich setzen mußte. Ihr Hemd war völlig durchnäßt vom Schweiß, und als die Schwäche nicht vorübergehen wollte, schlich sie den Wänden nach in den Schlafraum hinauf, wo sie aufs Bett niedersank. «Mein Gott, hast du mich von meinen Widersachern erlöst, nur um mich nun doch sterben zu lassen?» stöhnte sie.

Da kam Anne Dumas herein, um zu sehen, wer da untertags ins Zimmer zurückgekehrt sei, da zu dieser Stunde doch alle an der Arbeit zu sein hatten. Sie selbst war seit einigen Tagen krank, nachdem La Rapine sie gezüchtigt und nachher noch gezwungen hatte, eine Bürde Wäsche zu schleppen, unter deren Last sie völlig zusammengebrochen war. Nun hatte sie fürchterliche Schmerzen im Unterleib, der hoch aufgetrieben war, weshalb man sie im Krankenzimmer untergebracht hatte. «Was ist mit Euch, Mademoiselle Gamond? Ist es mit Euch nun so weit, daß Ihr nicht mehr könnt? Oh, wir alle haben es befürchtet und kommen sehen.» «Es wird vorübergehen», sagte Blanche Gamond mit matter Stimme. «Es ist noch jedesmal vorübergegangen. Wenn ich nur eine Weile liegen kann.»

«Wer dürfte Euch daran hindern, da Ihr doch vor Fieber zittert?»

Aber eben in diesem Augenblick kamen die beiden Spitalmägde Suzanne Roulatte und Beatrice Grimaud hereingestürmt, außer sich vor Wut: «Finden wir Euch endlich? Im ganzen Haus haben wir Euch gesucht. Vorwärts, zur Messe! Ihr seid die einzige, die noch fehlt. Was fällt Euch ein, einfach wegzubleiben und ins Bett zu liegen?»

«Sie ist krank, seht ihr das nicht?» setzte sich Demoiselle Dumas für Blanche Gamond ein.

«Schöne Krankheit!» höhnte die Roulatte, «ihr habt euch hier getroffen, um irgend etwas zu verabreden. Aber das soll euch teuer zu stehen kommen. Wie kommt übrigens Ihr in dieses Zimmer, da Ihr doch vorgebt, selber krank zu sein? Ihr habt Euer Bett in der Krankenstube. Alles was von Euch kommt ist Betrug und Heuchelei.» Und sie machten sich daran, Blanche Gamond vom Bett hochzuziehen.

«Laßt mich», bat diese, «ich werde ja doch nicht in die Kapelle gehen.»

«Was soll das heißen? Nichts ist an der Ordnung, die in diesem Hause gilt, geändert worden. Und nach dieser Ordnung seid Ihr verpflichtet, der Messe beizuwohnen. Seid doch endlich vernünftig! Oder macht es Euch Spaß, immer wieder gezüchtigt zu werden? Also, bereitet uns keine Schwierigkeiten, damit wir Euch nicht verzeigen müssen!»

«Nein», schüttelte Blanche Gamond den Kopf, «und

wenn ihr mich totschlagt, heute werde ich nicht mit euch gehen.»

«Steht auf und folgt uns, Ihr werdet es nicht bereuen.»

«Laßt mich in Ruhe mit euren Versprechungen. Ich will mit dem neuen Leiter des Spitals reden. Ruft ihn herbei, ihr habt für meine Anliegen doch kein Verständnis.»

«Was fällt Euch eigentlich ein, Ihr unverschämtes Geschöpf! Wir sind da, um Euch zu beaufsichtigen, und nicht, um von Euch Befehle entgegenzunehmen. Ihr seid wohl übermütig geworden, weil Herr de la Rapine und Schwester Marie nicht mehr hier sind. Ihr seid eine Rebellin, die schlimmste von allen!» Damit zerrten sie Blanche Gamond vom Bett und ließen sie, als sie sich wehrte, zu Boden gleiten. «Sie werden wiederkommen, darauf könnt Ihr Euch verlassen. Und unterdessen werden wir es Euch besorgen, wir werden noch härter sein als sie. Vorwärts jetzt, wenn Ihr nicht gehorcht, dann zwingen wir Euch, mit uns zu kommen, und wenn wir Euch über die Treppen hinunterschleifen müssen.»

Und sie traktierten die auf dem Boden Liegende mit Fußtritten, da sie keinen Stock bei sich hatten, um sie zu schlagen.

«Habt ihr denn kein Erbarmen mit ihr?» legte sich Anne Dumas erneut ins Mittel, «habt ihr denn kein Herz? Ihr müßt doch sehen, daß sie Fieber hat und außerstande ist, zu gehen.»

«Wollt Ihr wohl schweigen? Erst bringen wir diese da in die Kapelle und dann kommen wir zurück, um auch Euch zu holen. Ihr simuliert ja nur. So ein Hurenpack!»

Sie hatten kein Mitleid und wollten beweisen, was für Befugnisse ihnen gegeben waren. Während die Grimaud sich entfernte, einen Stock zu holen, schleppte Suzanne Roulatte die Fiebernde durchs Zimmer und von diesem in das Zimmer der Heiligen Ursula.

Unterdessen kam die Grimaud mit dem Stock zurück, schlug wie eine Irrsinnige auf die auf dem Boden Liegende ein, dann schleiften sie sie mit vereinten Kräften auf die Treppe hinaus, richteten sie dort auf, packten sie unter den Armen und rissen sie über die Stufen hinunter.

Blanche Gamond schluchzte und schrie vor Schmerzen: «Eure Schläge tun mir nichts, aber daß ich noch einmal in euren Götzentempel gehen soll, das ertrage ich nicht! Schlagt mich tot, doch erlaßt mir diese Schmach! O mein Gott, erbarme dich meiner, laß Gerechtigkeit walten! Du hast es bisher zugelassen, daß sie mich in ihren Götzentempel zwingen konnten, laß es nun genug sein! O du großer und starker Gott, mache mich frei von diesem heidnischen Götzendienst, verhindere es, daß sie mich hinbringen können. Wäre ich doch nicht so zerschlagen und elend, hätte ich doch die Kraft, ich wollte mich ihnen schon widersetzen!»

Vor der Tür zur Kapelle verdoppelte sie ihr Schreien, tat wie von Sinnen, so daß schließlich der mit den priesterlichen Gewändern bekleidete Kapuziner herauskam, der eben mit dem Lesen der Messe hatte beginnen wollen. Er fragte, was das für ein Lärm sei und was dieses fürchterliche Geschrei an geweihtem Ort zu bedeuten habe.

«O Vater, wir haben hier eine Hugenottin, die sich krank stellt, und dies nur, um nicht der Messe beiwohnen zu müssen, wie ihr doch befohlen ist.»

«Ich wollte, ich wäre nicht krank», sagte Blanche Gamond, «aber selbst wenn ich dadurch meine Gesundheit zurückerlangen könnte, ginge ich nicht da hinein.» Und sie streckte dem Kapuziner die Arme entgegen. «Da, schaut nur her, wie sie meine Arme zerschlagen und zerschunden haben! Und so wie meine Arme haben sie meinen ganzen Körper zugerichtet, und dies alles nur, um mich zu zwingen, gegen meinen Willen in Eure Kirche zu gehen und Eurer Messe beizuwohnen. Monsieur, als Jesus Christus seine Jünger aussandte, um den Völkern sein heiliges Evangelium zu verkünden, da hat er ihnen verboten, Schwert, Stock oder einen Beutel mit sich zu nehmen. Ihr aber haltet Euch nicht an dieses Gebot. Mit Schwert und Stock versucht Ihr, den andern Euren Glauben aufzuzwingen. Gott sei Dank dafür, daß mich meine Eltern in der reformierten Religion erzogen und unterwiesen haben. Aber hier, seitdem ich im Spital bin, hat mich Herr de la Rapine mit Gewalt und mit Stockschlägen in Eure Kirche gezwungen. Hat nicht Paulus zu den Römern gesagt, was aber mit Gewalt und ohne Glauben geschehe, sei Sünde? Darum ist es mir lieber, zu sterben, als zu sündigen. Tötet mich, hier auf der Stelle. Zum Sterben bin ich jederzeit bereit, nicht aber, in Eure Messe zu gehen.»

Der Kapuziner hatte ihr schweigend zugehört. Ihr Mut und der Ernst ihrer Worte blieben auf ihn nicht ohne Eindruck. «Sorgt Euch nicht weiter», sprach er ihr freundlich zu, «weinet nicht. Ihr müßt künftighin nicht mehr hineingehen, wenn Euch die Messe ein solcher Greuel ist.» Dann griff er nach Blanche Gamonds Hand, um ihren Puls zu fühlen. «Ihr habt Fieber, setzt Euch hier auf die Treppe und seid nur ruhig. Es wird Euch niemand mehr etwas zuleide tun. Aber nun muß ich gehen.»

Und er schickte sich an, in die Kapelle zurückzugehen, wo die zur Messe Versammelten auf ihn warteten. Da aber Blanche Gamond fortfuhr zu weinen und zu schluchzen und nicht zur Ruhe kommen konnte, kehrte der Kapuziner noch einmal zu ihr zurück: «Ich bitte Euch, laßt nun das Weinen, verscheucht Eure Ängste, sie sind nur dazu angetan, Euer Fieber zu vermehren.»

Wie wohl tat ihr diese Anteilnahme! Aber so sehr sie sich auch bemühte, ruhiger zu werden und ihren Tränen Einhalt zu tun, waren das Elend und die Schwäche ihres gemarterten Leibes doch stärker als ihre Einsicht; doch wenn ihre Tränen auch weiterhin flossen und die Schmerzen sie aufseufzen ließen, so empfand sie doch in ihrem Innern eine unsägliche Freude aufdämmern, die sie nach und nach durchwärmte und erhellte wie ein freundliches Licht. Und war dieses Licht nicht durch die liebevollen Worte des Kapuziners in ihr angezündet worden, hatte sich Gott nicht dieses Römischen bedient, um sie erkennen zu lassen, daß seine Gnade nicht versiegt war, sondern jeden Tag wie die Sonne neu in strahlender Pracht über seinen Kindern aufging?

Und während sie so fiebernd und schluchzend und doch von einem unnennbaren Glücksgefühl erfüllt auf den Stufen saß, die zur Kapellentür führten, sprach sie vor sich hin, was sie in ihrem Herzen empfand, und ihre Worte waren wie ein Gebet: «Welch glücklicher Tag ist heute, da Gott mich nicht nur von der Messe befreit, sondern mich auch von der Sünde erlöst, am Sonntag arbeiten zu müssen! Sie werden mich fürderhin nicht mehr hindern, niederzuknien und Gott zu bitten, meinen Glauben zu stärken und zu mehren. Lob und Ehre sei Gott, der sich meiner erbarmt hat, der mich am 19. Juli des Jahres 1687 morgens um sechs Uhr an seine Vaterhand genommen und mich frei gemacht hat! Nun wird meine Seele ihre Ruhe wiederfinden, denn der Herr hat mich mit seiner Güte überschüttet. O Gott, du hast meine Seele vom Tode errettet, meine Augen vom Weinen erlöst und willst nicht, daß meine Füße fürderhin straucheln werden. Im Lande der Seligen werde ich vor das Angesicht Gottes treten dürfen.»

Und während sie so wie in Verzückung dasaß und ihr Gebet murmelte, trat Abbé Genest zu ihr hin, und dieser Abbé Genest war es, der dazu bestimmt worden war, La Rapine in dessen Abwesenheit zu vertreten. Er hatte sie kauern sehen, und ihr Elend hatte auch ihn erbarmt, so daß er ein paar Augenblicke zögerte, ehe er sie ansprach. «Das ist ja Mademoiselle Gamond, mit der eine so große Unruhe in das Spital gekommen ist.»

Dann hieß er sie aufzustehen und war ihr behilflich dabei. Und als er sah, wie schwach sie war, wie sie schwankte und hinzusinken drohte, da rief er zwei Mägde herbei und hieß sie, die Kranke in ihr Zimmer hinaufzuführen. «Sie ist krank und gehört ins Bett, wie konnte man sie auch in ihrem Zustand aufstehen und zur Arbeit antreten lassen! Ich verlasse mich auf euch.»

Und als dann Blanche Gamond durch die zwar heimlich scheltenden Mägde zu Bett gebracht worden war, da trat er in ihr Zimmer und stellte sich neben sie.

«Vertraut mir, ich meine es gut mit Euch. Wechselt die Religion, dann wird die Zeit der Heimsuchungen und der Trübsal für Euch vorüber sein. Ich werde den Text, den Ihr beim Abschwören zu sprechen habt, ganz nach Eurem Willen abfassen und auf jeden Fall so, daß Ihr Gott damit nicht beleidigt. Ihr müßt ja nur versprechen, den Glauben zu wechseln, damit Ihr hier herauskommt. Laßt Euch befreien von diesem Elend und diesem Ungemach!»

«Mein Herr», antwortete Blanche Gamond mit ruhiger Zuversicht, «Gott wird mich aus diesem Elend erlösen, sobald es ihm wohlgefällig und nach seinem Willen die Zeit dafür gekommen ist. Nie werde ich auch nur mit leeren Worten einwilligen, der reinen und heiligen Religion zu entsagen, in der ich unterwiesen worden bin, um sie gegen eine Religion einzutauschen, die verfälscht worden ist.»

«Wie kommt Ihr zu dieser blasphemischen Behauptung, die heilige römische Religion, die von König und Kirche befohlen ist, sei verfälscht?»

«Man hat der wahren Religion vieles beigefügt und anderes weggenommen», antwortete das Mädchen mit einer Entschiedenheit, die den Priester überraschte.

«Was soll man denn von ihr weggenommen haben?»

«Ihr habt die wahre Religion des Kelches beraubt, von dem doch Jesus Christus bei der Einsetzung des heiligen Abendmahles gesagt hat: Trinket daraus. Diesen Kelch habt Ihr dem Volk weggenommen.»

«Man wird ihn Euch geben, Mademoiselle Gamond, Ihr werdet daraus trinken dürfen, das verspreche ich Euch auf mein Priesterwort. Man wird ihn Euch geben, verlaßt Euch darauf.»

«Was nützt das, daß mir der Kelch gegeben wird, wenn er außer mir dem ganzen Volk vorenthalten bleibt? Auch wenn ich durch Eure persönliche Gunst daraus trinken dürfte, habt Ihr Eure Religion doch um den Kelch gekürzt. Gebt ihn Eurem ganzen Volke, entfernt die Bilder und Götzenfiguren aus Euren Kirchen und Kapellen. Hört auf, Messen zu lesen, und predigt dafür das reine Evangelium, wie es in der Bibel durch Gottes Willen und Gnade aufgezeichnet ist. Gott will kein immer wiederkehrendes Meßopfer, denn Jesus Christus hat sich durch seinen Tod am Kreuz ein für allemal hingegeben. Hat nicht der heilige Paulus zu den Hebräern gesagt: Denn mit einem Opfer hat er in Ewigkeit vollendet, die geheiligt werden; und in einem andern Wort in demselben Brief: In seinem Willen sind wir geheiligt auf einmal durch das Opfer des Leibes Jesu Christi.»

So sprachen sie miteinander, bis sie an den Geräuschen im Hause hörten, daß die Messe beendet war.

Da verabschiedete sich Abbé Genest von der Kranken: «Seid versichert, daß Euch geholfen wird», versprach er ihr.

Blanche Gamond sah dankbar aus ihren fieberglänzenden Augen zu ihm auf. Und es dauerte nicht lange, da kam Abbé Genest zurück und brachte den Spitalarzt mit.

«Dies hier ist Herr Durand, der sich Euer nun annehmen wird. Ihr dürft auch ihm vertrauen.» Dann sagte er zum Arzt, so laut, daß auch Blanche Gamond es hören konnte: «Ich befehle Demoiselle Gamond Eurer ganz besonderen Fürsorge an und bitte Euch, alles für sie zu tun, was für sie zu tun im Rahmen des Erlaubten in Eurer Macht steht.»

Herr Durand versprach es und ging sofort daran, die Kranke zu untersuchen. Er fühlte ihr den Puls und hieß sie, ihm die Zunge zu zeigen. Dann entschied er, man werde ihr zwei Klistiere geben, um sie zu purgieren, und wenn das geschehen sei, werde er sie zu Ader lassen.

Aber Blanche Gamond wehrte sich heftig dagegen. «Nein, das werde ich nie und nimmer zugeben.»

«Und weshalb nicht?» fragte Herr Durand erstaunt. «Ihr seid gefährlich krank, und der Herr Abbé will, daß ich alles vorkehre, was ich für nützlich halte.»

Damit wandte er sich an den Geistlichen: «Sie ist tatsächlich übel dran. Noch selten habe ich einen Kranken in solch erbärmlichem Zustand gesehen.»

Nein, Blanche Gamond war nicht gewillt, sich von Herrn Durand behandeln zu lassen. Was hätte eine solche Behandlung auch genützt, da sie ja gar nicht durchgeführt wurde? Denn wenn ihr der Arzt Fleischbrühe verschrieb, dann brachten ihr die Mägde eine dünne Kohlsuppe, in der Raupen und anderes Ungeziefer mitgekocht worden waren, weil sich in der Küche niemand die Mühe nehmen wollte, für die Ketzer den Kohl vor dem Kochen zu waschen. Solche Brühe, in der auch Salz und Butter fehlten, reizte nur zum Erbrechen.

Doch bestand der Arzt darauf, daß dann am Nachmittag Blanche Gamond von Suzanne Roulatte in die Krankenstube hinaufgeschafft wurde. «Ihr werdet in besonderer Weise ausgezeichnet», sagte die Roulatte höhnisch, «bildet Euch nur etwas darauf ein! Ihr kommt nämlich in dasselbe

Bett, in dem Menuret, der Erzketzer, gelegen hat, nachdem sie ihn wegen seiner Schlechtigkeit zu Tode geprügelt haben. Seit ihm hat keiner mehr in diesem Bette gelegen.»

Das zu vernehmen war nicht erbaulich, da die Mägde ja vermutlich in der Zwischenzeit nicht einmal die Tücher gewechselt hatten.

Aber etwas anderes erfüllte Blanche Gamond mit unsäglicher Freude. Sie ließ es sich nur nicht anmerken, ehe die Magd die Kammer verlassen hatte, da ihr von der Roulatte, hätte sie darum gewußt, diese Freude bestimmt vereitelt worden wäre. Unter den drei Frauen, die außer ihr in der Krankenstube lagen, hatte Blanche Gamond nämlich auf den ersten Blick ihre Freundin Jeanne Terrasson erkannt, der sie zum erstenmal im Verlies von Grenoble begegnet war.

«Was für ein Glück», sagte auch Jeanne Terrasson leuchtenden Auges, «was für ein Glück, Euch endlich wieder zu sehen, liebste Schwester. Ich habe bereits vor einiger Zeit gehört, daß Ihr hier in Valence seid. Begegnen konnten wir uns bisher noch nicht, da ich seit bald zwei Monaten hier in der Krankenstube liege. Wann seid denn Ihr nach Valence gekommen?»

«Am 23. Mai.»

«Zu dieser Zeit war ich schon krank. Wir trafen am 3. April hier ein. Seitdem ich krank bin, geht es mir gut, vorher aber hatte ich die Hölle.»

«Hat er Euch auch gequält?»

«La Rapine? Und wie! Ihr werdet alles vernehmen. Wir haben ja Zeit, miteinander zu sprechen, wenn keine dieser Teufelinnen im Zimmer ist.»

Die beiden andern Kranken waren Suzanne Peloux und Anne Dumas, und auch ihre Krankheit war, daß La Rapine sie elend geschlagen hatte.

«Ist Euch bekannt, wohin er geflohen ist?» fragte Blanche Gamond. «Doch nein, wie solltet Ihr, da Ihr doch schon so lange hier liegt!»

«Warum sollte ich es nicht wissen? Wir kommen zwar nicht hinaus, dafür kommen viele zu uns herein und so hören und vernehmen wir mancherlei», antwortete Jeanne Terrasson. «Und manchmal versuchen wir doch, hinauszukommen, um nicht den Kübel benützen zu müssen, wenn er randvoll ist.»

«Auf einem solchen Gang bin ich zu Euch in die Kammer gekommen», sagte Anne Dumas. «Erinnert Ihr Euch? In die Läusekammer der Heiligen Katharina!»

«Lästert nicht! Ich warne Euch!» ließ sich da die hohe, klanglose Stimme der Suzanne Peloux hören.

«Laßt sie reden, das arme Ding», sagte Jeanne Terrasson mitleidig. «Unter den Martern La Rapines hat sich ihr Geist verwirrt. Oft hält sie uns lange Predigten und gelobt, demnächst zu wechseln. Es wäre kein großer Gewinn für die Papisten, da sie gar nicht mehr weiß, was sie redet und tut.»

«Ihr habt das Licht nicht, weil ihr in der Dunkelheit stehengeblieben seid. Doch im Licht wird alles rot. Rot wie Blut. O mein Herr Jesu, rot wie dein Blut, dein Blut, mit dem du uns erlöst hast!» rief Suzanne Peloux in plötzlicher Ekstase mit erhobenen Händen und himmelwärts gerichteten Blicken. Doch dann sackte sie zusammen zu einem Häuflein Elend. «Es ist dunkel», murmelte sie, «so gebt mir Stecken und Stab, daß ich nicht strauchle! Warum bleibt ihr zurück? Weshalb folgt ihr mir nicht?»

«Ihr werdet Euch daran gewöhnen», meinte Jeanne Terrasson, «laßt Euch nur nicht beunruhigen. Es ist oft unangenehm, besonders in der Nacht. Aber bösartig ist sie nicht. Daß sie die Nachtruhe stört, hat den großen Vorteil für uns, daß seither keine der Mägde mehr in der Krankenstube schläft.»

«Beten wir für sie», sagte Blanche Gamond.

«Das tun wir immer», sagte Jeanne Terrasson.

«So habt Ihr etwas über La Rapines und Schwester Maries Verschwinden gehört?»

«Man sagt, sie hätten alles verabredet und vorbereitet gehabt und sich ins Ausland begeben. Vermutlich ist das aber nur ein Gerücht. Es wird vieles gesagt, jeder will mehr wissen als der andere. Die Wahrheit ist, daß La Rapine vor seinen eigenen Leuten hat fliehen müssen.»

«Wie meint Ihr das?»

«Er ist nicht nur gegen die von der Religion, sondern auch gegen die Papisten, gegen die Leute seines eigenen Glaubens ein Bluthund gewesen, weil er seinem ganzen Wesen nach nichts anderes als ein Bluthund sein konnte. Louis Bla, der Chirurg, hat mir selbst erzählt, daß er hier im Spital eines Tages sieben Römische behandeln mußte, denen La Rapine Glieder ausgerenkt oder zerschlagen hatte, dem einen die Hüftknochen, andern Arme, Beine oder Rippen. Aber auch ohne das Zeugnis des Arztes wüßten wir es, weil wir es mit eigenen Augen gesehen haben.»

«Selig sind, die Verfolgung leiden», ließ sich die scheppernde Stimme der Suzanne Peloux hören.

«Jawohl», fuhr Jeanne Terrasson fort, «mit eigenen Augen haben wir das Mädchen Sarah Vaucher gesehen, das La Rapine mit seinem Ochsenziemer zum Krüppel geschlagen hatte und das dann nur noch an Krücken gehen konnte. Und sie ist eine Katholische gewesen. Und einen von Sarahs Brüdern hat er totgeschlagen. Das alles konnte auf die Dauer nicht geheimgehalten werden. Schließlich hat sich die Bürgerschaft gegen ihn aufgelehnt. Es waren vor allem zwei Männer, die nicht Ruhe gaben, bis die Regierung selber gegen ihn vorging: Herr de Bressac und Herr Eymar. Es wurde ein Strafverfahren gegen ihn eingeleitet. Zuerst triumphierte La Rapine, denn er hatte ja den Grafen de Tessé und den Erzbischof von Aix, Herrn de Cosnac, hinter sich, der bis vor kurzem Bischof von Valence und Die gewesen ist. Diese beiden wußten es noch eine Zeitlang zu verhindern, daß La Rapine als Leiter des Spitals abgesetzt wurde, nicht nur wegen seiner Grausamkeiten, sondern weil er sich an Armengeldern bereichert hatte. Aber Herr de Bressac hat den Kampf nicht aufgegeben und schließlich hat er erwirkt, daß La Rapine die Aufforderung erhielt, sich für seine Untaten vor dem Gericht von Grenoble zu verantworten. Dem hat er sich durch seine plötzliche Flucht entzogen.»

«Gott hat unsere Gebete erhört», sagte Blanche Gamond, «wie wunderbar sich doch überall sein Finger zeigt.»

«Er ist jämmerlich zuschanden geworden», bestätigte Anne Dumas. «Wie oft hat er sich gebrüstet, er zwinge uns mit seinem widerlichen Marterwerkzeug auf die Knie, keiner verstehe es wie er, das Gezücht der Ketzer kleinzukriegen, er sei sechsundfünfzig Jahre alt geworden und habe in dieser Zeit wie kein anderer Erfahrungen auf diesem Gebiet gewonnen. Und jetzt? Im Schutze der Dunkelheit hat dieser Dunkelmann fliehen müssen, und seiner Helferin ist es nicht besser ergangen.»

«O diese Todesschatten!» schrie die Peloux auf, «sie kriechen heran, sie decken uns zu. Schwestern, Schwestern! fürchtet dennoch kein Unglück! Sein Stecken und Stab trösten uns. Auf die Knie, geht auf die Knie nieder! Und wenn unsere geschändeten Leiber auch von den Würmern zerfressen werden, Gottes Auge ruht auf uns, und der Tod derer, die ihm treu waren, ist ihm kostbar.»

«Und wißt Ihr auch, wo sich La Rapine jetzt aufhält?»

«Ich weiß es nicht. Ich habe gehört, der Erzbischof von Aix, mit dem La Rapine ja befreundet ist von früheren Zeiten her, da sie beide in Valence waren und sich oft getroffen haben, habe sich für ihn verwendet und sich um einen

Erlaß bemüht, wonach der Prozeß gegen La Rapine nicht in Grenoble, sondern in Dijon geführt werden soll. Oh, La Rapine hat starke Freunde und es sind ihrer viele, vielleicht mehr, als wir nur ahnen, die ihn nicht fallenlassen können, um nicht mitgerissen zu werden.»

«Glaubt Ihr, daß er nach Valence zurückkommen könnte?»

«La Rapine? Nein, das glaube ich nicht. Spricht nicht die Art und Weise, wie Schwester Marie aus der Messe heraus verhaftet wurde, dagegen, daß er überhaupt noch auf freiem Fuß ist? Nein, liebe Schwester, vor La Rapine brauchen wir uns wohl nicht mehr zu fürchten, da selbst die Bürgerschaft von Valence in ihrer großen Mehrheit gegen ihn ist.»

«So glaubt Ihr, daß sich für uns von der Religion die Sache zum Guten wenden kann?»

«Das weiß Gott allein. Von den Menschen haben wir nichts Gutes zu erwarten, wenn es nicht Gottes Wille ist, uns aus der Trübsal herauszuführen.»

«Hört ihr, hört ihr? Es sind die Posaunen des Jüngsten Gerichts!» Verklärt starrte die Peloux in eine den andern verschlossene Ferne. «Die Stunde ist da, o welche Seligkeit!»

Da kam die Roulatte mit einer andern Magd herein, um den Kranken ihre Suppe zu bringen, die vermutlich auf die Fürsprache von Abbé Genest hin etwas schmackhafter als üblich gekocht worden war.

In der Krankenstube

Eines Tages stattete der als Nachfolger von Daniel de Cosnac zum neuen Bischof von Valence ernannte Herr de Champigny den Insassen des Spitals und damit auch den vier in der Krankenstube liegenden Hugenottinnen einen Besuch ab. Er erschien in Begleitung des als Rektor eingesetzten Abbé Genest, der nun für die geistliche Betreuung der Spitalinsassen verantwortlich war, während als Verwalter des Spitals und damit als eigentlicher Nachfolger La Rapines eben jener Herr de Bressac bestellt worden war, der durch sein mutiges Auftreten die Verbrechen La Rapines aufgedeckt und dieses Scheusal damit zu Fall gebracht hatte.

«Hat ihr Betragen zu Beanstandungen Anlaß gegeben?» erkundigte sich der Bischof bei seinem Begleiter. Dieser wandte sich fragend an die beiden Spitalmägde Suzanne Roulatte und Beatrice Grimaud, denen die Betreuung der Kranken oblag.

«Das wollen wir meinen», antwortete die Roulatte eifrig. «Sie fahren fort, sich gegen die in diesem Hause geltenden Gesetze aufzulehnen und den Besuch der Messe zu verweigern.»

«Nun», erklärte der Bischof in seiner ruhig freundlichen Art, die ihn vorteilhaft von seinem Vorgänger unterschied, «ich kann verstehen, daß sie nicht hingehen wollen, da sie doch noch gar nicht gewechselt haben.»

«Und ist das nicht die schlimmste Sünde, deren sie sich schuldig machen können?» fragte die Roulatte überrascht. «Herr de la Rapine hat sie mit Gewalt und mit dem Ochsenziemer gezwungen, die Messe zu besuchen.»

«Es ist nicht richtig, jemanden gegen seinen Willen und mit Gewalt zu nötigen, in die Messe zu gehen.»

«Nicht richtig?»

«Nein, nicht richtig, denn unser allerkatholischster König verbietet es.»

Und so war denn dieser Besuch des Bischofs wie das Aufleuchten eines Lichts in der Dunkelheit und Drangsal der Kranken. Was für eine Wohltat bedeutete für sie die

Zusicherung, künftighin vom Zwang, den Götzentempel betreten zu müssen, befreit zu sein. Die Freude darüber war für sie Balsam, obwohl sie im übrigen kaum besser behandelt wurden als vorher. Wohl waren sie durch Gottes Gnade von den beiden größten Widersachern erlöst worden, aber die Wärterinnen und Mägde, die noch von La Rapine und Schwester Marie in ihre Aufgabe eingeführt und von ihnen angewiesen worden waren, die Hugenotten als Auswurf der Menschheit zu betrachten und dementsprechend zu behandeln, änderten ihre Einstellung nicht und quälten sie, wo immer sie konnten, auch wenn das nun hinter dem Rücken des Rektors geschehen mußte, der nach ihrer Meinung für die Ketzer ein viel zu weiches Herz hatte.

«Verrät er damit nicht unsere eigene Sache?» hetzten sie sich gegenseitig gegen ihn auf. «Tut er es nicht, dann ist es eben an uns, zum Rechten zu schauen.»

Aber nicht nur die Hugenotten, auch die katholischen Insassen des Spitals wurden schlecht behandelt und ungenügend ernährt, und so hatten jene, die unter dem Druck der Drohungen nachgegeben und zum katholischen Glauben übergetreten waren, nichts gewonnen. Nichts von dem, was man ihnen versprochen hatte, wurde gehalten. Ihre Freilassung wurde immer wieder hinausgeschoben. Und so war es verständlich, daß die meisten von denen, die gewechselt hatten, ihren Schritt bitter bereuten. Wenn sie im Garten oder in den Gängen den Hugenotten begegneten, die fest und ihrem Glauben treu geblieben waren, dann vergossen sie heiße Tränen und schämten sich ihrer Schwäche. Häufig erlebten es die Kranken, daß diese Unglücklichen unter der offenen Tür der Krankenstube stehen blieben und den Standhaften sehnsüchtige Blicke zuwarfen.

Was bedeutete es da, daß die von der Religion in den

Augen der ungebildeten Mägde als Auswurf behandelt wurden, als Bettelvolk und Hurenpack, an denen sich jeder verunreinigte, der ihnen nahe kam oder ihnen auch nur ein freundliches Wort gönnte? Die Kranken aber erbauten sich an den Tröstungen des 71. Psalms, den Blanche Gamond ihnen vorsprach: «Denn du lässest mich erfahren viele und große Angst und machst mich wieder lebendig und holst mich wieder aus der Tiefe der Erde herauf. Du machst mich sehr groß und tröstest mich wieder. So danke ich auch dir mit Psalterspiel für deine Treue, mein Gott, ich lobsinge dir auf der Harfe, du Heiliger in Israel. Meine Lippen und meine Seele, die du erlöst hast, sind fröhlich und lobsingen dir. Auch dichtet meine Zunge täglich von deiner Gerechtigkeit, denn schämen müssen sich und zu Schanden werden, die mein Unglück suchen.»

Und der Herr führte ihnen in seiner Barmherzigkeit immer wieder Menschen zu, durch die sie erfahren durften, daß sie nicht verlassen waren.

So war unter den Spitalinsassen auch ein Mann namens Royer, der ebenfalls wegen seines reformierten Glaubens hierhergebracht worden war. Er stand in Verbindung mit seinen Angehörigen, die ihn, wann immer sie nur konnten, mit Nahrungsmitteln versorgten und nur deshalb zu ihm gelassen wurden, weil sie von dem, was sie mitbrachten, zuvor auch den Mägden reichlich abgaben. Um dieses Vorteils willen übersahen diese, was eigentlich verboten war.

Herr Royer behielt aber das, was er erhielt, nur zum geringsten Teil für sich, denn nichts bereitete ihm eine größere Freude, als damit seinen Brüdern und Schwestern im Glauben eine Wohltat zu erweisen. So brachte er ihnen heimlich in Zucker eingemachte Orangen- und Zitronenschnitze, die für sie eine große Köstlichkeit und Labsal waren, und immer war er bemüht, ihnen auch mit Hilfeleistungen beizustehen.

Eines Tages brachte er ihnen die für sie betrübliche Nachricht, daß er ins Gefängnis von Grenoble zurückgebracht werde.

Die Kranken weinten darüber, daß ihnen dieser Wohltäter genommen werde, er ging von einer zur andern, umarmte sie und verabschiedetete sich von ihnen. Als er an das Bett Blanche Gamonds trat, wehrte sie ihm: «Kommt mir nicht nahe, Herr, rührt mich nicht an! Ich habe ein schlimmes Fieber, mit dem ich Euch anstecken könnte.»

«Nur, wenn es Gottes Wille ist», entgegnete Herr Royer ruhig und umarmte sie. «Ich komme nun nach Grenoble zurück, wo sich das Gericht ein zweites Mal mit meiner Angelegenheit befassen wird. Und es besteht Aussicht, daß ich frei werde. Sollte mir aber Gott die Gnade erweisen, daß ich die Freiheit wiedererlange, dann werde ich alles, was in meiner Macht liegt, für euch tun, um auch euch aus diesem Elend herauszuhelfen.»

Blanche Gamond dankte ihm mit Tränen in den Augen.

Es standen ihr nun Tage schwerster Prüfung bevor, Tage, an denen sie glaubte, von den Menschen endgültig verlassen zu sein.

Ihr Zustand hatte sich dermaßen verschlimmert, daß man sie vierzehn Tage lang liegen ließ, ohne ihr Nahrung zu bringen. Sie glühte vor Fieber und die immer wiederkehrenden Krämpfe, von denen sie das Gefühl hatte, daß sie sie einmal zerreißen würden, verstärkten sich noch. «Wasser», lispelte sie, als sie in einem klaren Augenblick die Roulatte neben ihrem Bett erkannte. «Netzt mir die Lippen.»

«Tretet über, dann bring ich Euch Wasser. Vorher nicht.» Und sie legte der Kranken ein Tuch über das Gesicht.

Marcellin, eine andere Magd, die mit der Roulatte ins

Krankenzimmer hereingekommen war, befühlte das Mieder der Kranken und erklärte: «Dieses Mieder gehört mir, daß Du es dann weißt, Suzanne, denn es dauert bestimmt nicht mehr lange, bis die, der es heute noch gehört, gestorben ist.»

Und tatsächlich verbreitete sich in diesen Tagen im Spital mehrmals das Gerücht, Blanche Gamond sei gestorben.

Doch schien ihre Zeit noch nicht erfüllt zu sein.

Eines Tages, als auch Herr Durand, der Arzt, überzeugt war, sie werde den Abend nicht mehr erleben, erschien ein Fräulein Auberton im Spital und erklärte in entschiedenem Tone, sie wünsche zu Demoiselle Gamond geführt zu werden. Sie sei schon mehrmals hergekommen, doch immer habe man sie unverrichteter Dinge wieder ziehen lassen. «Heute jedoch bestehe ich darauf, sie zu sehen.»

Zuerst wollte die Roulatte sie auch diesmal nicht vorlassen. «Mit der ist es ohnehin aus, sie erkennt seit Tagen niemanden mehr. Was wollt Ihr da noch von ihr?»

Doch Fräulein Auberton aus Valence, die Blanche Gamond zwar nicht persönlich kannte, von ihrer Standhaftigkeit aber gehört hatte und sich verpflichtet fühlte, ihr in ihrem Elend beizustehen, erklärte mit ruhiger Entschiedenheit, daß sie sich diesmal nicht werde abweisen lassen. «Also bitte ich Euch, mich vor den Herrn Rektor zu führen.»

Das wiederum paßte der Roulatte in keiner Weise in den Kram, wußte sie doch zum voraus, daß Abbé Genest dem Wunsch der Fremden entsprechen würde, und so erklärte sie sich maulend bereit, Fräulein Auberton in die Krankenstube hinaufzuführen, die genau über dem Zimmer des Rektors gelegen war, so daß dieser es hörte, wenn jemand in der Stube der Kranken umherging.

«Gütiger Gott», sagte Fräulein Auberton, als sie das

Tuch vom Gesicht der Kranken hob und das eingefallene, von Schmerzen gezeichnete Gesicht der Dulderin sah, «warum habt Ihr mich diese Ärmste nicht eher sehen lassen? Sie befände sich nicht in diesem erbärmlichen Zustande.»

Sie kramte in ihrem kleinen Tragkorb und holte ein Löffelchen und zwei Eier heraus. «Blanche Gamond, könnt Ihr mich hören?»

Aus großen Augen sah die Kranke zu ihrer Besucherin auf. Dann nickte sie schwach.

«Das ist gut. Ich bin mehrmals hergekommen in der Absicht, Euch zu besuchen und kennenzulernen. Aber man hat mich immer abgewiesen. Habt Ihr mich verstehen können?»

Und wiederum nickte Blanche Gamond.

«Ich habe Euch hier zwei Eier mitgebracht. Sie sollen Euch stärken.»

«Was für eine Einfalt!» höhnte die Roulatte. «Seit zwei Wochen nimmt sie keine Nahrung mehr zu sich.»

«Weil Ihr sie schwach und elend habt werden lassen! Da, ich habe die Eier ganz wenig gekocht, damit ich den Dotter besser herausnehmen kann.» Und schon hatte sie mit dem Löffelchen die Schale aufgeschlagen und schöpfte nun vorsichtig das weiche Gelbe heraus, zwängte den Löffel zwischen die Zähne der Kranken und brachte so den Dotter in ihren Mund. Und als sie mit dem zweiten Ei ebenso verfahren war, nickt sie befriedigt. «Ich werde nun öfters zu Euch kommen, täglich, wenn es Gott gefällt, um Euch etwas zu bringen. Ich werde es beim Herrn Rektor oder beim Herrn Verwalter durchsetzen, daß man mich hereinläßt.»

Und tatsächlich erschien Fräulein Auberton nun während einer Woche regelmäßig jeden Tag. Und jedesmal brachte sie etwas zur Stärkung der Kranken mit. Trotzdem wollte sich der Zustand Blanche Gamonds nicht bessern. Im Gegenteil, in dieser Zeit verlor sie beinahe ihr Augenlicht.

Dann erschien Fräulein Auberton nicht mehr. Vermutlich hatte es die Roulatte doch durchzusetzen vermocht, daß ihr der Verwalter oder der Rektor untersagte, die Kranke weiterhin zu besuchen.

Es traf auch keine Nachricht ein, die ihr Fernbleiben erklärt hätte. Und da doch anzunehmen ist, daß sie im Verhinderungsfalle geschrieben hätte, müssen ihre Briefe abgefangen worden sein.

So schlecht es um Blanche Gamond stand, es meldeten sich doch immer wieder Leute in der Absicht, sie vor ihrem Tode noch zum Wechseln zu bringen. «Denkt Ihr nicht an Eure Seele, die nicht mit Eurem Leib sterben wird? Soll sie zu ewiger Höllenqual verdammt sein, nur, weil Ihr hartnäckig auf Eurem Irrtum beharrt?»

Meist waren es Frauen mit ihren Töchtern, die die Kranken zu bekehren versuchten, doch in gleicher Absicht kamen auch Priester in das Spital. «Sind alle, die hier liegen, von der Religion?» erkundigte sich ein Abbé bei seinem ersten Besuch.

«Ja», bestätigte Jeanne Terrasson, «wir sind alle von der Religion.»

«Und ihr seid nicht bereit zu wechseln?»

«Nein, dazu werden wir nie bereit sein. All Eure Bemühungen sind also völlig unnütz.»

«Und wer ist das, der mit zugedecktem Kopf in jenem Bette liegt?»

«Ein sehr krankes Fräulein.»

«Auch von der Religion?»

«Ja, Herr, auch von der Religion.»

Da trat der Abbé an das Bett Blanche Gamonds.

«Laßt sie im Frieden», wehrte ihm Jeanne Terrasson, «es ist möglich, daß sie schläft. Weckt sie nicht.»

Aber er scherte sich nicht um ihre Worte und nahm das Tuch von Blanche Gamonds Gesicht. «Höchste Zeit, daß Ihr an Eure Seele denkt! Euer Zustand ist bedenklich, Ihr werdet nicht mehr lange auf dieser Erde sein.»

«Herr Abbé!» entrüstete sich Anne Dumas. «Denkt vorerst an Eure eigene Seele. Ihr habt es nötig, bemüht Ihr Euch doch, zwei Herren zu dienen. Und das ist noch niemals möglich gewesen.»

«Wie meint Ihr das, ich diene zwei Herren?» fragte der Abbé überrascht.

«Nun, Gott und Eurer Kirche.»

«Gott und unserer Kirche? Das sind nicht zwei Herren, denn die Kirche gebietet, was Gottes Wille ist. Die Befehle unserer Kirche sind dasselbe, wie wenn Euch die Prediger Eurer Religion im Auftrag ihrer Synode etwas gebieten. Ihr sagt auch nicht, Euer Gott und Eure Synode seien zwei Herren.»

«Nein, das sagen wir nicht», verteidigte sich Anne Dumas, «aber zwischen unserer Religion und Eurer Religion ist denn doch ein gewaltiger Unterschied.»

«Wie meint Ihr das?»

«Unsere Religion lehrt nur, was mit den in der Heiligen Schrift offenbarten Wahrheiten übereinstimmt.»

«Mit Euch ist nicht zu rechten. Ihr seid verstockt und bleibt verstockt und wollt Euch nicht helfen lassen. Es ist sinnlos, wenn ich mich weiterhin um Euch bemühe.» Und wütend und ohne zu grüßen verließ er die Krankenstube.

Eines Morgens, als die Roulatte zu den Kranken kam, rief sie aufgeregt: «Habt ihr es bereits vernommen? Nun werden wir euch bald los sein!»

«Wieso?» erkundigte sich Jeanne Terrasson. «Werden wir endlich in Freiheit gesetzt?»

«Das würde Euch so passen!» lachte die Roulatte spöttisch auf. «In drei Tagen werdet ihr nach Amerika abgeschoben.»

«Nach Amerika?»

«Bereitet Euch nur vor.»

«Nun, ich habe gehört, daß in Amerika die Leute nicht wegen ihres Glaubens verfolgt werden.»

«Das weiß ich nicht, ich bin noch nie in Amerika gewesen, wo die Wilden sind und einander auffressen. Aber bildet Euch nur nicht ein, Ihr würdet jemals hinkommen!»

«Was soll dann Euer törichtes Geschwätz?»

«Es ist kein törichtes Geschwätz, sondern alles bis ins kleinste vorbereitet. Sobald Ihr auf dem Meere seid, wird man Euch nötigen, über ein schmales Brett zu gehen, von dem man Euch ins Meer hinunterstoßen kann. Es ist der Befehl des Königs, die Hugenotten auszurotten und die christliche Welt von dieser Plage zu befreien. Nun, was sagt Ihr jetzt dazu?»

«Ich kann nicht wissen, ob Ihr die Wahrheit sagt. Man hat schon mit andern Drohungen versucht, uns zu ängstigen. Wir erschrecken nicht mehr so leicht.»

«Und wenn es die Wahrheit sein sollte», mischte sich da Blanche Gamond mit matter Stimme ein, «so würden wir uns doch nicht davor fürchten. Ob die Fische des Meeres oder die Würmer der Erde unsere Leiber fressen, was tut's? Auf diesen kleinen Unterschied kommt es nicht an, und eines Tages, wenn es zum Gericht geht, werden Erde und Meer ihre Toten hergeben müssen.»

«Amen», ließ sich die Peloux vernehmen. «Ich weiß wohl, daß er auferstehen wird in der Auferstehung am Jüngsten Tage. Denn es wird die Posaune schallen, und die Toten werden auferstehen unverweslich, und wir werden verwandelt werden.»

«Schweigt, es hat Euch niemand geheißen, zu schwatzen», schrie Suzanne Roulatte sie an, «die ist ja ganz verdreht.»

Doch die Peloux ließ sich nicht beirren und fuhr in Ekstase fort: «Denn das Verwesliche muß anziehen die Unverweslichkeit, und dies Sterbliche wird anziehen die Unsterblichkeit, dann wird erfüllt werden das Wort, das geschrieben steht: Der Tod ist verschlungen in den Sieg, Tod, wo ist dein Stachel, Hölle, wo ist dein Sieg?»

«Die wird ohnehin in die Hölle kommen und dort schmoren wie ein Bratapfel», spöttelte die Roulatte, «was macht es da schon aus, ob sie vorher noch nach Amerika gebracht wird?»

Die Drohung der Roulatte war keineswegs aus der Luft gegriffen, es wurden Hunderte von Hugenotten um ihres Glaubens willen nach Amerika verschifft, und viele von ihnen erlagen unterwegs den Strapazen der Reise. So, wie Elie Benoît berichtet: du Cros, ein Advokat aus Nîmes, Quillet, ein Hilfsgeistlicher aus Alençon, de Paris, ein Adliger aus der Gegend von Valons, sowie Martin und Verdier aus Chamberigaud, die zusammen mit andern in die Tour de Constance geworfen wurden und dort elendiglich, doch unerschüttert in ihrem Glauben zugrunde gingen. Doch in erster Linie bediente man sich der Deportation als Drohung, um die Leute von der Religion einzuschüchtern und zum Wechseln zu veranlassen. Was mit den Dragonaden nicht hatte erreicht werden können, hoffte man nun mit der Angst vor der Verschiffung zu erreichen. Tausende von Männern und Frauen wurden oft unter den größten Grausamkeiten nach den Meerhäfen verschickt und dort bis zu ihrer Einschiffung in Gefängnisse gesteckt. Doch längst nicht alle von ihnen wurden dann auch wirklich nach Übersee verschickt. Man führte solche Transporte aus, um mit ihnen im Lande Schrecken zu verbreiten und die Standhaftigkeit der mit Deportation Bedrohten zu brechen, hieß es doch, in Amerika würden alle zu Sklaven gemacht und nicht besser als Neger oder

Tiere behandelt. (Als ob ihnen in Frankreich ein besseres Los beschieden gewesen wäre!) Und doch tat dieses neue Mittel in vielen Fällen seine Wirkung. Doch auch diejenigen, die den Versprechungen Glauben schenkten und durch einen Wechsel der Religion die Gefahr einer Deportation von sich abzuwenden hofften, wurden gar oft schmählich betrogen. Den Ketzern gegenüber brauchte ein Versprechen ja nicht gehalten zu werden, weil die Ketzer ehrlos waren und man ein gültiges Versprechen nur einem Ehrenmanne geben konnte.

Nach und nach trat dann im Zustand Blanche Gamonds doch wieder eine Besserung ein, einmal mehr trug ihre kräftige Konstitution den Sieg über Schwäche und Krankheit davon. Die fürchterlichen Krämpfe traten weniger häufig und weniger heftig auf, der Ausschlag bildete sich zurück und das Gesicht kehrte wieder, und stundenlang konnte sie liegen, den Schimmer eines Lächelns auf ihrem eingefallenen Antlitz, und durchs Fenster hinausschauen in das Grün der Baumkronen, deren Blätter im Sommerwinde sich leise bewegten.

Marcellins Hoffnung, das hübsche Mieder Blanche Gamonds zu erhalten, wurde von Tag zu Tag geringer, und mit den körperlichen Kräften kehrte auch das Interesse zurück am Ergehen ihrer Zimmergenossinnen und der andern Mitgefangenen. Jeanne Terrasson verstand es ausgezeichnet, durch geschickt gestellte Fragen manches aus der schwatzhaften und mitteilsamen Suzanne Roulatte herauszuholen, die von der neuen Spitalleitung als Wärterin für die Krankenstube bestellt worden war. Sie versah ihr Amt mit großem Eifer, so daß es Tage gab, an denen sie die Kranken nur für Augenblicke verließ und diese unter sich kein unbelauschtes Wort wechseln konnten.

Suzanne Peloux, die Irrgewordene, hatte schlimme und weniger schlimme Tage. Gefährlich aber war sie nie. Meist war sie völlig in ihre eigene Welt versponnen und kümmerte sich um nichts, was um sie herum vorging, sprach Bibelverse vor sich hin, und es war bewunderungswürdig, mit welcher Mühelosigkeit und in welcher Genauigkeit sie ihr zu Gebote standen. Dann wieder klärte sich ihr Geist, als schöben die schweren Wolken sich auseinander, die so lange den freundlichen blauen Himmel verhüllt, und sie beteiligte sich an den Gesprächen der andern, allerdings oft ohne richtigen Sinn und Zusammenhang, aber doch so, daß ihren Gefährtinnen eine mähliche Besserung ihres Zustandes nicht unmöglich erschien. Herr Durand, der Spitalarzt, kümmerte sich aber kaum mehr um sie.

Nach und nach erfuhr Blanche Gamond aus den Berichten Jeanne Terrassons, was sie im Spital von Valence alles hatte durchmachen müssen, ehe sie sich in der Krankenstube erneut begegnet waren.

Am 1. April 1687 war die Gruppe, der sie zugeteilt war, in Grenoble eingeschifft worden. Die erste Nacht ihrer Reise hatten auch sie in Romans verbracht. Anderntags, ehe sie ihre Fahrt auf der Isère fortsetzten, war ein Bogenschütze vorausgeschickt worden, um La Rapine die bevorstehende Ankunft der Gefangenen zu melden. «Einer der Hugenotten auf dem Schiff war im Besitze eines Neuen Testamentes, das er herumreichte», erzählte Jeanne Terrasson ihren kranken Gefährtinnen. «Es war eine katholische Ausgabe mit einem völlig verfälschten Text, eine jener berüchtigten Übersetzungen des Theologen von Louvain, in der von der Messe, vom Fegefeuer, von Pilgerfahrten, Prozessionen und andern Einrichtungen der katholischen Kirche in einer Weise gesprochen wurde, als hätten sie bereits zur Zeit Jesu bestanden. Ich habe nicht geruht, bis ich das Buch in Händen hielt. Mit wildem Eifer habe ich darin gelesen und meine Mitgefangenen auf die schändlichen Fälschungen des Textes aufmerksam gemacht. Oh, ich kann euch nicht sagen, wie sehr ich mich darüber empörte. Ist es nicht die schwerste aller Sünden, das reine Wort Gottes dermaßen zu verschandeln! – Als wir im Hafen von Valence angelangt waren, schlossen sich uns drei Kapuziner an und versuchten, uns noch auf dem Weg zum Spital zum Wechseln zu bringen. In dem hinter dem Spitaleingang gelegenen Hof mußten wir uns vor La Rapine aufstellen. Er musterte uns mit grausamem Blick und hatte jene bald herausgefunden, die in ihrem Glauben schwankend waren. Er teilte uns in zwei Gruppen, und ehe uns die Betten zugewiesen wurden, schrie er uns an, er habe unter uns Verstockte erkannt, denen er nur sagen wolle, daß er ihren Starrsinn zu brechen vermöge, darauf sollten sie sich nur verlassen. Wir waren sechsundzwanzig Gefangene, vier Männer und zweiundzwanzig Frauen und Mädchen. Von den Frauen wurden dreizehn in drei Stuben verteilt und die übrigen neun in einen Saal gebracht, in dem bereits fünfunddreißig andere Frauen und Mädchen hausten, die aber alle katholisch waren. Einige von ihnen hatten allerdings früher zu unserer Religion gehört, waren dann aber zum römischen Glauben übergetreten. ‚Ihr wißt, welches eure Pflicht ist, die ihr an diesen Neuen zu erfüllen habt!‘ redete ihnen La Rapine zu. Die vier Männer unserer Religion aber wurden in einem andern Saal mit einundvierzig Papisten zusammengetan.»

«Es verwundert mich, daß hier so viele Papisten gefangengehalten werden», sagte Blanche Gamond, «das bin ich gar nicht innegeworden.»

«Ehe La Rapine die Leitung des Spitals übernahm, war das auch gar nicht der Fall. Die von ihm gefangengehaltenen Papisten waren zum großen Teil Arme und Waisen, die La Rapine angeblich aus Nächstenliebe und Christenpflicht zu sich in treue Obhut genommen hatte. La Rapine und Christenpflicht, daß ich nicht lache! Das war natürlich alles schändliche Heuchelei. In Wahrheit bereicherte er sich an diesen armen Opfern, indem er die Armengelder, die er von der Stadt für sie ausbezahlt bekam, für sich unterschlug, die Armen und Waisen aber, die ja keine Fürsprecher hatten, zu Tode quälte und langsam verhungern ließ. Oder ist das etwa natürlich, daß in diesem Haus seit weniger als drei Jahren über sechzig Menschen umgekommen sind? Andere behaupten, die Zahl der in dieser Zeit Gestorbenen liege in Wahrheit viel höher und betrage mindestens hundert!»

«Es muß im Herzen dieses Menschen schwarz wie die Nacht aussehen», entsetzte sich Anne Dumas.

«Wir haben bald erkannt», fuhr Jeanne Terrasson fort, «daß man uns in Grenoble nicht zu viel gesagt hatte und wir tatsächlich in eine Hölle geraten waren. Mehrmals täglich suchte uns La Rapine in unseren Stuben auf, und jedesmal brachte er ein paar seiner Schandbuben und einige der Spitalmägde mit, die ihm dann bei seinen Teufeleien behilflich sein mußten. Sie waren mit Stöcken und Ruten versehen, aber La Rapines grausamstes Werkzeug war doch sein Ochsenziemer. Wer an die Reihe kam, mußte sich vom Gürtel aufwärts nackt ausziehen, und dann wurde auf die Hilflosen eingeschlagen, bis das Blut an ihren Leibern herunterrann. O dieser Unmensch! Ich möchte nicht an seiner Stelle büßen für das, was er auf sich geladen hat an Schuld. Heulen und Zähneklappern wird sein Los sein. Manchmal ließ er die Mägde Salz und Essig in die Wunden der Gemarterten reiben, um auf solche Weise ihre Qualen noch zu vermehren. Und wenn eine ihm widerstand, die er zum Wechseln zu überreden versuchte, konnte er so sehr in Zorn geraten, daß er ihr mit seinem schweren Schlüsselbund das Gesicht zerschlug und zerfetzte. Vier oder fünf Tage nach unserer Ankunft in Valence, es war an einem Sonntag, zwang La Rapine alle diejenigen Gefangenen, die in Stuben untergebracht waren, in die Kapelle zu gehen, um der Messe beizuwohnen. Nicht nur die Papisten, sondern auch Leute von unserer Religion, die gar nicht übergetreten waren und nicht daran dachten, je zu wechseln. Dann wurden in den Schlafsälen, die wie unser Verlies neben der Kapelle gelegen und mit dieser durch Fenster verbunden sind, die Fenster geöffnet und La Rapine befahl uns, durch unser Fenster die Messe mitanzuhören und bis zu deren Ende auf den Knien zu verharren. ,Das werden wir nicht tun', erklärte ich ihm frei ins Gesicht hinein und auf die Gefahr hin, wegen meines Widerspruchs von ihm zusammengeschlagen zu werden. – ,Und weshalb nicht?' wollte La Rapine wissen. – ,Weil wir nur niederknien, wenn wir beten', antwortete ich ihm. – ,Und das tut ihr nicht, während ihr die Messe hört?' – ,Nein, wir hören ja auch gar nicht hin, denn von der Messe steht nichts in der Bibel.' – ,O ihr Satansbraten!' schrie er in furchtbarem Zorn, ,wartet nur, bis ich aus der Messe komme! Ich werde mir eine nach der andern vornehmen und in Stücke hauen.' – Nur um seinen Zorn nicht noch mehr zu reizen, fanden wir uns damit ab, unter dem geöffneten Fenster stehenzubleiben und in die Kapelle hinunterzuschauen. Unter den Kirchgängern entdeckten wir auch die Gefangenen aus den Stuben, die, solange La Rapine noch nicht in der Kapelle war, zu uns emporblickten und uns Blicke voller Trauer und Sehnsucht zuwarfen. Da aber jede von ihnen einen Papisten als Aufseher neben sich hatte, wagten sie nicht mehr zu tun und sich etwa durch Zeichen mit uns verständlich zu machen. Doch waren schon die Blicke, die sie mit uns wechselten, zuviel. Sie entgingen den die Aufsicht führenden Papisten nicht und sie verklagten uns nachher bei La Rapine, wir hätten uns während der Messe mit den Gefangenen in der Kapelle unterhalten, was jedoch eine Lüge war. – An jenem Sonntag saß ich am Nachmittag mit drei Schwestern in unserer Stube, wo wir gemeinsam den 130. Psalm beteten: ‚Aus der Tiefe rufe ich, Herr, zu dir. Herr, höre meine Stimme, laß deine Ohren merken auf die Stimme meines Flehens!' Aber da wurde mit einemmal das in die Kapelle führende Fenster von der Kapelle her aufgestoßen. Es war Schwester Marie, die Haushälterin des Spitals, die in der Kapelle gebetet und dabei unseren Gesang gehört hatte. Ah, diese Megäre! Sie schäumte vor Wut und schrie uns an: ‚Was fällt euch ein, eure Hurenlieder vor dem heiligen Altarsakrament zu singen! Das werdet ihr teuer bezahlen müssen.' Mit diesen Worten schlug sie das Fenster zu und beraubte uns dadurch ihres lieblichen Anblicks. Es verstrich aber keine halbe Stunde, bis La Rapine und einer seiner Henkersknechte in roter Wut zu uns hereingestürzt kamen. ‚Wie könnt ihr euch erfrechen, in diesem Hause Psalmen zu singen!' – ‚Damit loben und preisen wir Gott.' – ‚Ich will euch lehren, in meinem Hause Ketzergesänge anzustimmen! Ich werde euch verprügeln, daß euch das Singen für alle Zeiten vergeht!' Und eine nach der andern von uns mußte zu ihm in den schmalen Korridor hinaus, mußte dort niederknien und wurde geschlagen, bis sie zusammenbrach. Als er auf solche Weise seine Wut an uns ausgelassen hatte und seinen Henkersknecht anwies, die Türe unseres Verlieses zu schließen, erinnerte ihn dieses Scheusal daran, daß wir am Morgen durch das geöffnete Fenster mit den Gefangenen in der Kapelle gesprochen hätten. – ‚Wahrhaftig, das hatte ich bereits vergessen', nickte er zustimmend. ‚Und welche von diesen Satanstöchtern trifft die größte Schuld?' – Mit höhnischem Grinsen wies der Bursche auf mich: ‚Sie ist die Rädelsführerin, die alle andern immer wieder zu Ungehorsam aufreizt.' – ‚So soll sie auch den ihr gebührenden Lohn empfangen', schäumte La Rapine, der sich erneut in rasende Wut gesteigert hatte. Obwohl ich mich vor

Schmerzen kaum mehr bewegen konnte, hieß er mich ein zweites Mal zu ihm in den Gang hinauskommen, wo er mich zuerst selber mit seinem greulichen Ochsenziemer schlug, bis ihm die Kräfte schwanden, worauf zwei Mägde fortfahren mußten, mich zu schlagen und zu traktieren, bis mein Leib über und über mit Blut überströmt war. Dann schleppten sie mich in das Verlies zurück, ließen mich auf dem Fußboden liegen und versperrten die Türe. Weinend und klagend nahmen meine selbst übel zugerichteten Schwestern sich meiner an. Ach, wie wohl tat mir in meinem Elend ihre Liebe! – ‚Könnten wir doch nur einen Teil Eurer Schmerzen auf uns nehmen und für Euch ertragen!' sagten sie. – Doch leider verharrten nicht alle von ihnen in ihrer damaligen Standhaftigkeit. Eingeschüchtert durch die ständigen Bedrohungen, die unsere Verfolger ohne Unterlaß gegen uns ausstießen, aber auch verführt durch das schlechte Beispiel, das manche von den in den Stuben eingesperrten Gefangenen ihnen gaben, indem sie, um weiteren Peinigungen zu entgehen, ihre Religion wechselten, wurden auch zwei meiner Gefährtinnen schwach und schworen ab. Von neun Hugenottinnen, die in den Kammern untergebracht waren, blieb schließlich eine einzige dem wahren Glauben treu, eine Demoiselle de Nonnières aus dem Dauphiné. Auch sie hatte den sie peinigenden Soldaten bereits das Versprechen gegeben, überzutreten, hatte dann aber dieses Versprechen in dem gegen sie durchgeführten Verfahren widerrufen. Und da war noch eine andere, die wie Demoiselle de Nonnières ihr früher gegebenes Versprechen, zu wechseln, widerrief. Das war die vierundzwanzigjährige Judith Riory aus Mommeyran. Und eine dritte, die aber nicht zu widerrufen brauchte, da sie standhaft geblieben war und fest blieb bis ans Ende, war Antoinette Besson aus St-Auban. Sie besaß nur wenig Bildung und konnte kein Wort lesen. Von unseren Gebeten kannte sie lediglich das Unservater und das Symbolum der Apostel, so daß wir mitunter argwöhnten, sie gehöre gar nicht zu unserer Religion. Aber wir taten ihr Unrecht mit unserem Mißtrauen, immer wieder durften wir erfahren, daß sie erleuchtet war vom Heiligen Geist. – Es war ja an sich auch kein Wunder, daß so viele den Grausamkeiten La Rapines auf die Dauer nicht hatten widerstehen können, denn immer wieder hatte er sie auf das teuflischste gequält, um sie zum Wechseln zu zwingen und seinen Ruf, den er weitherum genoß, der erfolgreichste aller Ketzerverfolger zu sein, auch zu rechtfertigen.»

«Und was habt ihr arbeiten müssen?» fragte Blanche Gamond.

«Was man uns für Arbeit zuwies? Nun, wir mußten tun, was in jedem Hause besorgt werden muß: fegen, kehren, spinnen und nähen, und man war darauf bedacht, daß wir pausenlos beschäftigt waren, selbst wenn die Arbeit, die wir zu verrichten hatten, völlig unnütz oder gar sinnlos war.»

«So verfuhren sie ja auch mit uns.»

«Man hieß uns im Garten Wasser schleppen und goß das Wasser im Hof aus, und wenn wir fragten, warum denn diese unnütze Arbeit von uns gefordert werde, erklärten sie uns, das geschehe, um unsere Kräfte zu verbrauchen und uns rascher gefügig zu machen.»

«Das alles haben auch wir durchmachen müssen.»

«Erzählt doch noch, wie Herr Clary uns versuchte», bat Anne Dumas.

«Den kennt Ihr auch?» fragte Blanche Gamond verwundert.

«Den haben wir tatsächlich auch kennengelernt», bestätigte Jeanne Terrasson. «Er hat eine ganz traurige Rolle gespielt. Vielleicht wißt Ihr, daß Herr Clary ehemals reformierter Pfarrer von Die gewesen ist, wo ich selber herkomme. Er hat aber gewechselt, erhält dafür nun ein Jahresgehalt und bemüht sich, die Gefangenen im Spital von der Richtigkeit seiner traurigen Handlungsweise zu überzeugen und sie so zum Wechseln zu veranlassen. ‚Ergebt Euch, und wenn es auch nur wäre, um Euch aus Eurem Elend zu befreien!' versuchte mich diese Schlange zu verführen.»

«Mit genau denselben Worten wollte er auch mich überreden», sagte Blanche Gamond. «Was hat er Euch sonst noch vorgemacht?»

«Er sagte, in Wirklichkeit sei der Unterschied zwischen den beiden Religionen gar nicht so groß, so daß ich mich dieser oder jener zuzählen könne.»

«Ah, dieser Beelzebub!»

«Das ließ ich ihm natürlich nicht gelten und erklärte ihm, der Unterschied zwischen beiden Religionen sei so groß wie der Unterschied zwischen Tag und Nacht. – ‚Nun', antwortete er mir nach einiger Überlegung, ‚wenn Ihr nicht glauben könnt, was die andere Religion lehrt, dann laßt es eben bleiben und begnügt Euch damit, Euch äußerlich zu unserer Religion zu bekennen.' – Darauf bin ich ihm aber die Antwort nicht schuldig geblieben. ‚Kann man sich zu einer Religion bekennen und das Gegenteil tun von dem, was sie lehrt, ohne ein erbärmlicher Heuchler zu sein, dessen Teil die Hölle sein wird?' – Solche Worte brachten ihn in die größte Verlegenheit. Das Blut schoß ihm in den Kopf und der Schweiß trat in großen Tropfen aus seiner Stirn. Er mußte einsehen, daß bei mir nichts auszurichten war, vielleicht schämte er sich doch ein wenig in seinem Herzen, da er doch in früheren Jahren in gleicher Weise gesprochen hatte wie ich. Aber Ihr kennt ihn ja auch, er ist hinter allen her, die noch nicht gewechselt haben, dafür wird er ja bezahlt.»

«Er hat auch mich zu überlisten versucht und hat auch bei mir nichts ausgerichtet», bemerkte Anne Dumas, und Blanche Gamond hatte dieselben Erfahrungen gemacht.

Jeanne Terrasson blickte eine Weile düster vor sich hin, ehe sie fortfuhr in ihrem Bericht: «Und dann kam jener entsetzliche Tag, an dem mich La Rapine vor sich kommen ließ und mir hohnlächelnd eröffnete, mein Mann sei gekommen und warte auf mich unten im Hof beim Eingang des Spitals. Mein Mann? Hatte ich richtig gehört? Ihr müßt wissen, daß mein Mann nach der ersten Bedrohung schwach geworden und übergetreten ist. Ich wurde hinuntergeführt, doch als ich ihn vor mir sah, da versagten mir die Knie. Mein Mann, André Reymond, sah aus wie ein Gestorbener. – ‚Warum seid Ihr hergekommen?' rief ich und die Tränen rannen mir vor Elend aus den Augen. ‚In Eurem Zustand wäret Ihr besser daheim geblieben und hättet Euch gesund pflegen lassen. Wie konntet Ihr nur die zwölf Meilen hierherkommen? Ihr habt doch gewußt, daß nichts etwas abträgt und daß ich nur dann frei werden will, wenn ich die Freiheit nicht mehr mit meiner Religion erkaufen muß. Tag und Nacht erflehe ich von Gott diese Gnade!' – ‚So laßt sie doch endlich frei, habt Erbarmen mit ihr, erbarmt Euch auch meiner!' flehte mein Mann und sank vor La Rapine auf die Knie nieder. ‚Ich habe in meinem Zustand die Reise hierher kaum zu überstehen vermocht. Laßt die Mühsale, die ich auf mich genommen habe, nicht umsonst gewesen sein!' – Sein Jammern schnitt mir ins Herz. – ‚Das hängt allein von Eurer Frau ab', antwortete ihm La Rapine mit eiskalter Stimme, und an mich gewendet sagte er: ‚Seht zu, zu was Ihr Euch nun entschließt. Euer Mann hat mir Geld angeboten, damit ich Euch die Freiheit gebe. Aber um Geld kommt Ihr nicht frei. Es ist eine Verrücktheit, daran nur zu denken. Je mehr Ihr mich darum bittet, um so härter werde ich. Ihr müßt abschwören, anders kommt Ihr hier nicht hinaus!' – ‚Herr, habt doch ein Einsehen, übt doch wenigstens einmal Barmherzigkeit! Nehmt, was Euch mein Mann anbietet, und wir werden es Euch nie vergessen. Ihr würdet es nicht zu bereuen haben, Ihr bekämet, was immer Ihr von ihm verlangtet.' – ,Eure Tränen rühren mich nicht, und Euer Geschwätz, mit dem Ihr mir nur meine wertvolle Zeit wegstehlt, ist völlig sinnlos. Ihr kennt meine Bedingungen. Wechselt, wenn Ihr frei zu werden hofft!'-,Um solchen Preis möchte ich nie frei werden. Gott helfe mir, stark zu bleiben.' – Als mein Mann erkennen mußte, daß ich in meinem Entschluß, in meiner Religion zu verharren, noch immer nicht wankend geworden war, sah er mich in trauriger Verzweiflung an. ,So hat es keinen Sinn, daß ich noch länger bleibe. Was mich hergetrieben hat, kann doch nicht in Erfüllung gehen, da ich von Euch nicht verlangen darf, gegen Euer Gewissen zu handeln. Ich befehle Euch der Gnade Gottes an, sein Wille geschehe!' – Als La Rapine sah, daß auch mein Mann mich nicht zu beeinflussen und nichts zu erreichen vermochte, gebot er, ihn wegzuführen. ,Und Ihr', schrie er mich an, ,Ihr kommt in ein Verlies, in dem Ihr in längstens sechs Wochen krepiert sein werdet!' – Drei Mägde mußten mich in den Kerker zurückführen, in dem ich zuerst eingesperrt gewesen war. Sie befahlen mir, ihn und auch die beiden daneben gelegenen Kerker zu kehren und mit der Arbeit unverzüglich zu beginnen. Es fiel mir sofort auf, daß in eine der Türen eine Unzahl von langen Nägeln getrieben war, deren Spitzen handbreit aus dem Holz hervorstanden und nicht umgeschlagen waren. Ich wunderte mich darüber und fragte die mich beaufsichtigenden Mägde, was denn diese Nägel zu bedeuten hätten. – ,Sorgt nur dafür, daß Ihr sie nicht an Eurem eigenen Leib zu spüren bekommt.' – ,Wie das, ich verstehe euch nicht.' Und ein kalter Schauer lief mir über den Rücken. – ,Nun denn, diese Nägel hat Herr de la Rapine eigens durch das

Holz dieser Türe treiben lassen, um Leute von Eurer Art, die nicht nachgeben wollen, zum Gehorsam zu zwingen. Da, stellt Euch nur hier an die Wand.' – Ich gehorchte zögernd, worauf eine der Frauen die Tür gegen mich drehte, gerade so weit, daß die Spitzen der Nägel mich berührten. – ‚Ein Tritt gegen die Tür, das ist eine ganz einfache Methode, Starrköpfige zur Einsicht zu bringen', lachte die Magd und ließ mich, die ich vor Schrecken an allen Gliedern zitterte, aus der Ecke hervorkommen. – ‚Nun wißt Ihr, was Euch bevorsteht.' – Von Furcht beinahe gelähmt, fuhr ich fort, den scheußlich stinkenden Unrat zusammenzukehren. Als ich aber nach einer Schaufel und einem Kübel fragte, um den Haufen wegtragen zu können, da lachten mich die Mägde aus: ‚Glaubt Ihr wohl? Ihr würdet mit dem Unrat ja auch die Flöhe und Wanzen entfernen, die Euch hier Gesellschaft leisten sollen.' – Und in der Tat bekam ich in der Nacht das Ungeziefer zu spüren, daß ich vor Schmerzen laut aufschrie und zuweilen glaubte, den Verstand verlieren zu müssen. Aber noch nicht genug, um uns in ständige Furcht zu versetzen und uns das Leben zur wahren Hölle zu machen, ließ La Rapine wilde Hunde in den vor den Kerkern gelegenen Gang sperren, deren furchtbares Gebell uns bis ins Herz erbeben ließ. Einmal wurde an Stelle der Hunde ein Wildschwein in den Gang getrieben, und es kam vor, daß La Rapines Henkersknechte in ihrer Grausamkeit gegen uns so weit gingen, daß sie die vom Gang in die Kerker führenden Türen öffneten und damit die Gefangenen der Wut der Tiere ausgeliefert waren. Ich selber habe das nie erdulden müssen, aber von Demoiselle de Leuze weiß ich, daß das auf sie losstürmende Schwein sie zu Boden schlug und ihr das Kleid zerriß. Sie selber wurde wunderbarerweise weder gebissen noch sonstwie verletzt; aber die furchtbare Angst, die sie auszustehen hatte, machte sie krank. Siebzehn Tage ließ man mich in jenem Kerker. Ich bekam in dieser Zeit gerade soviel zu essen, um nicht zu verhungern, wie es mir La Rapine vorausgesagt hatte. In diesem Punkte wenigstens hat er Wort gehalten. Nach diesen siebzehn Tagen wurde auch ich krank. Ich war nicht mehr fähig, irgendwelche Nahrung aufzunehmen, und als ich drei Tage lang in diesem erbärmlichen Zustand mit hohem Fieber auf dem Boden des Kerkers gelegen hatte, ließ mich La Rapine aus dem Schreckensloch herausnehmen und hierher in die Krankenstube bringen. Und seither liege ich da und habe mich soweit erholt, daß ich jeden Tag befürchten muß, aus dieser stillen Kammer herausgenommen und dem Leben in Arbeit und Grausamkeit zurückgegeben zu werden. Ihr seht, ich habe hier in Valence viel Verfolgung erdulden müssen; aber ich habe auch erfahren dürfen, daß immer dann, wenn ich mich ausweglos im tiefsten Elend glaubte und ich am traurigsten war, der Heilige Geist vom Öl seines Trostes in mein Herz goß. Dann habe ich etwas von der Seligkeit verspürt, die das Bewußtsein gewährt, in Gottes Gnade und Erbarmen eingehüllt zu sein, und ich habe in meinem Herzen mit dem Psalmisten gesungen: ‚Und ob ich schon wanderte im finstern Tal, fürchte ich kein Unglück; denn du bist bei mir, dein Stecken und Stab trösten mich.‘»

«Amen, amen, halleluja, amen», sagte die Peloux in die eingetretene Stille hinein.

Die Flucht

Als am 1. September 1687 die Wärterin Suzanne Roulatte die Krankenstube verließ und die Kranken unter sich waren, sprach Anne Dumas die Worte aus, die bestimmt auch noch andere der drei Schicksalsgefährtinnen – die irre Peloux war ja nicht zu rechnen – in ihrem Herzen bewegt haben mochten, seitdem in ihrer aller Zustand eine merkliche Besserung eingetreten war: «Warum entfliehen wir nicht durchs Fenster? Warum sollen wir nicht versuchen, unsere Ketten zu brechen?»

«Wie sollte uns das möglich sein!» entsetzte sich Blanche Gamond, «mir wird schwindlig beim bloßen Gedanken, von hier oben in eine solche Tiefe hinabzusteigen.»

Und tatsächlich war die Krankenstube im vierten Stockwerk, unter dem Dach gelegen. «Wir würden zu Tode stürzen und uns Hals und Bein brechen. Man würde uns ergreifen, uns von neuem einsperren und uns noch ärger mißhandeln als bisher. Wenn ich all das, was ich bisher durchmachte, noch ein zweites Mal erleiden müßte, ich hielte es nicht aus, es wäre mein sicherer Tod. Dann doch noch lieber nach Amerika deportiert werden. Wenn die Stunde da ist, liebe Schwestern, wird Gott uns befreien, wie er uns von La Rapine erlöst hat. Das ist meine Überzeugung.»

«Wenn Gott uns aber die Möglichkeit gibt, zu entfliehen, dann müssen wir selber handeln», widersprach ihr Anne Dumas. «Hätte ich all das durchmachen müssen, was Euch, Schwester Gamond, und Euch, Schwester Terrasson, auferlegt worden ist, ich hätte das gar nicht ausgehalten und wäre zugrunde gegangen. Wenn wir aber noch länger hierbleiben, wird man uns Hungers sterben lassen oder uns nach Amerika verschicken, und weil wir ja noch immer krank und schwach sind, wird es uns auf der Reise von Tag zu Tag schlechter gehen. Und wenn wir erst einmal halbtot sind, werden sie uns ins Meer werfen, um uns für immer los zu sein.»

«Ja, das ist wahr», pflichtete ihr Jeanne Terrasson bei. «Wenn wir nur ernstlich wollen, ist eine Flucht durch dieses Fenster bestimmt möglich. Aber es kommt mir vor, als wollten wir die Mittel nicht erkennen und nicht ergreifen, die Gott selber uns in die Hand gibt. Ich bin der Meinung, wir sollten mutig sein und es wagen.»

«Ja, Schwestern in Christo», ließ sich da die Peloux mit ruhiger Stimme vernehmen, «dieser Meinung bin ich auch. Ergreifen wir das Heil.»

«Sie wird uns alle verraten», sagte Anne Dumas bekümmert. «Wenn sie vor der Roulatte schwatzt, wird diese mißtrauisch und alles ist verloren.»

Zu aller Überraschung schüttelte da die Peloux den Kopf und erwiderte, als sei sie klar bei Besinnung: «Ich werde euch nicht verraten, fürchtet nichts, liebe Schwestern, ich werde mit euch fliehen.»

Die drei Frauen warfen sich erstaunte Blicke zu. Wie sollten sie sich das erklären? War es möglich, daß der Geist der Demoiselle Peloux plötzlich gesund geworden war? Oder sollte sie sich bisher nur verstellt haben, um in Ruhe gelassen zu werden? Irgendwie kam ihnen das Verhalten ihrer Gefährtin unheimlich vor.

«Habt ihr das Fenster untersucht?» fragte die Peloux. «Es ist mit einem Gitter aus Messingdraht verschlossen. Habt ihr euch überzeugt, daß sich das Gitter öffnen läßt?»

«Ja, ich habe mich schon früher danach umgesehen», antwortete Anne Dumas, «das Gitter läßt sich ohne Schwierigkeit mit einem Nagel auftun.»

«Und wie wollt ihr hinuntergelangen?» fragte Blanche Gamond.

«Wir schneiden ein Leintuch in Streifen und knüpfen und nähen die Streifen aneinander», sagte Demoiselle Dumas, die wohl am meisten von allen über die Möglichkeiten einer Flucht nachgedacht hatte. «Ich besitze zwei eigene Leintücher. Die können wir nehmen, sie sind stark genug.»

«Werden sie auch bis hinunterreichen?» bangte Blanche Gamond, die von der Richtigkeit des vorgeschlagenen Unternehmens noch immer nicht überzeugt war.

«Das läßt sich doch wohl auf einfache Weise nachprüfen», lächelte Suzanne Peloux, kroch aus ihrem Bett und trat zum Entsetzen der andern ans Fenster. Sie betastete überlegend Messinggitter und Vorlegeschloß, spähte durch das Gitter zu den Dachbalken empor und erklärte: «Wir stellen erst einmal aus den beiden Leintüchern von Demoiselle Dumas den Strick her, den wir benötigen, beschweren sein Ende – vielleicht mit unserem Kübel» – fügte sie mit einem Kichern bei, «und lassen ihn sorgfältig am Fenster des Herrn Rektors vorbei hinunter. So läßt sich feststellen, ob unser Strick lang genug ist oder allenfalls noch verlängert werden muß. Mit den Streifen eines dritten Leintuches, das wir ohne viel Umstände aus einem der Betten nehmen werden.»

«Ja, so wird es richtig sein», stimmten ihr die andern zu, ohne es verstehen zu können, daß Demoiselle Peloux nun auf einmal die Vernünftigste von ihnen allen sein sollte.

Da die Roulatte noch immer nicht zurückgekehrt war, machten sich die vier Frauen unverzüglich daran, die beiden Leintücher der Demoiselle Dumas und dann gleich noch ein Spitalleintuch in je sechs Streifen zu schneiden und die Streifen aneinander zu befestigen.

«Heute nach Mitternacht, wenn alles schläft», hatte Anne Dumas bestimmt.

Aber dann kam die Wärterin zurück und sie mußten ihre Arbeit unterbrechen. Sie standen Todesängste aus beim Gedanken, daß die Roulatte die Leintuchstreifen auf ihren Betten entdecken und damit ihre Flucht vereiteln könnte. Es war kaum auszuhalten.

Als es dunkel geworden war, lagen sie in ihren Betten, bemühten sich, möglichst ruhig zu atmen, und befürchteten doch, das wilde Klopfen ihrer Herzen werde sie noch verraten.

Dann, als es auf zehn Uhr ging, begann plötzlich und zu aller Schrecken die Spitalglocke zu läuten. Das war etwas ganz Ungewöhnliches, also mußte etwas vorgefallen sein. Waren ihre Absichten bereits erkannt und verraten worden?

Die Roulatte, die seit einiger Zeit wieder in der Krankenstube schlief, ihr Bett hinter einem gezogenen Vorhang hatte und bereits zur Ruhe gegangen war, kam hervorgestürzt.

«Was soll das Läuten?» fragten die Kranken.

«Ich weiß es auch nicht und werde mich erkundigen, was vorgefallen ist.»

«Heute wird es nicht mehr möglich sein», sagte Anne Dumas, als Suzanne Roulatte die Stube verlassen hatte. «Wir werden unsere Flucht verschieben müssen.»

Da kam die Roulatte zurück. «Es sind Diebe durch den Garten in die Küche eingedrungen, um zu stehlen. Aber sie wurden vertrieben.»

Nun war im Gang Lärm zu hören, eilende Schritte, aufgeregte Stimmen. Die Roulatte öffnete die Tür, um nachzusehen, was es gebe.

«Man wollte uns verbrennen», hörten sie einen Mann, «man hat in der Küche Feuer gelegt.»

«Ja», rief ein anderer, «sie wollen uns alle verbrennen, um uns los zu sein.»

«Flieht, flieht, solange es noch möglich ist!»

«Gott im Himmel, sie verbrennen uns! Wir gehen alle zugrunde!»

Immer lauter wurde das Schreien, Weinen und Jammern in den Gängen und auf den Treppen. «Wir gehen zu Abbé Genest, wir gehen zum Rektor. Er soll uns beschützen.»

«So weckt doch endlich die Spitalknechte!»

«Sie selber haben ja das Feuer gelegt, um uns kaputtzumachen! O Gott, erbarme dich unser!»

«Ich werde zu Abbé Genest gehen», entschied sich die Roulatte.

«Sollen wir nicht versuchen, über die Treppe zu entfliehen?» schlug Anne Dumas vor, als die Roulatte draußen war.

«Das wird nicht möglich sein, da ganz bestimmt die Türen bewacht werden», überlegte Jeanne Terrasson.

«Aber wir wollen doch nicht in den Betten liegenbleiben und uns verbrennen lassen!» sagte Blanche Gamond.

«Nein, das wollen wir nicht», schloß sich ihr Suzanne Peloux an und stand auf. Da erhoben sich auch die andern und drängten in den Gang hinaus.

Die Spitalglocke bimmelte immer noch.

«Es ist alles nur dummes Geschwätz», riefen die Leute im Gang durcheinander.

«Niemand hat Feuer gelegt. Ein paar der Diebe haben sie erwischt, einige konnten entfliehen.»

«Nein, heute nacht wollen sie uns noch nicht verbrennen», jammerte eine Papistin, «heute nicht, da wir gewarnt sind. Aber an einem andern Abend werden sie es tun. Wenn wir ahnungslos und bereits im Schlaf sind.»

«So ist es. Dann werden sie uns überfallen und verbrennen. Der Geist La Rapines geht um.»

«Wir werden uns ein paar Tage gedulden müssen», entschied Anne Dumas. «Jetzt sind alle aufmerksam und werden im Garten aufpassen.»

Das war am 1. September gewesen. Da die Frauen in der Krankenstube befürchten mußten, ihre Vorbereitungen könnten doch eines Tages entdeckt werden, durften sie nicht zu lange zögern.

Am Samstag, dem 5. September, faßten sie den Entschluß, ihren Plan in der kommenden Nacht auszuführen.

Natürlich mußten sie warten, bis ihre Wärterin, Suzanne Roulatte, eingeschlafen war. Dann befahlen sie ihre Seelen und Leiber in besonderer Weise Gott an und schlichen auf nackten Füßen, um den im Zimmer unter ihnen schlafenden Abbé Genest nicht aufzuwecken, zum Fenster.

Es war kurz nach Mitternacht. Noch einmal prüften sie jeden einzelnen Knoten ihres Leintuchstrickes auf seine Verläßlichkeit, dann banden sie den Strick an einem der Dachbalken fest, nachdem sie mit geringer Mühe das Messinggitter entfernt hatten. Aber als es dann daranging, durch das Fenster zu steigen und sich an den Leintüchern hinunterzulassen, kam Jeanne Terrasson und Blanche Gamond ein Grauen an.

«Diese fürchterliche Tiefe! Geht ihr, wir bleiben doch besser zurück.»

«Das dürft ihr uns nicht antun, nein, ihr dürft uns nicht im Stiche lassen.»

Blanche Gamond und Jeanne Terrasson waren am kränksten gewesen und waren immer noch schwach, viel zu schwach für dieses Abenteuer.

Aber sie ließen sich überreden. Sie durften ja auch nicht säumen, da die Roulatte jeden Augenblick etwas hören und erwachen konnte.

Allen voran stieg Suzanne Peloux aus dem Fenster, griff nach den Tüchern, schwang sich hinaus und entglitt in die Tiefe.

O welche Ängste standen die andern aus. Würden die Tücher halten? Dann merkten sie am leisen Schwanken der Tücher, daß die Peloux den Boden erreicht hatte. Denn dieses Zeichen hatten sie vereinbart.

«Herr, in deine Hände befehle ich meinen Geist», betete Jeanne Terrasson, die als zweite an der Reihe war, und schwang sich hinaus. Sie sah noch das Fenster des Zimmers, in dem Abbé Genest schlief, und wunderte sich, daß er nicht aufwachte. Gott schien wirklich seinen Schlaf schwer gemacht zu haben, um ihr Vorhaben gelingen zu lassen.

Dann fühlte sie eine Schwäche in den Händen, die rasch zunahm, so daß sie sich nicht mehr richtig festhalten konnte, sie rutschte, da versagten auch die Arme den Dienst und sie stürzte hinunter auf das Pflaster der Straße.

Wie mit Messern fuhr es ihr durch den ganzen Leib, vor allem schmerzten sie Lenden und Rücken. Sie röchelte. Nun würde man sie ergreifen und zurückbringen. Aber sie verhielt sich ganz ruhig, um nicht etwa auch die Flucht der andern zu vereiteln.

Wie durch Nebel hindurch nahm sie wahr, daß nach einer Weile Anne Dumas an den Tüchern herunterkam und heil und ganz den Boden erreichte.

Nun trat als Letzte noch Blanche Gamond die gefahrvolle Flucht an. Aber kaum daß sie aus dem Fenster gestiegen war und sich nun an den Tüchern festklammerte, ließen sie ihre Kräfte auch schon im Stich. Eine siedende Hitze kroch ihr über den Rücken, alles um sie herum begann sich zu drehen. Einer solchen Anstrengung war ihr geschwächter Körper noch nicht gewachsen. Sie hörte die Knochen ihrer gemarterten Arme in den Gelenken knacken, und nun merkte sie mit Entsetzen, daß sie nicht weiter kam, da sie mit dem Saum ihres Rockes an einem Nagel des Fensters hängengeblieben war. So mußte sie mit einer Hand den Tuchstrick loslassen, um den Rock vom Nagel zu lösen.

Aber es gelang ihr nicht, es fehlte ihr die Kraft dazu.

«Herr Jesus! Nimm meinen Geist zu dir!» schrie sie in wilder Verzweiflung, nahm den Leintuchstreifen in den Mund, biß sich krampfhaft daran fest, löste nun auch die andere Hand, um mit beiden Händen den Rock frei zu bekommen. Das gelang ihr denn auch nach einer Anstrengung, die sie der letzten Kräfte beraubte, wieder umschloß sie die Tücher mit beiden Händen, ließ sich hinunterrutschen, die Hände aber waren gefühllos und wie gelähmt, sie stürzte und schlug unten auf das Pflaster.

Suzanne Peloux und Anne Dumas, die beiden Gefährtinnen, die heil unten angelangt waren, stürzten auf sie zu, legten sie zurecht und fragten ängstlich und voller Liebe und Anteilnahme, wo sie sich weh getan habe.

«Ach, liebe Schwestern», flüsterte Blanche Gamond stöhnend, «überall, an allen Gliedern. Wie es Gottes Wille gewesen ist. Ich muß mir das Bein gebrochen haben. Vielleicht ist es aber auch nur verrenkt. Ich bitte euch, bindet es mir mit meiner Schürze hinauf, damit ich es mit dem Arm halten und stützen kann. Dann wollen wir doch zu fliehen versuchen.»

Das Bein mußte gebrochen sein, denn als sie es mit der Schürze wie in einer Schlinge hinaufbanden, empfand Blanche Gamond so rasende Schmerzen, daß sie für Augenblicke das Bewußtsein verlor. «Laßt mich hier liegen», hauchte sie, als sie wieder zu sich kam, «ich werde euch nicht folgen können und euch nur hinderlich sein. Geht nur, geht, ihr dürft keine Zeit verlieren!»

Aber die andern wollten das nicht zugeben. «Sind wir einmal jenseits der Mauer, dann werden wir Freunde finden, die uns beistehen können. Wir wollen Euch stützen.» Es war Suzanne Peloux, die mit Blanche Gamond sprach.

«Und Schwester Terrasson?»

«Sie ist gestürzt wie Ihr, wird aber dennoch mit uns kommen können. Doch müssen wir uns beeilen, damit wir nicht noch entdeckt werden.»

Da ließ sich denn Blanche Gamond aufrichten. Sie hatte fürchterliche Qualen auszustehen, bis sie auf dem einen Bein stand. Auf der einen Seite wurde sie von Suzanne Peloux, auf der andern von Anne Dumas gestützt. Hinter ihnen schleppte sich Jeanne Terrasson. Langsam bewegten sich die vier Frauen vorwärts, dem Stadttor zu. Sie hielten sich im Schatten der dem Spital entlang stehenden Platanen, um von einem, der etwa durch ein Fenster hinausschauen sollte, weniger gut gesehen zu werden.

Nach etwa siebzig qualvollen Schritten hatten sie das Tor erreicht. Zu ihrem Schrecken fanden sie es verschlossen.

«O du Allmächtiger!» stöhnte Blanche Gamond und ließ sich, völlig erschöpft, zu Boden niedergleiten. «Was soll nun mit uns geschehen?»

«Mademoiselle Gamond, könnt Ihr nicht mehr?»

«Laßt mich hier liegen und sterben!»

«Nein, das geben wir nicht zu», sagte Anne Dumas, «soll denn alles, was Ihr erlitten habt, umsonst gewesen sein?»

«Da das Tor verschlossen ist, müssen wir über die Mauer hinüber», entschied die Peloux.

«Über die Mauer? Mit einem gebrochenen Bein?» stöhnte Blanche Gamond, «wie sollte das möglich sein?»

«Auch ich werde es nicht schaffen können», seufzte Jeanne Terrasson.

«Doch», erklärte Anne Dumas, «mit Gottes Hilfe wird es gelingen, er hat uns auch bis hierher geholfen.»

Und unter unsäglichen Anstrengungen gelang es den vereinten Kräften der Peloux und der Dumas tatsächlich, vorerst einmal Blanche Gamond auf die Mauer hinauf zu helfen. Dann bemühten sie sich um die zerschlagene Jeanne Terrasson. Und auch sie brachten sie schließlich hinauf.

«Habe ich es nicht gewußt?» triumphierte Anne Dumas, «nun haben wir das Schlimmste bereits hinter uns. Wir werden euch nun nacheinander auf der andern Seite der Mauer hinunterlassen. Dort werdet ihr euch verbergen können, bis wir Hilfe gefunden haben. Zuerst Ihr, Blanche Gamond.»

«Hier hinunter?» stöhnte Demoiselle Gamond und

schüttelte sich. «Das ist ja ein Abgrund. Ich bitte euch, verschont mich. Ihr meint es gut mit mir, liebe Schwestern, aber ich kann das nicht. Laßt mich zurück auf die Straße.»

«Und dort?»

«Gott wird mir beistehen.»

«Und Ihr, Jeanne Terrasson?»

«Ich will es versuchen. Tut mit mir, was ihr wollt.»

Da machten sie sich daran, Jeanne Terrasson auf der andern Seite der Mauer in den Abgrund hinunterzulassen. Es kostete sie unendliche Mühe. Zu ihrer Freude entdeckten sie auf der andern Seite der Mauer, gegen den Strom hin, einen Heuhaufen, in dem sie die vor Schmerzen nahezu Ohnmächtige verbergen konnten. «Da bleibt Ihr liegen. Wir werden Euch Freunde schicken, die Euch holen werden», versicherte ihr die Peloux.

Dann kletterten Anne Dumas und Suzanne Peloux auf die Mauer zurück. «Und Ihr, geliebte Schwester? Wollt Ihr es nun nicht auch versuchen? Ihr hättet es auf dem Heu besser als hier und würdet später geholt und in Sicherheit gebracht.»

«Nein, laßt mich», sagte Blanche Gamond. Wo ich auch hinfalle, falle ich in Gottes Hand. Laßt mich hier hinunter auf die Straße. Hier ist es weniger tief.»

«Es tut uns schrecklich leid um Euch. Aber Ihr sollt Euren Willen haben.»

Und sie ließen sie auf die Straße hinunter und kletterten dann mit großer Mühe wieder auf die Mauer hinauf, denn auch sie konnten nun kaum mehr nach all den Anstrengungen. «Es fällt uns schwer, Euch zurückzulassen!» riefen sie, als sie endlich oben waren. «Der Herr segne und behüte Euch!»

«Wie soll ich euch danken? Ihr habt es gut mit mir gemeint. Von ganzem Herzen werde ich Gott bitten, euch zu behüten. Nun aber beschwöre ich euch: entfernt euch unverzüglich! Ist es nicht genug, daß ich wieder in die Hände der Verfolger falle?»

Sie hörte noch, wie die beiden sich entfernten.

Nun war sie allein, ganz allein ihren grausamen Schmerzen überlassen, die sie peinigten ohne Unterlaß.

Noch war es dunkle Nacht, noch war es still in den Straßen und Gassen. Da erhob Blanche Gamond ihre Seele zu Gott und betete: «Ich bin geworden wie ein zerbrochenes Gefäß, ich aber, Herr, hoffe auf dich und spreche: Du bist mein Gott! Meine Zeit steht in deinen Händen. Errette mich von der Hand meiner Feinde und von denen, die mich verfolgen. Laß leuchten dein Antlitz über deinen Knecht; hilf mir durch deine Güte. Herr, laß mich nicht zu Schanden werden; denn ich rufe dich an.»

Dann schwanden ihr die Sinne und sie sank in Ohnmacht.

Als sie aufwachte, war es immer noch Nacht um sie her.

Ach, wäre doch jemand bei ihr gewesen, der sie getröstet hätte!

Aber da war niemand, der ein Wort des Trostes für sie hatte, und da war keiner, der sie mit einem Schluck Wasser erlabt und mit einem Tropfen Essig erquickt hätte.

«Verlaß mich nicht, Herr!» schrie sie, «o mein Gott, weiche nicht von mir! Eile herbei, mir beizustehen! O Herr, mein Befreier! Du bist meine Sonne und mein Schild. Sei mir barmherzig, erbarme dich meiner! Meine Stunde ist gekommen, ich bin verlassen von aller menschlichen Hilfe, o mein Gott!»

Dann kam es wieder wie eine Betäubung über sie. Bald wird es Tag werden, überlegte sie, dann werden sie mich finden und in das Spital zurückbringen zu meinen Peinigern. Und die Angst, die schreckliche Angst vor allen Martern und Qualen erwachte in ihr und durchkroch alle ihre Glieder, und sie hatte nur noch ein Verlangen: sterben zu dürfen, erlöst zu werden aus all diesem Elend und dieser Not.

«O Gott, erweise mir die Gnade und beende meine Leiden! Wieviel süßer ist der Tod als das Leben. Mein Wunsch ist es, bei Christus zu sein. Wieviel besser werde ich es dort haben als auf dieser Erde. Ich habe lange genug gelebt. Nimm meine Seele zu dir zurück, du mein Ewiger. O Gott, gib es zu, daß man mich heute ins Grab legt und nicht in das Spital zurückbringt! Aber nicht mein, sondern dein heiliger Wille geschehe! O Gott, aus dessen Händen wir Gnade um Gnade empfangen dürfen, der du uns von allen Übeln befreist, stärke mich, daß ich diese Trübsal mit Festigkeit ertrage. Höre auf mein Flehn, laß mein Gebet zu deinen Ohren dringen!»

Und dann endlich begann der Tag zu grauen. Doch hatte Blanche Gamond nicht die Kraft, sich zu erheben und sich den Blicken der an ihr Vorübergehenden zu entziehen. Sie fand nicht einmal die Kraft, ihre Verstümmelung, ihr gebrochenes, nacktes Bein zu bedecken.

Es war gut, daß ihr die Peloux noch die Schürze gelöst hatte, mit der das Bein vorher hinaufgebunden gewesen war.

Blanche Gamond lag da, elend, unbeweglich, am Ende ihrer Kräfte, und ihr Antlitz war das einer Toten.

Dann begannen die Schmerzen in ihrem zerschlagenen Bein wieder heftiger zu werden, so daß sie aufstöhnen mußte.

Ein vorübergehender Mann sah flüchtig auf sie hinunter und meinte spöttisch: «Ihr läget auch besser daheim als hier auf der Straße. Es sähe auch anständiger aus.»

«Wenn Ihr wüßtet, wer ich bin, dann würdet Ihr anders mit mir reden», antwortete ihm Blanche Gamond.

Von da an dauerte es, da es Sonntag war, noch eine ganze Weile, bis das Tor der Stadt gegen die Rhone hinab geöffnet wurde. Als es dann aber geschah, belebte sich die Straße, in der die Kranke lag, und es ging niemand an ihr vorbei, ohne ihr etwas Unflätiges zuzurufen.

Als wieder ein Mann daherkam und vor ihr stehenblieb, um sich zu erkundigen, weshalb sie so früh am Morgen in solchem Zustand auf der Straße liege, da fragte sie ihn, ob er nicht zufälligerweise ein Fräulein Marsilière kenne.

«Ein Fräulein Marsilière ist mir allerdings bekannt», antwortete er überrascht.

«Dann bitte ich Euch, zu ihr zu gehen und sie zu bitten, zu mir zu kommen. Ich bin mit ihr befreundet, werde verreisen und möchte mich vorher noch von ihr verabschieden.»

«Verreisen, in diesem Zustand?» argwöhnte er.

«Wie Ihr seht, bin ich verunglückt, sie wird mir beistehen. Ich bitte Euch!»

«Da Ihr mit ihr befreundet seid, will ich zu ihr gehen und ihr ausrichten, um was Ihr mich bittet. Welchen Namen soll ich ihr denn nennen?»

«Blanche Gamond.»

«Blanche – Ihr wäret – o mein Gott!» Erschreckt sah er sie an, machte eine linkische Verbeugung gegen sie hin und entfernte sich eilig.

Wenn er doch nur Wort hält und Fräulein Marsilière zu mir schickt, dachte Blanche Gamond. Wenn sie nur kommt, ehe mich die Spitalknechte zurückbringen. «O mein Gott!» betete sie, «erwecke mir doch einen barmherzigen Samariter, der zu mir kommt, sich meiner erbarmt und sich meiner annimmt. Der mir meine gebrochenen Knochen zurechtschiebt und Öl in meine brennenden Wunden träufelt!»

Und als die Schmerzen immer rasender wurden und Fräulein Marsilière noch immer nicht erschien, da sprach sie die Verse des dreizehnten und des zweiundfünfzigsten Psalms vor sich hin: «Herr, wie lange willst du mein so gar vergessen? Wie lange verbirgst du dein Antlitz vor mir? Wie lange soll ich sorgen in meiner Seele und mich ängstigen in meinem Herzen täglich? Wie lange soll sich mein Feind über mich erheben? – Ich aber werde bleiben wie ein grüner Ölbaum im Hause Gottes, verlasse mich auf Gottes Güte immer und ewiglich.» Während sie diese Worte vor sich hinsprach, hörte sie im Rücken eilig sich nähernde Schritte und bange Erwartung erfüllte sie.

Ja, sie war es, Gott sei Lob und Dank! Demoiselle Marsilière war gekommen, der Mann hatte sein Wort gehalten und ihr Blanche Gamonds Bitte übermittelt.

«Mademoiselle Gamond, Ihr habt mich rufen lassen. Da bin ich. Was ist Euch geschehen so früh am Tag? Was wollt Ihr von mir?»

«Rettet mein Leben, denn ohne Eure Hilfe bin ich verloren.»

«Euch das Leben retten? Wie sollte ich hierfür in der Lage sein? Es stehen mir nur geringe Mittel zur Verfügung.»

«Nicht so, nicht so! Helft mir, indem Ihr mir beisteht, mich von hier zu entfernen. Versteckt mich hinter der Mauer, unter einem Busch, in einem Kellerloch, damit ich sterben kann, damit ich sterben kann, ohne daß ich dabei den Blicken Neugieriger ausgeliefert bin.»

«Das ist mir nicht möglich, Ihr wißt sehr wohl, daß mir das verboten ist, und daß ich verloren bin, wenn ich tue, was Ihr von mir verlangt.»

«Erbarmt Euch meiner um der Barmherzigkeit Jesu Christi willen!» schrie Blanche Gamond in wilder Verzweiflung.

«Wollt Ihr mein Verderben?»

«Bestimmt nicht.»

«Wollt Ihr mich in Gefahr bringen und ins Unglück stürzen?»

«Ihr seid doch auch von der Religion, warum steht Ihr mir da nicht bei?»

«Wie sollte ich Euch helfen können, hier, wo jedermann mich sehen kann. Habt Ihr denn keine Vernunft?»

«Und Ihr, habt Ihr denn kein Herz?»

«Habt Ihr mich rufen lassen, um mich zu beschimpfen? Ich habe alles liegen lassen und bin zu Euch geeilt. Aber nun muß ich gehen. Denn wenn man sieht, daß ich mich mit Euch einlasse, werde ich ins Gefängnis geworfen. Wäre Euch damit geholfen?»

«So bringt Ihr es übers Herz, mich hier auf der Straße liegen zu lassen?»

«Ich kann nichts für Euch tun, so leid Ihr mir tut.»

«So helft mir doch wenigstens hinter die Mauer, damit nicht alle, die hier vorübergehen, mich sehen.»

Aber Fräulein Marsilière schüttelte den Kopf: «Ich darf es nicht tun. Ich werde nun gehen und einen Mann beauftragen, mit einem Maultier herzukommen und Euch wegzuführen. Mehr könnt Ihr von mir nicht verlangen.» Versprach sie es nur, um aus der gefährlichen Umgebung der Hugenottin wegzukommen?

«So laßt das auch noch bleiben, Mademoiselle. Denn auch damit könntet Ihr Euch Ungelegenheiten bereiten. Ihr laßt mich also hier liegen? Ihr helft mir nicht, mich hinter die Mauer zu schleppen? Ihr handelt nicht wie der Samariter.»

Fräulein Marsilière schüttelte den Kopf und sah sich ängstlich um. Sie brannte darauf, sich zu entfernen.

«Nehmt diese beiden Hemden mit, die ich in dieses Tuch eingebunden habe», und damit reichte ihr Blanche Gamond das Bündel, das die wenigen Habseligkeiten barg, mit denen sie hatte fliehen wollen.

Hastig nahm Fräulein Marsilière das Bündel an sich und verbarg es unter der Schürze. Dann entfernte sie sich eilig.

«O Mademoiselle!» rief ihr Blanche Gamond entsetzt nach, «Ihr müßt den andern Weg gehen, Ihr geht ja zum Spital! Bringt mich nicht ins Verderben! Sie werden mich wieder ergreifen und einkerkern! Ihr wißt nicht, was das heißt! Geht den andern Weg!»

Aber Fräulein Marsilière schüttelte den Kopf und beschleunigte noch ihre Schritte: «Ich kann sonst nirgends durchkommen.»

«O mein Gott!» schrie Blanche Gamond in ihrem Elend, «die Menschen haben mich alle verlassen, so habe ich nur noch dich, o mein Gott! Meine Seele liegt im Staube, erquicke mich nach deinem Wort! Ich flehe vor deinem Angesicht von ganzem Herzen: sei mir gnädig nach deinem Wort! Wo dein Gesetz nicht mein Trost gewesen wäre, so wäre ich vergangen in meinem Elend.»

Und es dauerte nicht lange, da kehrte Mademoiselle Marsilière zurück, aber nicht allein. In dem Mann an ihrer Seite erkannte Blanche Gamond mit Entsetzen den Rektor des Spitals. Also war Fräulein Marsilière den Abbé Genest holen gegangen, um solcherweise allen Meldungen und Verdächtigungen, sie habe sich mit einer Hugenottin eingelassen, die Spitze zu brechen.

Welch schändlicher Verrat von einer, die geheuchelt hatte, selber zur Religion zu gehören!

«Da seid Ihr, Mademoiselle Gamond!» rief Abbé Genest, und man sah es ihm an, wie erleichtert er war, sie gefunden zu haben. «Haben wir Euch endlich? Wir haben Euch überall gesucht. Nur heraus mit der Sprache, wer ist es gewesen, der Euch den Schlüssel zugesteckt hat, um das Gitter des Fensters zu öffnen? Gebt Auskunft, wo sind die drei andern? Wenn Ihr nicht sprecht und mir nicht die Wahrheit sagt, wird es Euch teuer zu stehen kommen!»

«Mit mir werdet Ihr bald fertig sein, bin ich mit meinem zerschlagenen Leib doch schon ein halber Leichnam. Tut mit mir, was Ihr wollt, mich schrecken Eure Drohungen nicht mehr.»

«Wo sind die andern? Wo halten sie sich verborgen?» drang der Rektor in die vor ihm auf dem Boden Liegende.

«Das vermag ich Euch nicht zu sagen. Seit zwei Uhr früh habe ich sie nicht mehr gesehen.»

«So sagt mir, wer euch das Fenster geöffnet hat?»

«Das haben wir selbst besorgt.»

«Und wer hat euch zum Schlüssel verholfen?»

«Wir haben keinen Schlüssel verwendet, sondern das Gitter mit einem Nagel und einem Stein geöffnet. Niemand hat uns dabei geholfen. Hätten wir Helfer gehabt, dann läge ich jetzt wohl nicht hier.»

«Welche von euch hat das Tuch zerschnitten?»

«Wir haben alle einander geholfen.»

«Und wer hat es am Dachbalken befestigt?»

«Darauf habe ich nicht geachtet.»

«Und wer hat das Fenster aufgemacht?»

«Auch das kann ich nicht mehr sagen», antwortete Blanche Gamond. «Ihr wißt ja selbst, in was für einem Zustand ich mich befand, und daß man mich aufheben mußte, um das Bett zu richten. Habt Ihr vergessen, daß ich beinahe blind war, daß man am Fußende meines Bettes eine Decke aufhängen mußte, um mich vor dem mich blendenden Licht im Fenster zu schützen?»

«Ich werde herausbringen, ob Ihr die Wahrheit sagt. Vorerst werden wir nun die andern suchen. Ihr bleibt hier liegen, bis ich zurückkomme.»

«Ach, Herr, wie sollte ich mich wohl entfernen können?

Wie stellt Ihr Euch das vor? Könnte ich es, dann läge ich längst nicht mehr hier. Ich habe das Bein gebrochen, denn ich bin auf das Pflaster gestürzt.»

«Es hat Euch niemand geheißen, aus dem Fenster zu klettern. Ich gehe nun.»

«Ihr bemüht Euch umsonst. Ihr werdet sie nicht mehr finden, sie sind Euch längst entwischt.»

«Das werden wir ja sehen.» Und damit entfernte er sich und Fräulein Marsilière ging mit ihm.

Es dauerte nicht lange, da kam Abbé Genest zurück und meldete frohlockend, sie hätten Jeanne Terrasson bereits gefunden. «Da werden die beiden andern auch noch nicht weit sein.»

Blanche Gamond erschrak. War das möglich? Oder wollte er sie nur quälen?

Da erschienen auf Abbé Genests Geheiß hin vier Spitalknechte und hoben Blanche Gamond auf. Zwei der Männer griffen sie um den Leib, einer hielt ihr den Kopf und ein anderer das nicht gebrochene Bein.

Sie trugen sie in das Spital zurück.

Wenn es bis dorthin auch nicht mehr als hundertzwanzig Schritte waren, so waren es doch Höllenqualen, die Blanche Gamond auszustehen hatte, denn eben sanft gingen die Knechte nicht mit ihr um.

Als sie zum Spital kamen, trugen sie sie in den vor der Küche gelegenen Hof der Knaben und legten sie auf einem Steinhaufen nieder. Dort ließen sie sie vorläufig liegen und entfernten sich in die Küche zum Frühstück.

Das alles geschah am 6. September des Jahres 1687, an einem Sonntagmorgen. Es kamen Knaben und Mädchen herbeigelaufen, umstanden den Steinhaufen, auf dem die Kranke lag, und hoben an, die vor Schmerzen fast Ohnmächtige zu verhöhnen. Es mochten an die dreißig Kinder sein, die sich da eine Freude daraus machten, die Wehrlose zu beschimpfen. «Sie hat den Teufel im Leib», grinste ein Knabe mit einer Rotznase.

«Nein, nicht den Teufel», meinte ein anderer, «böse Geister sind in ihr. Nur mit ihrer Hilfe hat sie entfliehen können.»

«Sie ist ein schändliches Hugenottenweib», sagte ein Mädchen. «Wollt Ihr Euch jetzt wohl ergeben? Jetzt könnt Ihr nicht mehr entwischen, wir halten Euch fest. Versucht es doch, zu entkommen!»

«O mein Gott», seufzte Blanche Gamond, «wie lange muß ich das wohl noch ertragen?» Und sie hob den Blick. Da gewahrte sie auf der Galerie ihre Schwestern und sah, wie sie ihretwegen weinten und voller Mitleid für sie waren.

«Bringt mir ein wenig Wasser», bat sie die Kinder, «nur ein paar Tropfen.» Aber die Kinder lachten sie aus. «Wozu sollen wir dir Wasser geben? Du must ja jetzt doch sterben.»

Nach einer Weile erschien Abbé Genest im Knabenhof. «Macht, daß ihr hier wegkommt!» verscheuchte er die Buben und Mädchen; und als sie seiner Aufforderung nur zögernd nachkamen, rief er die Knechte herbei, die eben ihr Frühstück beendet hatten. Nun aber stoben die Kinder auseinander wie die Hühner, wenn der Habicht niederstößt, doch blieben sie in einer ihnen sicher scheinenden Entfernung stehen, da sie wohl annehmen konnten, es werde nun mit der Hugenottin etwas geschehen, so daß sie sich dieses bevorstehende Schauspiel nicht entgehen lassen wollten.

Der Rektor, einigermaßen befriedigt darüber, daß zwei der geflüchteten Frauen – und gerade die beiden gefährlichsten – bereits hatten eingebracht werden können, hatte zu seiner ihm gemäßen Freundlichkeit zurückgefunden, und als Blanche Gamond seiner gewahr wurde und lallend ihre Bitte nach einem Trunk Wasser wiederholte, gab er sofort einem der Knechte Weisung, für sie aus der Küche einen Krug frischen Wassers zu holen.

Als Blanche Gamond davon getrunken, schaute sie dankbar zu Abbé Genest auf, worauf ihr dieser den Krug abnahm und den Knechten auftrug, sie vom Steinhaufen ins Haus hineinzutragen.

«Herr, würdet Ihr nicht die Güte haben, für mich ein Schaf schlachten zu lassen, damit man mich in sein warmes Fell einhüllen kann?» bat sie, «ich könnte es Euch bezahlen.»

Abbé Genest hörte sie ruhig an. «Und Ihr glaubt, daß Euch das helfen könnte? Nun gut, ich werde sehen, ob es sich machen läßt.»

Und wirklich gab er auch sofort einem jungen Burschen aus seiner Begleitung den Auftrag, das Notwendige zu veranlassen.

Dann hoben die Knechte Blanche Gamond auf und trugen sie ins Spitalgebäude hinein. Einer hielt sie am Kopf und zwei andere faßten sie um den Leib, und so stiegen sie mit ihr über die Treppen hinauf. Zuerst schrie Blanche Gamond bei jedem Schritt, den sie machten, laut auf, denn die Männer gingen grob mit ihr um und jede ihrer nicht aufeinander abgestimmten Bewegungen erschütterte sie. Es konnte nicht schlimmer sein, wenn man aufs Rad geflochten wurde. Sie hörte ihre Knochen knacken und krachen. Dann wurden die Qualen so arg, daß sie ihr das Bewußtsein raubten; alle ihre Kräfte hatten sie verlassen. Die Spitalknechte hatten vom Rektor die Weisung erhalten, sie allein in einer Stube unterzubringen; aber nun konnten sie den Schlüssel nirgends finden, um die Tür zu öffnen.

Unterdessen kam Blanche Gamond wieder zu sich. Während einer der Männer noch immer nach dem Schlüssel suchte, hielten die andern die Geschundene auf ihren Armen, der eine ließ sie sinken, der andere hob sie empor, so daß Blanche erneut den schrecklichsten Folterqualen ausgesetzt war. «Es ist besser, in die Hände Gottes zu fallen als in die seiner Freunde», stöhnte sie.

«Der Teufel mag wissen, wo der Schlüssel steckt», kehrte der Bursche unverrichteter Sache endlich zurück. «Schmeißen wir sie da zu der andern. Heute und morgen wird bestimmt keine von ihnen noch einmal zu fliehen versuchen.»

«Dieser Meinung bin ich auch, die haben einiges abgekriegt.»

«Vorwärts, schließ auf, sonst krepiert sie uns noch unter den Händen.»

Ah, welche Wohltat, auf einem Bett, auf kühlen Tüchern zu liegen!

Erst nach einer Weile drehte sie den Kopf nach der Seite. Da gewahrte sie mit freudigem Erschrecken, daß im Bett neben dem ihren Jeanne Terrasson lag. Als die Knechte hinausgegangen waren und die beiden Frauen sich etwas beruhigt hatten, versuchten sie, sich gegenseitig Mut und Trost zuzusprechen.

«Was für ein Geschenk, Euch sehen zu dürfen», seufzte Blanche Gamond. «Also ist es doch wahr, daß sie auch Euch erwischt haben. Und die andern?»

«Die sind entflohen. Ihnen ist es geglückt. Wenn es ihr gelinge, zu entkommen, dann werde sie mich holen lassen, hatte mir Demoiselle Dumas versprochen, ehe sie von mir gingen. Und sie hat Wort gehalten. Oh, sie hat wie ein Engel an mir gehandelt. Die beiden waren von gutherzigen Leuten aufgenommen und in ein Versteck gebracht worden. Und dann – ach, diese Schmerzen...»

«Was ist Euch, wo schmerzt es Euch?»

«Laßt nur, ach, es geht schon wieder vorüber», und sie seufzte schwer. Nach einer Weile fuhr sie in ihrem Bericht fort: «Und dann schickten diese Leute vier Männer zur Mauer, wo die Demoisellen Peloux und Dumas mich in einem Heuhaufen verborgen hatten. Die Männer wollten mich holen und zu den Schwestern bringen, sie kamen jedoch zu spät. Sie waren noch nicht schlüssig, wie sie mich wegbringen sollten, als auch schon die Häscher des Spitals auftauchten, die der Abbé auf meine Fährte gesetzt hatte. So mußten die Männer fliehen, wenn sie nicht sich selbst und jene, von denen sie geschickt worden waren, in Gefahr bringen wollten. Ach, wie mir da zumute war, als die Schergen vom Spital mich unter dem Heu hervorzerrten. ‚Haben wir Euch wieder! Ihr seid nicht eben weit gekommen', lachten sie mich aus. Ich aber weinte vor Elend. Und dann – dann haben sie mich hierhergebracht, und nun wird wohl die Hölle über uns hereinbrechen.»

«Wenn ich Euch doch nur helfen könnte», sagte Blanche Gamond, aber sie war außerstande, sich im Bett nur aufzurichten, geschweige denn, es zu verlassen.

Nach einiger Zeit erschien der Verwalter des Spitals, Herr de Bressac, bei den beiden Frauen. Er wandte sich zuerst an Jeanne Terrasson und fragte sie, ob sie nun nach allem, was vorgefallen sei, nicht wechseln wolle.

Aber Jeanne Terrasson schüttelte den Kopf. «Nein, soweit werdet Ihr mich nie bringen, und wenn Ihr mich zu Tode martern laßt.»

«Dann ist Euch nicht zu helfen.»

«Die wahre Hilfe kommt uns nicht von den Menschen.»

Dann trat er an das Bett Blanche Gamonds. «Und Ihr? Seid Ihr die, die sich das Bein gebrochen hat?»

«Ich bin es», sagte Blanche Gamond mit schwacher Stimme.

«Ihr seht wahrhaftig aus, als wäret Ihr bereits gestorben. Wollt Ihr nicht, ehe es soweit ist, noch wechseln, um Eure Seele zu retten?»

Aber auch Blanche Gamond blieb standhaft. «Nein, Herr, diese Freude werdet Ihr nie erleben.»

«So sollt Ihr auch den Lohn erhalten für Eure Verstocktheit», brauste der Verwalter auf.

Und er trat in den Gang hinaus. Es standen dort vier Spitalmädchen beieinander. Er rief eines herbei: «Geht, holt die Knechte, ich will diese beiden Hugenottinnen unverzüglich in eine Zelle werfen lassen.» Und wieder an die Kranke gewendet: «Dort werdet Ihr krepieren, wenn Ihr nicht wechseln wollt.»

Während eine der Mägde sich entfernte, um die Burschen zu holen, machten sich die drei andern daran, Blanche Gamond zu entkleiden. Die eine hielt sie an den Armen fest, die übrigen schnürten sie auf und rissen an ihr herum, daß sie vor Schmerzen aufschrie.

Aber all ihr Schreien half ihr nichts.

«Ihr hättet es längst anders haben können», fuhren die Mädchen sie an, quälten sie nur noch mehr und hatten ihre Freude daran.

Am schlimmsten war es, als sie ihr dann den Strumpf vom gebrochenen Bein zogen. Ihr war, als würde ihr flüssiges Blei in die Knochen gegossen.

Man ließ die beiden Frauen dann doch in der Stube, denn bei ihrem Zustand hätte der Aufenthalt in einer Zelle für sie den sichern Tod bedeutet.

Völlig erschöpft, kaum mehr ihrer Sinne mächtig, lag Blanche Gamond nachher noch lange auf dem Bett, und in diesem Zustand hatte sie nur noch den einen Wunsch, einzuschlafen, um nie mehr aufzuwachen, aus dieser Welt entrückt zu werden.

Doch ihr gemarterter Körper hielt durch, und in der Stille der Kammer, in der sie meist sich selber überlassen war, erholte sie sich wieder soweit, daß sie imstande war, neue Qualen zu erdulden.

Es erwies sich, daß Abbé Genest sein Blanche Gamond gegebenes Wort gehalten und, den Wunsch der Kranken erfüllend, für die Beschaffung eines Lammfelles gesorgt hatte, in das sie dann auch gewickelt wurde. Aber dann ließ der Spitalarzt Durand sie drei Tage lang darin liegen, ohne daß er je ihre Lage verändert oder das gebrochene Bein behandelt hätte, so daß schließlich Blanche Gamond bitten und flehen mußte, sich doch um sie zu kümmern, weil ihr die immer heftiger werdenden Schmerzen keine Ruhe mehr ließen.

Auch Jeanne Terrasson verlangte nach jemandem, der es verstand, die Glieder einzurenken und die gebrochenen Knochen richtigzulegen.

Endlich erschien dann eines Tages der Rektor mit einem Mann namens Louis Bla, von dem er versicherte, daß er sich auf dieses Geschäft verstehe.

Zuerst machte sich Bla an Jeanne Terrasson zu schaffen, deren Stöhnen und Schreie verschiedene papistische Frauen aus dem Gang in die Kammer lockten, weil sie sehen wollten, was da geschehe.

Endlich war dann die grausame Prozedur beendet und wie tot, aschfahl im Gesicht und schweißbedeckt, lag die Ärmste auf ihrem Lager.

Auch wenn Herr Bla über noch geringere chirurgische Kenntnisse verfügt hätte, wäre es ihm doch ein leichtes gewesen, festzustellen, daß die Schäden bei Blanche Gamond noch weit schlimmer waren als bei Frau Terrasson. An nicht weniger als sieben Stellen mußten ihr die gebrochenen Knochen zurechtgeschoben werden, dreimal bog ihr Bla den Fuß so weit zurück, daß seine Spitze das Bein von hinten berührte.

Blanche Gamond schrie und weinte wie von Sinnen;

wären ihr die Glieder gebrochen worden, um sie aufs Rad zu flechten, sie hätte bestimmt nicht schrecklichere Qualen auszustehen gehabt.

Die Frauen, die erst neugierig ihr Lager umstanden und dem geschäftigen Tun Louis Blas zugeschaut hatten, wandten sich der Reihe nach ab, bedeckten ihre Gesichter mit den Händen, begannen zu jammern und eine von ihnen sagte: «Wenn es auch nur Hugenottinnen sind, so zerreißt es einem doch beinahe das Herz. Daß ein Mensch das alles nur auszustehen vermag!»

«So macht, daß ihr endlich hinauskommt!» brüllte Bla sie an, fuhr mit erhobenen Händen auf sie los, daß sie aufkreischend und heulend die Kammer verließen.

Es waren einzig drei der Spitalmädchen zurückgeblieben, die, als Louis Bla seine Arbeit endlich beendet hatte, auf sein Geheiß hin die Kranke von oben bis unten in saubere Tücher wickelten, was dann Blanche Gamond, als sich die Schmerzen endlich etwas gelegt hatten, als eine unendliche Wohltat empfand.

Aber von da an überließ man die Kranken wiederum ihrem Schicksal und kümmerte sich nicht weiter um sie, auch Bla blieb aus und niemand schaute mehr nach ihren Verletzungen.

Wohl hatte Abbé Genest angeordnet, daß ihnen regelmäßig Fleischbrühe zu bringen sei, doch nichts dergleichen geschah, sei es, daß ihnen die Mädchen diese Wohltat nicht gönnten und die Brühe selber tranken, oder aber, daß die Köchin sich weigerte, die Ketzerinnen, die ja doch über kurz oder lang zugrunde gehen würden, noch in solcher Weise zu verwöhnen.

Es war aber unter den Spitalinsassen eine ältere Frau, die ab und zu in die Stube kam, um nach den Kranken zu sehen, weil sie Mitleid mit ihnen hatte, obwohl sie nicht von der Religion war.

Ihr steckte Blanche Gamond von dem Gelde zu, das sie von einer andern Besucherin heimlich erhalten hatte und bat sie, ihr und Jeanne Terrasson etwa ein Ei zu bringen, das sie dann austranken, ohne daß jemand es wußte.

Herr de Bressac, der Verwalter des Spitals, schaute mehrmals nach den beiden Frauen, doch kam er nicht, um sie zu trösten, sondern nur, um sie von neuem zu bedrohen und einzuschüchtern. «Und, habt ihr es euch nun überlegt, ob ihr wechseln wollt?»

«Wir werden es nicht tun.»

«Ihr seid unverbesserlich in eurer Starrköpfigkeit!» tobte der Verwalter. «Gebt euch jedoch nicht falschen Hoffnungen hin! Auch wenn ihr verkrüppelt seid, werdet ihr nach Amerika gebracht, wo es dann mit euch ein rasches Ende nehmen wird, wenn ihr nicht vorher in der Zelle verfault, in die ihr mit Sicherheit kommt, sobald ihr wieder stehen könnt. Merkt euch das!»

«Herr», antwortete ihm Blanche Gamond ganz ruhig, «ob ich in einer Zelle oder in dieser Stube verfaule, macht mir nicht viel aus. Tot ist tot.»

«Dieser Meinung bin ich auch», pflichtete ihr Jeanne Terrasson bei, worauf der Verwalter die Stube wütend verließ.

Diese Kammer, in der Blanche Gamond und Jeanne Terrasson untergebracht waren, lag unter dem Dach und unmittelbar neben der Krankenstube des Spitals, aus der sie zu entfliehen versucht hatten.

Nun hatten die Kinder des Spitals auf ihren Streifzügen in diesem obersten Stockwerk, wo es auch ein paar Gerümpelkammern gab, einen ausgedienten Fahrstuhl entdeckt, der auf sie eine starke Anziehungskraft ausübte. Wann immer sie konnten, kamen sie heraufgestürmt, bemächtigten sich unter wildem Geschrei des Gefährts, fuhren damit im Gang herum und hinein in die Krankenstube, da sie hier am meisten Platz hatten. Dazu verführten sie einen fürchterlichen Lärm, der den beiden Frauen in der Kammer nebenan durch Mark und Bein ging. Doch war dies nicht das Schlimmste. Die rücksichtslosen Ungeheuer machten sich einen Spaß daraus, den Wagen von einer Wand zur andern zu stoßen, und jedesmal, wenn er gegen die Wand der Krankenstube prallte, erzitterten nebenan die Betten der beiden Frauen. Die Kinder scheuten sich nicht, spielend und schreiend selbst in ihre Stube einzubrechen, und wenn Blanche Gamond oder Jeanne Terrasson sie baten, sich doch ruhig zu verhalten oder hinauszugehen, wurden sie nur noch ausgelassener, verfolgten sich um die Betten herum, packten die Gestelle und rüttelten daran, so daß die beiden Kranken wie auf der Folterbank lagen und vermeinten, es würde ihnen Knochen um Knochen aus dem Leib herausgezogen.

Doch die Kinder verspürten kein Mitleid, das Stöhnen und Weinen der Gequälten machte ihnen Spaß und war ihnen Veranlassung, sich nur noch ungebührlicher und wilder zu betragen.

Da die Mägde es nicht für notwendig hielten, die beiden Frauen täglich zu besorgen, waren sie nach einiger Zeit durchgelegen, was ihre Schmerzen noch vermehrte. Kamen dann die leichtfertigen Geschöpfe nach ein paar Tagen, um wieder einmal die Betten zu machen, bedeutete das für die Kranken eine neue, unaussprechliche Qual.

Um eine von ihnen aufzuheben, waren immer vier Personen notwendig, jede packte die Matratze an einer Ecke, und mit der Matratze hoben sie die Kranke auf und legten sie auf den Boden. Während dann zwei von ihnen das Bett in Ordnung brachten, nahmen die beiden andern Mägde die Kranke auf die Arme. Das Niederlegen auf das neu hergerichtete Bett war immer eine der größten Martern, da das ja nicht möglich war, ohne sie zu berühren.

Und da es nun soweit war, daß ihre Haut wund war, schrien, stöhnten und weinten sie ohne Unterlaß.

Als einmal Abbé Genest mit Fräulein Crest aus Valence zu ihnen in die Stube trat und mitansah und mitanhörte, wie die beiden zu leiden hatten, trat der Rektor zu Blanche Gamond ans Bett und sagte: «Wenn Ihr doch nur aufhören würdet, zu stöhnen und zu schreien! Denn dadurch wird Euer Leiden nur noch schlimmer!»

«Der Herr Rektor meint es gut mit Euch», unterstützte ihn Demoiselle Crest, die, obschon sie eine von der Religion war, es dennoch wagte, die Kranken hin und wieder zu besuchen. «Läget Ihr ruhiger, Ihr hättet weniger zu leiden.»

«Das ist wohl leichter gesagt als getan», stöhnte Blanche Gamond, «ich möchte es schon, aber ich kann es nicht. Was mich so schüttelt, ist stärker als mein Wille, so daß ich ihm gehorchen muß. Wenn nur jemand im Zimmer herumgeht, so genügen diese Erschütterungen, um mich glauben zu lassen, es würden mir alle Knochen einzeln aus dem Leibe herausgerissen.»

Fräulein Crest beugte sich mitleidig über sie: «Ich gäbe etwas darum, wenn ich Eure Schmerzen lindern könnte.»

«Ich bin aber nicht wegen Eures Schreiens heraufgekommen», sagte Abbé Genest und ging zu Jeanne Terrasson hinüber. «Hier habe ich einen Brief für Euch», sprach er sie an, «man hat mir mitgeteilt, Euer Gatte sei gestorben. Er ist, wie es heißt, im Garten Eures Schwagers vergraben worden.»

Das war nun allerdings eine schlimme Nachricht, die ihren Plänen, den Versuch zu unternehmen, gemeinsam nach der Schweiz zu entfliehen, ein jähes Ende bereitete.

Wohl versuchte Blanche Gamond, ihre Gefährtin zu

trösten, aber Jeanne schüttelte den Kopf. Mit ihrem Gatten war ihr die letzte Hoffnung auf Hilfe genommen worden. Als der Abbé gegangen war, vermochte sie ihre Tränen nicht mehr zurückzuhalten, und hemmungslos überließ sie sich ihrer Trauer.

Und doch schöpfte Jeanne Terrasson aus Abbé Genests Mitteilung nach und nach einen Trost. Denn wenn ihr Gatte im Garten ihres Schwagers und nicht auf dem Friedhof begraben worden war, dann bedeutete das, daß er aus dem papistischen Irrtum zur Religion zurückgekehrt war und seinen Frieden mit Gott gemacht hatte. Und weil er sich dazu durchgerungen, hatte Gott es anders gefügt, als sie es sich vorgenommen hatten, weil ja Gottes Wege nicht der Menschen Wege waren. Er hatte ihn aus der kämpfenden Kirche in die triumphierende Kirche emporgezogen, um ihn da mit Unsterblichkeit zu trösten und ihn die Freuden des Paradieses genießen zu lassen. So war ihr der Gatte nur ans Ziel vorangegangen, über ein kleines würde sie in der Seligkeit wieder mit ihm vereint sein. Was hatten da die Schmerzen und Heimsuchungen auf dieser Erde noch zu bedeuten?

Und tatsächlich erfuhr Jeanne Terrasson später, daß ihr Gatte im reformierten Glauben gestorben war. Allen Versuchen des Priesters gegenüber, ihn für die katholische Kirche zurückzugewinnen, hatte er widerstanden und auf dem Sterbebette sich geweigert, die ihm angebotenen Sakramente anzunehmen.

«Nun habe ich meinen Vater und meine Mutter, meinen Gatten und meine Kinder verloren», weinte Jeanne Terrasson, «aber ich darf doch wissen, daß Gott sie von dieser Erde genommen hat, damit sie bei Christus seien, denn für mich ist es gewiß, daß sie in den himmlischen Ruhm aufgenommen worden sind. Bald werden wir uns wiedersehen. Es ist nur noch ein kurzer Weg bis dahin.»

In eben diesen Tagen erhielt Blanche Gamond völlig unerwartet den Besuch ihres Vaters. Der alt und müde gewordene Mann versuchte es gar nicht, die Tränen über seinen Schmerz zurückzuhalten, als er seine geliebte Tochter in ihrem elenden Zustande sah. «Herr Rektor», wandte er sich mit zitternder Stimme an Abbé Genest, der ihn in die Stube geführt hatte, «rührt Euch denn der Anblick dieses jungen, geschundenen Menschen nicht? Wie konntet Ihr solches nur zulassen!»

«Sie hat das alles selber verschuldet», antwortete der Rektor, «hätte sie gewechselt, wozu sie wohl schon hundertmal ermahnt worden ist, es wäre mit ihr niemals soweit gekommen!»

«Nun es aber mit ihr soweit gekommen ist, bitte ich Euch, habt Erbarmen, habt Erbarmen mit mir und mit ihr! Gebt mir meine Tochter, daß ich sie mit mir nehmen und sie pflegen lassen kann. Seht ihren erbärmlichen Zustand, sie kann nicht einmal mehr selber ihre Lippen befeuchten. Seht, man muß ihr das Wasser aus einer Kanne in den Mund rinnen lassen! Man kann ihren Kopf nicht aufstützen, so zerbrochen ist sie. Muß sie aufgenommen werden, so sind dafür jedesmal vier Personen erforderlich.»

«Wir haben hier nicht genügend Leute, um sie zu besorgen.»

«So gebt sie doch mir, ich bitte Euch, gebt sie mir, damit wir sie besorgen können, und Ihr seid die schwere Verantwortung los.»

«Das darf ich nicht, denn sie ist eine Gefangene.»

«So bürge ich für sie. Sobald es ihr besser geht, wenn sie sich erholt hat, bringe ich sie Euch zurück.»

Doch der Abbé schüttelte den Kopf.

«Wenn ich Euch zu wenig Sicherheit biete, dann werde ich zwei Bürger aus Valence stellen, die für sie einstehen und haften werden.»

«Und wenn Ihr mir auch auf der Stelle hundert Pistolen auf die Hand zahltet, dürfte ich Euch Eure Tochter doch nicht überlassen», antwortete der Rektor.

Doch Michel Gamond gab in seiner Herzensnot noch immer nicht auf. «So bringt sie im Hause eines geborenen Katholiken unter, wo sie Euch sicher ist. Ich werde für alle Kosten aufkommen, und wenn ich betteln gehen muß.»

«Ehe sie wechselt, wird sie niemals aus dem Spital herauskommen, hört Ihr, niemals. Auch wenn Ihr die größte Summe zahltet.»

Aber Michel Gamond gab sich mit diesem Bescheid nicht zufrieden. Zu sehr liebte er seine Tochter, seine Taube, zu sehr erbarmte und erschütterte ihn deren Elend. Ach, wenn er an die schönen Zeiten zurückdachte, die sie daheim, in ihrem Hause in Saint-Paul verbracht hatten! Wie jäh war dieses Glück zerschlagen worden!

Schon anderntags meldete er sich wieder im Spital. Doch wurde er weder vom Rektor noch vom Verwalter empfangen, auch die Tochter zu besuchen wurde ihm untersagt. «Eure Bemühungen sind zwecklos. Entweder wechselt sie, oder sie bleibt als Gefangene im Spital.»

Obschon er immer wieder abgewiesen wurde, setzte Michel Gamond seine Versuche, sie herauszubekommen, unermüdlich fort.

«Ihr kennt die Bedingungen!»

Er gab noch immer nicht auf. Und noch unter zwei Malen gelang es ihm, es kam ihm jedesmal wie ein in Erfüllung gehendes Wunder vor, zum Schmerzenslager seiner Tochter vorzudringen, mit Blanche ein paar Worte zu wechseln, aus ihren großen Augen die Versicherung ihrer unerschütterlichen Liebe zu empfangen. Denn in der Liebe zu ihren Eltern war Blanche Gamond so treu wie in ihrem Glauben. In ihrem Glauben an ihren Erlöser.

Schließlich mußte Gamond doch einsehen, daß seine

Bemühungen nutzlos waren, daß er nichts mehr erreichte. Betrübt und wehen Herzens verließ er Valence und kehrte nach Saint-Paul zurück. Einen geringen Trost hatte er: es war ihm gelungen, Blanche unbemerkt ein wenig Geld zuzustecken.

Vermutlich hatten sich der Verwalter und der Rektor des Spitals in bezug auf Blanche Gamond dahin geeinigt, sie einfach ihrem Schicksal zu überlassen, da ihre Standhaftigkeit, die in ihren Augen Trotz war, durch nichts gebrochen werden konnte. Vielleicht, daß die zunehmenden Schmerzen sie anderen Sinnes werden ließen.

Und tatsächlich verschlimmerte sich ihr Zustand zusehends von Tag zu Tag. Das Fleisch ihres Oberschenkels war in Fäulnis übergegangen, aus ihren Wunden floß immerzu Eiter und verpestete die Luft in der Stube in einer Weise, daß die Mägde sich weigerten, die beiden Frauen noch zu besorgen.

Man fing an, in ihrer Stube Weihrauch zu verbrennen, damit der Gestank weniger wahrgenommen wurde.

Nur zwei der Spitalmädchen: Anne Voisin aus Livron und Marie Clot aus Annonay, hatten Erbarmen mit ihnen und schlichen sich zwischen ihrer Arbeit einmal oder zweimal untertags in die Kammer der Kranken, um sie umzubetten und die Verbände notdürftig zu erneuern. Um die Frauen richtig zu besorgen, hätten aber vier Mägde einander helfen müssen.

Der Gestank in der Kammer war so fürchterlich, daß die Mädchen ständig befürchteten, ohnmächtig zu werden. Und doch, wenn es ihnen an einem Tage nicht möglich gewesen war, sich zu den beiden Kranken hinaufzustehlen, kamen sie in der Frühe des andern Tages, ehe sie mit ihrer Arbeit begannen, um ihren Samariterdienst zu verrichten.

«Ach, Mademoiselle Gamond, wie leid tut es uns, daß wir Euch gestern in Eurem Elend nicht beistehen konnten!

Wir haben in der Nacht viel gelitten beim Gedanken an Eure schreckliche Not, in der man Euch stecken läßt, ohne Euch die geringste Pflege angedeihen zu lassen!»

Eines Tages öffnete sich die Türe der Kammer, und zum Erstaunen der beiden Frauen traten in Begleitung von Abbé Genest und Herrn de Bressac wohl ein Dutzend Herren ein, allen voran der Graf de Tessé und Herr de Champigny, der neue Bischof von Valence. Einige der übrigen Herren waren Priester.

Was hatten sie vor? Was führte sie her?

Mit ernsten Gesichtern und feierlichen Mienen, die Stirnen runzelnd und sich räuspernd, traten sie ein, sahen sich aber bald entsetzt um, warfen sich nicht mißzuverstehende Blicke zu, und als der Herr Graf und der Herr Bischof das Lager Blanche Gamonds erreicht hatten, vermochten sie sich nicht länger zu beherrschen, hielten sich die Nasen zu und verließen fluchtartig und ohne viel Würde die Stube, und die übrigen Herren drängten ihnen nach so rasch sie nur konnten. Trotz ihres Elends lächelten die beiden Kranken über diesen Vorfall.

«Was mögen sie von uns gewollt haben?» fragte Blanche, als die Herren die Türe hinter sich ins Schloß gedrückt hatten.

«Das ist leicht zu erraten», meinte Jeanne Terrasson, «was anderes, als uns zu bekehren?»

«So sind unsere Wunden doch noch zu etwas nütze», überlegte Blanche Gamond, «hat ihr Gestank uns doch von unseren Peinigern befreit.»

«Die haben eine Antwort erhalten!»

Und die beiden Frauen freuten sich und lobten und priesen Gott aus der Tiefe ihrer Herzen.

Doch der Zustand der Wunde in Blanche Gamonds Bein wurde immer bedenklicher, Brandwasser und Eiter sickerten durch die Verbände in die Matratze, und wenn die Kranke aufgehoben wurde, kam die Wunde richtig zum Fließen, daß es nach den eigenen Worten Blanche Gamonds ‚herauskam wie ein Bach'.

Der mißglückte Bekehrungsversuch durch den Grafen de Tessé und den Bischof hatte in der Folge doch etwas Gutes: Die Mißstände, die die hohen Herren in der Krankenstube angetroffen und die sie zu ihrem wenig rühmlichen Rückzug veranlaßt hatten, trugen dem Verwalter des Spitals einen Verweis ein, was dazu führte, daß man sich künftighin wieder etwas mehr um die Frauen kümmerte, daß doch ab und zu ihre vereiterten Verbände ersetzt wurden, daß man noch etwas mehr Weihrauch verbrannte als bisher und es so allmählich wieder möglich wurde, die Krankenstube zu betreten, ohne sich der Gefahr auszusetzen, in Ohnmacht zu fallen. So erschienen denn von Zeit zu Zeit wieder Damen aus Valence, um die Kranken zu besuchen und sich um das Seelenheil der beiden Ketzerinnen zu bemühen.

Aber sie richteten nicht mehr aus als jene, die vor ihnen in gleicher Absicht hergekommen waren.

«Gebt euch keine Mühe», erklärte Blanche Gamond auch ihnen, «ihr verliert nur eure Zeit.»

«Unser Gewissen gebietet uns, den Versuch zu unternehmen –»

«Herr La Rapine hat alle Mittel angewandt und doch nichts erreicht. Wenn es ihm nicht gelungen ist, uns zum Wechseln zu bringen, wie solltet ihr da erfolgreich sein? Geht, es ist alles unnütz, wir lassen nicht von unserem wahren Glauben.»

«So geht zugrunde darin!»

Eines Tages führte Abbé Genest drei andere Besucher in die Stube. Es war ein Herr Payan mit seinen beiden Töchterchen, der vom Martyrium der Blanche Gamond gehört hatte und nun gekommen war, um sich mit eigenen

Augen von der Wahrheit der gehörten Schilderungen zu überzeugen.

Es war an einem Nachmittag um zwei Uhr.

«Und welche von beiden ist es nun?»

«Diese da», erklärte Abbé Genest und führte die Besucher an Blanche Gamonds Bett. «Habt Ihr heute Eure Fleischbrühe schon bekommen?»

«Fleischbrühe? Nein, Herr, Fleischbrühe hat man uns überhaupt noch nie gebracht.»

«Sprecht die Wahrheit! So werdet Ihr eben an Stelle der Fleischbrühe etwas anderes erhalten haben.»

«Nein», schüttelte Blanche Gamond den Kopf, «wir haben heute überhaupt noch nichts gehabt und nicht nur heute nicht, es sind Tage vergangen, seitdem man uns zum letztenmal etwas gebracht hat.»

Abbé Genest machte eine wegwerfende Handbewegung. Er war sichtlich nervös geworden unter dem auf ihm ruhenden, fragenden Blick Herrn Payans. «Das kann nicht wahr sein, immer müssen sie übertreiben! Daß Ihr heute Eure Brühe noch nicht erhalten habt, kann nur ein Versäumnis der Köchin sein. Sie wird es vergessen haben. Natürlich sollte das nicht vorkommen, aber ist irren nicht menschlich? Auf der Stelle werde ich in die Küche gehen, die Köchin ausschelten und anordnen, daß Euch von meiner Brühe gebracht wird. Lieber will ich selber darauf verzichten.»

Während er draußen war, benützte Herr Payan die Gelegenheit, um die beiden Frauen nach den im Spital herrschenden Zuständen auszufragen. Die Verfassung der Kranken ließ ihn keinen Augenblick im Zweifel darüber, wer hier die Wahrheit sprach. Er war tief gerührt, ja erschüttert von dem, was er aus dem Mund der Kranken zu hören bekam. «Ich hätte es nicht für möglich gehalten, was ich nun selber gesehen habe.»

Eines seiner Töchterchen schmeichelte ihm: «Ach, Papa, so bittet sie doch, uns nun noch ihre Wunde zu zeigen.»

Herr Payan sah die Kranke fragend an: «Das wird wohl kaum möglich sein?»

«Nein», erwiderte Blanche Gamond, «es ist nicht möglich und es wäre auch kein schöner Anblick für die beiden Demoisellen. Man hat mich vom Gürtel bis zu den Füßen hinunter so fest eingewickelt, daß ich mich nicht bewegen kann.»

«Sie ist eine wahre Heldin», sagte Herr Payan, «beweist ihr nur eure Verehrung.»

Und die beiden Mädchen umarmten sie mehrmals, beklagten ihren elenden Zustand und benetzten ihr hageres Gesicht mit ihren Tränen.

«Mademoiselle Gamond, ich bin erschüttert», sagte Herr Payan, und Blanche Gamond spürte, daß das nicht leere Worte waren. «Ich werde versuchen, Ihnen zu helfen. Ich werde mich mit allen meinen Kräften für Euch einsetzen. Verlaßt Euch darauf!»

«O Herr, wie glücklich wären wir, wenn wir endlich freikämen!»

«Ich werde in einer Eingabe an die Regierung von Grenoble Euren Fall ausführlich schildern, ich werde mein möglichstes tun, Euch hier herauszubringen!»

«Dafür danken wir Euch von ganzem Herzen.»

Nun hörten sie den Priester zurückkommen. Herr Payan hatte eben noch Zeit, Blanche Gamond sein ganzes Geld zu zustecken, das er bei sich trug: «Ihr werdet es brauchen können.»

«Der Herr lohne Euch Eure Güte und Eure Wohltaten», dankte ihm Blanche Gamond.

«Sie hat sich nur versäumt», versuchte Abbé Genest händereibend sich vor dem vornehmen Besucher zu rechtfertigen, «die Brühe wäre ihnen auch ohne meine Fürsprache gebracht worden. Sie wird in wenigen Augenblicken da sein. Man darf nicht alles glauben, was die Kranken behaupten, sie sind eben krank.»

«Es ist gut», antwortete Herr Payan, «ich habe Demoiselle Gamond nun gesehen, und damit ist der Zweck meines Besuches auch erfüllt.» Und er nickte den beiden Frauen freundlich zu, winkte seine Töchterchen zu sich und verließ mit ihnen und Abbé Genest die Stube.

«Ach meine Freundin!» sagte Blanche Gamond, als die Besucher draußen waren. «Wie wunderbar hat der Herr uns wieder einmal geholfen. Ich war tief bekümmert und wußte nicht, wie ich wieder zu etwas Geld kommen sollte. Und nun hat Gott sich unser erbarmt und uns diesen gütigen Mann geschickt. Nun besitzen wir doch wieder Mittel, um uns ab und zu zusätzlich etwas bringen lassen zu können.»

«Ja, immer wieder beschämt uns der Herr durch seine Güte. Gott verläßt die Seinen wirklich nie», nickte Jeanne Terrasson.

Die Operation

Wenn auch die beiden Kranken seit dem mißglückten Besuch des Bischofs wieder besser versorgt wurden, so waren doch Blanche Gamond und Jeanne Terrasson den beiden Mägden Anne Voisin und Marie Clot von Herzen dafür dankbar, daß sie sich außerhalb ihrer Arbeit nach wie vor in rührender Weise um sie kümmerten und ihnen mancherlei kleine Erleichterung verschafften.

Aber dann geschah es, daß sie zum Kummer der beiden Gefangenen ein paar Tage hintereinander nicht mehr erschienen, und dann hieß es, sie hätten dem Türhüter die Schlüssel entwendet und seien geflohen.

Wohl gönnten es die Hugenottinnen den beiden freundlichen Mädchen von Herzen, daß es ihnen geglückt war, aus diesem schrecklichen Hause zu entweichen; aber es war in ihren Herzen doch eine tiefe Trauer darüber, daß sie nun auf ihre gütigen Helferinnen, die ihnen lieb geworden waren, verzichten mußten.

«O mein Gott», seufzte Blanche Gamond, «gehe nicht zu streng ins Gericht mit mir! Ich weiß, daß ich eine große Sünderin bin. Die sich meiner angenommen haben, haben uns verlassen, mein Fleisch ist in Fäulnis übergegangen und löst sich in Fetzen von mir, ich verfaule bei lebendigem Leibe, und alles nur wegen meiner Sünden. Ich bin verkrüppelt und meine zerbrochenen Glieder sind schief zusammengewachsen. Meine Wunde fließt ohne Unterlaß die ganze Nacht.»

Als Abbé Genest das nächstemal in der Krankenstube erschien, um nach den beiden Frauen zu sehen, flehte Blanche Gamond ihn an, doch den Mann kommen zu lassen, der ihre gebrochenen und ausgerenkten Knochen zurechtgeschoben habe, damit er ihr nun auch mit der schrecklichen Wunde helfe.

«Ich weiß nicht, wo sich Louis Bla zur Zeit aufhält», gab der Priester zur Antwort, «ich habe ihn eine ganze Weile nicht mehr gesehen. Doch will ich nach ihm suchen lassen.»

Man tat es und fand ihn in den Rebgärten, wo er bei der Weinlese beschäftigt war. Blanche Gamonds Bitte wurde ihm ausgerichtet und ihm versichert, daß er für seine Mühe entschädigt werde.

«Schon gut», knurrte er, «aber jetzt habe ich keine Zeit. «Die Trauben müssen eingebracht werden, die Ketzerin aber kann warten. Auf einen Tag mehr oder weniger kommt es nicht an. Wenn ich es einrichten kann, werde ich morgen rasch nach ihr sehen.»

Und anderntags kam er wirklich, löste die Verbände,

betrachtete das in Fäulnis übergegangene Fleisch ihres Schenkels und die schwärende Wunde, die von selbst aufgebrochen war. «Das ist gut, das ist ausgezeichnet, es könnte nicht besser sein!» erklärte er lärmend, «alle Fäulnis aus Eurem Körper fließt durch diese Wunde ab und das vergiftete Blut, das sich sonst zwangsweise hätte in Ketzerei verwandeln müssen, läuft hier heraus. Man muß das Loch im Fleisch nur mit gezupfter Watte ausstopfen.»

Das war seine Diagnose, und danach handelte er auch. Er ließ sich Watte bringen, zückte sein Messer und ging kurz entschlossen und ohne große Umstände daran, sie mit der Spitze seines Messers gewaltsam in die Fleischwunde hineinzupfropfen.

Dann ließ er sich bezahlen und ging.

Aber diese Behandlung zeitigte fürchterliche Folgen.

Blanche Gamond hielt die Schmerzen, die durch die in die Wunde hineingestopften Watteknäuel verursacht wurden, schon nach kurzer Zeit nicht mehr aus. Sie weinte und schrie und warf sich hin und her auf ihrem Lager. «O mein Gott, mein Gott, erbarme dich meiner, wenn ich nicht verzweifeln soll!»

«Wenn ich Euch doch nur helfen könnte!» jammerte Jeanne Terrasson und bemühte sich, von ihrem Bett aufzustehen. Aber sie war selber in einem erbarmungswürdigen Zustand, so daß sie sich kaum bewegen konnte. Endlich gelang es ihr dann doch, mit den Füßen den Boden zu erreichen, und nach einer weiteren Anstrengung und unter Seufzen und Stöhnen vermochte sie das Bett zu verlassen und an das Lager der verzweifelten Gefährtin zu kriechen. «Da bin ich endlich», stöhnte sie, «und nun laßt mich vorerst verschnaufen.»

Und dann, nach einer Weile, zog sie sich am Bettgestell empor: «Was kann ich nun für Euch tun?»

«Reißt mir die Watte heraus, befreit mich von dieser Höllenglut!» schrie Blanche Gamond.

Und nun lösten sie gemeinsam mit bebenden Händen den Verband, und als sie ihn endlich herunter hatten, versuchten sie, die Watte aus der Wunde herauszureißen. Aber die Wunde war tief und sie hatten nichts, um hineinzugelangen. Es war ihnen nicht möglich, mit den Fingern allein alle Watte herauszubringen. Aber nach und nach, als der Druck gewichen war, klangen die Schmerzen doch etwas ab, Jeanne Terrasson kroch erschöpft und stöhnend zu ihrem Bett zurück und es dauerte noch lange, bis sie, naß vor Schweiß, wieder auf der Matratze lag.

Nur wenige Tage später, an einem milden strahlenden Oktobermorgen, der mit einem Stücklein seidenblauen Himmels in den Jammer der Krankenstube hereinleuchtete und auch in den Herzen der beiden Frauen eine stille Freude aufschimmern ließ, klopfte es an die Tür.

Es war Fräulein Auberton, die Blanche Gamond in besonderer Weise verbunden war.

«Was für ein Geschenk, Euch wieder einmal zu sehen!» rief Blanche Gamond, als sie die Eintretende erkannte, «was für ein glücklicher Tag ist das heute! Habt Ihr mir wieder Eier mitgebracht?»

«Diesmal nicht, und dennoch soll Euch der heutige Tag noch viel glücklicher werden, liebe Schwester. Ich habe Euch nämlich jemanden mitgebracht, von dem ich allerdings nicht weiß, ob Ihr ihn kennt.»

«Da bin ich aber begierig...» und Blanche Gamond bemühte sich, sich aufzustützen, um besser sehen zu können. Und dann entfuhr ihr ein Schrei und ein Zittern lief durch ihren gemarterten Körper, denn in der Frau, die hinter Fräulein Auberton die Krankenstube betreten hatte, hatte sie ihre Mutter erkannt, die sie nie mehr gesehen, seitdem die Bogenschützen sie in Grenoble vor der Einschiffung nach Valence von ihrem Halse gerissen hatten. «Mutter, liebste Mutter!»

Benoîte Malarte eilte an das Lager ihrer Tochter, beugte sich über sie, und die Tränen der Freude und des Jammers flossen über ihre Wangen, als sie Blanche, solcherweise zerschunden und gemartert, in ihrer ganzen Hilflosigkeit vor sich liegen sah. «O du schöne Seele, was mußt du ausgestanden haben, was leidest du noch! Nun verstehe ich den Schmerz und den Kummer deines Vaters. Mein Gott, es müssen meine Sünden sein, die du hier abbüßest, durch meine Schuld bist du in dieses Elend geraten», klagte sie. «Ich, nur ich, bin die Ursache aller deiner Leiden.»

«Verzeiht, liebste Mutter, aber Ihr habt unrecht. Es sind nicht Eure, es sind meine eigenen Sünden, für die ich büße. Gott straft nicht den Unschuldigen für den Schuldigen, es ist Gottes Wille, daß die Seele, die gesündigt hat, sterben muß.»

Aber Benoîte Malarte ließ sich nicht beschwichtigen, sie wurde im Gegenteil immer fassungsloser in ihrem Schmerz, als sie, das Gesicht Blanche Gamonds an ihr eigenes geschmiegt und es mit Tränen netzend, am Bett ihrer Tochter kniete.

«Mutter», sprach Blanche ihr zu, «ich beschwöre Euch, verliert Euch nicht in solch trübe Gedanken, Euer Leid kann mir nicht helfen, es vermehrt nur meine Schmerzen. Haben wir nicht allen Grund, in dieser Stunde Gott zu loben und ihm zu danken für die Gnade, daß er uns endlich wieder einmal zueinander geführt? Ich hatte den Glauben bereits aufgegeben, Euch in diesem Leben noch einmal sehen zu dürfen, und das war ein Kummer, der mich schwer bedrückt hat. Wie glücklich bin ich nun, Euch hier zu haben!»

Doch noch immer wollte sich die Mutter nicht beruhigen. Zu sehr erschütterte sie der Anblick ihres geliebten

Kindes. Ihr schien, in diesem Zustand verfüge Blanche nicht mehr über die Kraft, am Leben zu bleiben.

«Betrübt Euch nicht, liebste Mutter», bemühte sich Blanche, sie zu trösten, «es geht mir nicht so schlecht, wie es vielleicht den Anschein hat. Mein Zustand hat sich schon wesentlich gebessert, vorher konnte ich kein Glied mehr rühren, ohne daß ich dabei die schrecklichsten Schmerzen auszustehen hatte, und jetzt, seht nur her, kann ich mich schon wieder ein wenig bewegen.»

«So zeige mir deine Wunde, ich muß deine Wunde sehen.»

«Sie ist wohl groß und tief, doch ist sie nicht mehr so schlimm wie früher.»

«Ich bestehe darauf, daß du sie mir zeigst!»

Und so sehr Blanche Gamond gewünscht hätte, ihr diesen Anblick zu ersparen, mußte sie sich doch dem Willen der Mutter fügen.

«O mein Gott!» schrie Benoîte Malarte entsetzt auf, als sie die schwärende Wunde erblickte, und ihr Schluchzen erschütterte sie von neuem.

Auch Fräulein Auberton konnte ihre Bestürzung nicht verbergen. «Das ist ja schrecklich! Da muß doch ein Chirurg her!»

«Ist denn noch kein Chirurg bei dir gewesen?» fragte die Mutter.

«Ein Chirurg nicht», antwortete Blanche Gamond, «dafür aber ein anderer Mann, von dem gesagt wird, daß er sich darauf verstehe, Glieder einzurenken und Wunden zu behandeln.»

«Das scheint er tatsächlich großartig zu verstehen!» sagte Benoîte Malarte bitter, «es ist eine Schande und ein Verbrechen, daß Kranke solchen Pfuschern anvertraut werden. Unverzüglich muß ein Wundarzt geholt werden, ein richtiger Wundarzt, der etwas versteht.»

Und man hinderte sie nicht daran, einen Chirurgen holen zu lassen.

Als er erschien – es war Herr Fayole aus Valence – untersuchte er die Wunde aufmerksam und schob die Sonde hinein. Aber sie erwies sich als zu kurz. «Es bleibt nichts anderes übrig, als zu operieren. Das Fleisch, das abgestorben ist, muß herausgeschnitten werden», entschied er. «Auf andere Weise ist eine Heilung nicht mehr zu erhoffen.»

So schwer es ihnen auch fiel, so sahen doch auch Benoîte Malarte und Fräulein Auberton ein, daß dies die einzige Möglichkeit war, Blanche zu retten. Blanche Gamond selber wollte zuerst nichts von einer Operation wissen. «Es kann mit Gottes Hilfe auch ohne das Messer des Chirurgen eine Besserung eintreten.»

«Gott rüstet die Ärzte mit ihrem Wissen und Können aus, daß wir uns ihrer bedienen», versuchte Fräulein Auberton, Blanche zu überzeugen, was ihr denn schließlich auch gelang.

«Je eher es geschieht, um so größer ist die Aussicht, daß Euch geholfen werden kann», bestätigte Herr Fayole.

Da drängten ihn Benoîte Malarte und Fräulein Auberton, den Eingriff unverzüglich vorzunehmen.

Doch weigerte sich Herr Fayole. «Allein kann ich das nicht, denn eine solch schreckliche Wunde habe ich noch gar nie gesehen. Alles ist versäumt worden, man hätte viel früher eingreifen sollen, und es ist nur ein Wunder, daß noch nicht der ganze Körper vergiftet ist.»

«Aber wer soll es denn tun, da Ihr Euch weigert?» jammerte die Mutter. «Zögern wir, dann kann es nach Euren eigenen Worten zu spät sein.»

«Es steht tatsächlich ihr Leben auf dem Spiel», bestätigte der Wundarzt ernst. «Ich habe mich aber nicht geweigert, die Operation vorzunehmen, ich weigere mich nur, jetzt auf der Stelle und ohne Vorbereitung zu schneiden. Der Eingriff ist zu schwer, als daß einer allein ihn ausführen könnte. Wenn Ihr damit einverstanden seid, werde ich mich nach geeigneten Helfern umsehen. Es müssen vier Chirurgen sein, die einander beistehen und in die Hände arbeiten.»

Diesem Vorschlag stimmten die Frauen zu. Sie baten Herrn Fayole, sich so rasch als möglich nach ihm tüchtig genug erscheinenden Helfern umzusehen und diese herbeizubringen. Auch mußte noch der Spitalverwalter in Kenntnis gesetzt und seine Einwilligung eingeholt werden.

Erst nach bangem Warten, am Morgen des vierten Tages früh um sieben Uhr, erschienen dann die vier Wundärzte im Spital.

Nachdem sie die Wunde mit aller Gründlichkeit untersucht hatten, entfernten sie sich aus dem Zimmer, um draußen ungestört ihre Meinungen über das Vorgehen auszutauschen.

Am Mittag erklärten sie, die Operation wagen zu wollen.

Aber dann verließen sie das Spital noch einmal und kehrten erst um vier Uhr nachmittags zurück. In ihrer Begleitung befand sich nun noch Herr Auberton, der Vater Fräulein Aubertons.

Mit leiser Stimme unterhielt er sich mit den Ärzten, nickte bekümmert und bat sie, doch ja vorsichtig zu sein und durch schonungsvolles Vorgehen auf den geschwächten Körper Blanche Gamonds Rücksicht zu nehmen.

Auch die Mutter war gekommen, aber sie schluchzte so sehr, daß ihre Tochter sie bat, sie doch nicht mit ihren Tränen zu betrüben. In ihrem Zustand und angesichts dessen, was ihr bevorstehe, sei sie des Trostes bedürftig und nicht der Traurigkeit.

Aber wie hätte das Herz einer Mutter, die ihre einzige Tochter den Messern von vier Chirurgen ausgeliefert sieht, nicht zittern sollen in Angst und Sorge? Wie hätte sie ruhig den Vorbereitungen zuschauen können, die da getroffen wurden, um alles verdorbene Fleisch herauszuschneiden aus dem Bein ihres geliebten Kindes?

Sie jammerte und stöhnte, und als man ihr zusprach, sie möge sich nun doch beruhigen, da schrie sie erst recht auf wie ein verwundetes Tier, so daß sich die Ärzte genötigt sahen, sie aus der Krankenstube wegzuführen.

Doch war damit nicht viel erreicht, denn auch draußen im Korridor schluchzte und schrie Benoîte Malarte so laut, daß man sie in der Stube hörte und ihr Schreien und Stöhnen Blanche Gamonds Herz beben ließ.

Dann begannen die Ärzte ihr Werk.

Sie knieten alle vier auf das Bett der Kranken und drehten diese mit viel Mühe auf die rechte Seite. Dann legte sich einer auf ihre Knie, damit sie die Beine nicht bewegen konnte, ein zweiter hielt die Kerze und leuchtete in die Wunde, und die beiden andern machten sich nun daran, mit ihren Messern das abgestorbene Fleisch aus der Wunde herauszuschneiden.

Schon beim ersten Einschnitt des Skalpells schrie Blanche Gamond auf: «O mein Gott, sie schneiden mir das Bein ab!»

Und beim zweiten Schnitt verdoppelte sie ihr Schreien: «Erbarme dich meiner, o du gütiger Gott, verwirf mich nicht!»

Die beiden Ärzte schnitten unentwegt weiter, ungeachtet der furchtbaren Schreie, ungeachtet des herausströmenden Blutes, das in kürzester Zeit das ganze Bett durchtränkt hatte. Alles um Blanche Gamond herum war mit Blut verschmiert, wohin ihr Auge reichte, war alles rot.

Als die Ärzte endlich fertiggeschnitten hatten, legten sie ein sechsfach zusammengefaltetes Tuch auf das blutende Loch, doch war das Blut schon nach wenigen Augenblicken durchgesickert. Ein ganzer Armvoll gezupfter Baumwolle wurde auf dem blutig gewordenen Tuch ausgebreitet und ein weiteres Tuch darübergelegt.

Dann deckten sie die völlig Erschöpfte zu und Dr. Fayole ging in den Gang hinaus, um Blanche Gamonds Mutter hereinzuholen.

Sie war völlig verzweifelt, blickte umher wie eine Irre, und ihr Gesicht war tränenüberströmt.

«Fassen Sie sich, Madame», versuchte Herr Fayole sie aufzurichten. Wenn er auch ein Papist war, so war er diesem Schmerz gegenüber doch voll herzlicher Teilnahme. «Es ist alles gut abgelaufen, nun können wir doch hoffen, daß die Wunde heilt.»

«Mein Kind, meine liebe Seele, ich habe deine Schreie gehört, wirst du das alles auch überstehen?»

«Mit Gottes Hilfe ja. Ihr solltet nicht um mich weinen, sondern für mich beten, Mutter. Denn nur das wird mir helfen können.»

Benoîte Malarte bat und flehte, man möge sie doch die Nacht bei ihrer Tochter zubringen lassen, doch hatten die Ärzte darüber nicht zu befinden.

Und Abbé Genest wies die Bitten von Blanches Mutter aus Gründen der Konsequenz ab. «Es war schon ein außergewöhnliches Vorrecht, daß Ihr die Ärzte herbringen durftet, die ja keine Ärzte des Spitals sind. Ihr könnt morgen wieder kommen und werdet ja dann sehen, ob Euch Einlaß gewährt wird.»

Blanche Gamond verbrachte eine fürchterliche Nacht. Es war ihr, als würde mit glühenden Messern in ihrer Wunde herumgewühlt, und dazu kam, daß man sie festgebunden hatte, so daß sie sich nicht bewegen konnte.

«Habt Vertrauen, geliebte Schwester», sprach ihr Jeanne Terrasson zu, «Gott legt uns nicht nur ein Kreuz auf, er gibt uns auch die Kraft, das Kreuz zu tragen.»

«Ich kann nicht mehr, ich kann nicht mehr», wimmerte Blanche Gamond, «ich halte das nicht länger aus!»

Und dennoch wurde es Morgen, und es war wieder ein milder Oktobertag mit einem zartblauen Himmel, und der warme Schein der Sonne lag über den Dächern der Häuser und ließ die Blätter der alten Platanen goldig aufleuchten.

Schon früh erschienen die vier Ärzte in der Krankenstube, nicht, um die Verbände zu erneuern, sondern um nachzusehen, ob Blanche Gamond noch am Leben sei.

Sie kamen auch am nächsten und am übernächsten Tag; aber erst am dritten Tag gingen sie daran, den alten Verband zu lösen und das Bein neu zu verbinden. Und das Erneuern des Verbandes war kaum minder qualvoll, als es das Herausschneiden des verfaulten Fleisches gewesen war.

Noch eine Stunde, nachdem die Ärzte gegangen waren, zitterte Blanche Gamond vor Schwäche am ganzen Leib, und als dann die Mutter kam und ihr eine Schale Fleischbrühe reichte, da vermochte sie trotz aller Anstrengung keinen Schluck hinunterzubringen.

«Mein liebes Kind, willst du denn von aller Kraft kommen?» jammerte Benoîte Malarte.

«Seid mir nicht böse, beste Mutter, aber es geht nicht. Habt Geduld mit mir.»

«So versuche doch, nur einen Schluck, nur einen ganz kleinen Schluck zu dir zu nehmen!»

Der Mutter zuliebe ließ sich Blanche Gamond die Schale an die Lippen setzen, aber schon sank sie entkräftet zurück.

«Quält mich nicht, ich bringe es nicht hinunter, ich kann jetzt nichts zu mir nehmen.»

Später am Tage, als sich Blanche Gamond etwas besser fühlte, bat sie die Mutter, ihr doch bei nächster Gelegenheit heimlich Papier, Feder und Tinte zu bringen, damit sie ihrem Paten schreiben könne. Sie wolle auch ihn bitten, für sie zu beten, denn die Fürbitte habe sie nötiger als irgend etwas anderes. Aber ach, wieviel leichter hatte sie sich das Schreiben vorgestellt! Es war ihr ja kaum möglich, mit den Fingern die Feder zu halten. Immer wieder entglitt sie ihrer Hand.

Und wenn sie hier auch nicht ständig bewacht wurden, wie das im Krankensaal, in dem sie vor ihrem Fluchtversuch mit den drei Gefährtinnen gelegen hatte, der Fall gewesen war, weil man das im Hinblick auf ihren jammervollen Zustand mit Recht nicht mehr für notwendig hielt, so kamen untertags doch immer wieder Mägde und Wärterinnen herein, zu ganz unregelmäßigen Zeiten, so daß Blanche ständig befürchten mußte, bei ihrer Schreibarbeit ertappt zu werden. Das aber hätte ohne Zweifel zum mindesten den Entzug des Schreibzeugs zur Folge gehabt.

Zum Glück war die Mutter noch da.

Sie war von Bekannten in Valence, die auch zur Religion gehörten, aufgenommen worden und hatte so die Möglichkeit, untertags bei ihrer Tochter zu sein. Verwunderlicherweise war ihr das bisher weder vom Verwalter noch vom Rektor des Spitals verwehrt worden, die doch Michel Gamond nur dreimal gestattet hatten, seine Tochter zu besuchen.

Vielleicht glaubten sie, die Kranke werde sich von ihrem bedenklichen Zustand doch nicht mehr erholen.

In ihrem Brief an Pfarrer Murat schrieb Blanche Gamond, daß ihr nun wenigstens nicht vorgeworfen werden könne, sie habe nicht bis aufs Blut widerstanden, da ihr ja Gott nun die Gnade geschenkt habe, um ihres Glaubens willen ihr Blut zu vergießen. Im übrigen bat sie den Paten, in seinen Gebeten mit doppeltem Eifer für sie einzustehen, da sie dieser Fürbitte dringend bedürfe. Der Brief, mit dem ihr Pfarrer Murat antwortete, ist erhalten geblieben und soll hier im Wortlaut wiedergegeben werden: «Mein liebes Patenkind, leider habe ich allerhöchstens eine Viertelstunde Zeit, um Euch für Euren bewunderungswürdigen Brief zu danken. Er hat mich so gerührt, daß ich drei- oder viermal darüber weinen mußte. Wie sehr muß Gott Euch lieben, daß er Euch aus der großen Schar seiner Märtyrer auserwählt hat, die grausamsten Schmerzen zu erleiden, die die Menschen in ihrer Bösartigkeit ausdenken konnten. Aber eigentlich seid ja nicht Ihr es, die widersteht, es ist der Geist Gottes in Euch, der Euch dazu die Kraft geschenkt hat. Bezeugt ihm Eure Dankbarkeit jeden Tag. Haltet aus, denn Eure Befreiung naht. Auch wenn fünf oder sechs Pistolen dafür ausgelegt werden müßten, um Euch freizukaufen. Ich verspreche Euch, daß Euch das Geld durch meine Freunde zugestellt wird. Ihr könnt bestimmt darauf zählen. Und wenn es doch mißlingen sollte, Euch zu befreien, und Ihr so das Opfer würdet Eurer grausamen Verfolgung, dann geht standhaft in den Tod. Sterbet, ohne die Wahrheit preiszugeben, der Ihr nachgestrebt habt Euer ganzes Leben hindurch. Im Himmel ist Euch die Krone gewiß, die allen verheißen ist, die getreu sind bis in den Tod. Christus und seine Engel haben sich von Eurer Standhaftigkeit überzeugt und sie werden sich weiterhin davon überzeugen. Die Krone des Ruhms wartet Euer. Zu Gott! Nun muß ich schließen, obwohl es mir schwerfällt. Weitere Mitteilungen werdet Ihr nächstens mit dem Üblichen von mir erhalten. In Verbundenheit Euer F. M. Ich flehe Euch an, für mich zu Gott zu beten, so feurig Euch das nur möglich ist. Denn ich bedarf dieser Fürbitte sehr. Bittet Eure Gefährtinnen, die mit Euch gefangen sind, um die gleiche Gunst für mich. Erinnert sie immer wieder daran!»

In der ersten Woche erschien Dr. Fayole mit seinen drei Helfern drei- oder viermal, um Blanche Gamonds Wunde zu verbinden. Dann, als man sah, daß sie zu verheilen begann, untersagte Abbé Genest den Ärzten, weiterhin ins

Spital zu kommen, da man hier einen eigenen Chirurgen beschäftige, der vollauf genüge. Auch mit Benoîte Malarte sprach der Rektor und erklärte ihr, daß ihr von nun an der Eintritt ins das Spital verweigert werden müsse. Er könne es nicht zugeben, daß sie weiterhin ihre kranke Tochter bedienen komme. So etwas würde das Spital in Verruf bringen.

Benoîte Malartes flehentliche Bitten, er möge dann wenigstens Blanche weiterhin durch Herrn Fayol behandeln lassen – sie verspreche, für alle entstehenden Kosten aufzukommen –, lehnte der Rektor ab. Er blieb dem Schmerz der unglücklichen Frau gegenüber völlig ungerührt. Daß er diese Haltung einnahm, war das Werk Boysers. Als fanatischer Papist ließ Boyser keine Gelegenheit vorübergehen, ohne die Hugenottinnen im Spital wegen ihres Glaubens zu verfolgen. So mußte er es als eine Zumutung empfinden, daß er sich in besonderer Weise um eine Hugenottin kümmern sollte. Deshalb wurde er bei Abbé Genest vorstellig und machte ihm Vorhaltungen, es sei den andern Ketzerinnen gegenüber ungerecht, wenn Benoîte Malarte immer wieder die Erlaubnis erhalte, die Kranke nicht nur zu besuchen, sondern sogar zu pflegen. Und er ruhte nicht, bis ihm der Rektor versprach, künftighin der Mutter die Kammer ihrer Tochter zu verbieten. Tag für Tag kam Benoîte Malarte ins Spital, und Tag für Tag wurde sie nun abgewiesen. Sie stand vor der Tür und vergoß Tränen, aber die Mägde blieben hart und ließen sie nicht mehr hinein.

Als Boyser wieder einmal den Verband Blanche Gamonds erneuerte, erklärte er: «Würdet Ihr endlich wechseln, dann würde Euch die ganze Behandlung nichts kosten und Ihr wäret in vierzehn Tagen oder längstens in einem Monat geheilt. Nun, wie stellt Ihr Euch dazu?»

«Ihr sollt ein für allemal wissen, daß ich meinen Glauben nie aufgeben werde. Das werdet auch Ihr nicht erreichen.»

«Dann werdet Ihr bald einmal erfahren, ob Euch Eure Halsstarrigkeit zum Vorteil gereicht.»

Jedesmal, wenn Herr Boyser kam, begann er mit Blanche Gamond über Fragen des Glaubens zu reden, obwohl er davon überhaupt nichts verstand. Alles, was er vorbrachte, waren Drohungen und leeres Geschwätz. Und dabei bildete er sich noch viel auf sein theologisches Wissen ein.

Als er einmal gefragt wurde, ob im Spital immer noch Hugenotten untergebracht seien, bestätigte er das eifrig und fügte hinzu, eine von ihnen sei ganz besonders schlimm. Da er ihr die Wunde verbinden müsse, komme er regelmäßig zu ihr, so daß er sie genau kennengelernt habe. Sie habe den Teufel im Leib und er sei überzeugt, daß es auf der ganzen Welt keine andere gebe, die ebenso störrisch und unbelehrbar sei. Er führe immer Wortgefechte mit ihr, doch verstehe sie es immer wieder, auszukneifen.

Blanche Gamond erfuhr es von einem jungen Burschen, Raymond Mestral, der Herrn Boysers Gehilfe war und ihn vertrat, wenn dieser anderweitig in Anspruch genommen war. Raymond Mestral verstand von seinem Geschäft weit mehr als sein Meister, er war freundlich und hatte eine weiche, geschickte Hand, so daß Blanche Gamond gewünscht hätte, er wäre immer an Stelle Boysers gekommen. Wenn sie von ihm verbunden wurde, empfand sie nachher stets eine große Erleichterung. Das kam nicht zuletzt daher, weil er die Salbe viel reichlicher auf das Wundkissen strich und für das Pflaster auch einen besseren Aufstrich verwendete. Ihm lag spürbar daran, zu helfen und zu heilen, während Boyser voller Zorn war, weil Blanche Gamond und Jeanne Terrasson sich nicht überreden ließen, zu konvertieren. «Könntet Ihr denn nicht immer zu mir kommen, Herr Mestral?»

Aber der junge Mann schüttelte den Kopf. «Das ließe mein Meister niemals zu. Und wenn er erführe, daß Euch so viel an meiner Pflege gelegen ist, dann verböte er es mir endgültig, zu Euch zu kommen. Sprecht also nie in diesem Sinne zu ihm. Auch heute bin ich lediglich da, weil er etwas anderes zu tun hatte, was ihm wichtiger war.»

Vierzehn Tage nach der Operation erschien Boyser mit einer Flasche voll einer geheimnisvollen Flüssigkeit, mit der er Blanche Gamonds Wunde auswusch, wahrscheinlich in der Absicht, sie zu desinfizieren. Doch diese Prozedur bereitete der Kranken eine höllische Pein. Sie wand sich vor Schmerzen. Hätte man ihr eine rotglühende Eisenstange hingehalten, sie hätte in ihrer Verzweiflung nach ihr gegriffen. So hatte Blanche Gamond wiederum am Tag und in der Nacht keine Ruhe mehr. Zudem mußte Boyser doch herausgebracht haben, daß sie sich lieber von seinem Gehilfen als von ihm behandeln ließ. Oder war der junge Mann krank? Auf jeden Fall brachte Boyser von nun an als Gehilfen seinen eigenen Vater mit. Doch der war halbblind und steinalt. Er hatte schlohweißes Haar und seine Hände zitterten, wenn er die Watte aus der Wunde entfernen sollte. Es fiel selbst den Wärterinnen auf, daß der Alte völlig unfähig war, die ihm übertragenen Arbeiten zu verrichten. «Seht Ihr denn nicht, daß die Hälfte der Baumwolle noch in der Wunde steckt?» fragte ihn eine von ihnen, Françoise Pourchillonne. «Weshalb kommt nicht Euer Sohn, um diese Arbeit zu verrichten? Er würde es besser sehen, Eure Augen sind dazu zu schwach.»

Aber der alte Boyser ließ sich nicht einschüchtern. «Was ich tun kann, ist immer noch gut genug für eine Ketzerin, die richtigerweise totgeschlagen werden müßte.»

Da auf solche Weise die Wunde vernachlässigt wurde,

entzündete sie sich von neuem und es bildete sich ein etwa fingerlanges Geschwür, das neue qualvolle Schmerzen verursachte.

Als Abbé Genest das nächstemal in die Krankenstube kam, machte ihn Blanche Gamond auf die Verschlimmerung ihres Zustandes aufmerksam. Der Rektor hatte tatsächlich ein Einsehen und befahl dem alten Boyser, anderntags seinen Sohn herzuschicken.

Als dieser dann die Wunde gesehen und untersucht hatte, erklärte er, es müsse ein neuer Einschnitt vorgenommen werden, wenn es nicht noch schlimmer kommen solle. Doch von einer weiteren Operation wollte Blanche Gamond nichts wissen. Der Gedanke, sich einem zweiten chirurgischen Eingriff unterziehen zu müssen, entsetzte sie so sehr, daß sie drohte, sie werde jedem, der es wagen sollte, sie zu schneiden, die Augen auskratzen.

Und da sie sich weder durch den Verwalter, noch durch den Rektor und auch nicht durch ihre Gefährtin Jeanne Terrasson beruhigen und überreden ließ, versprach man ihr schließlich, ihren Willen zu respektieren und auf eine weitere Operation zu verzichten.

«Ich werde die Wunde ausspülen», erklärte Boyser, «das dürfte genügen, um sie zum Heilen zu bringen.»

«Warum habt Ihr dann überhaupt von einem Einschnitt gesprochen?»

«Ganz einfach, weil ein Einschnitt noch besser gewesen wäre. Aber eine Ausspülung wird genügen.»

Schon hatte das Wundfieber Blanche Gamond wieder ergriffen. Boyser mußte das spüren oder doch zum mindesten ihren glänzenden Augen ansehen. Dennoch ließ er nicht davon ab, sie mit seinem Geschwätz zu reizen und in Aufregung und Unruhe zu versetzen. «Schließlich ist es ganz allein Eure Schuld, daß sich das Geschwür gebildet hat.»

«Nein, es ist die Schuld Eures Vaters, der zu alt war, um die Wunde richtig behandeln zu können.»

«Laßt gefälligst meinen Vater aus dem Spiel, der hat damit nichts zu tun.»

«Dann tragt eben Ihr die Schuld, weil Ihr ihn hergeschickt habt und nicht selber gekommen seid.»

«Ist es am Ende auch meine Schuld, daß Ihr hier im Spital liegt? Ist es auch meine Schuld, daß Ihr noch immer Eurem ketzerischen Glauben anhängt?»

«Das ist bestimmt nicht Eure Schuld, sondern allein die Gnade Gottes.»

«Schweigt endlich mit Eurem Unsinn. Es weiß ja jedermann, daß Ihr durch Euren Irrglauben den Teufel in Euch habt, und daß es eben dieser Teufel ist, der dieses Geschwür verursacht!»

«Wie töricht Ihr nur reden könnt», mischte sich Jeanne Terrasson ins Gespräch. «Und Ihr behauptet, ein Mann der Wissenschaft zu sein. Laßt endlich Demoiselle Gamond in Ruhe. Oder seht Ihr nicht, daß sie Fieber hat und daß es ihr schwerfällt, Eure einfältigen Fragen zu beantworten?»

«Geht es Euch etwas an, was ich mit dieser hier habe?»

«Ja, weil Ihr nicht von Euch aus vernünftiger und barmherziger seid.»

«Mischt Euch gefälligst nicht in Angelegenheiten, die Euch nichts angehen. Mit Euch habe ich nichts zu tun.»

«Dafür bin ich meinem himmlischen Vater auch von Herzen dankbar.»

Das nächstemal brachte Boyser ein Buch mit. Er wollte Blanche Gamond daraus vorlesen und, wie er sagte, ihr die Richtigkeit seiner Aussagen beweisen.

Aber Blanche Gamond bat ihn, damit aufzuhören. Als er trotzdem fortfuhr, stieß sie gegen ihn und hielt sich die Ohren zu. Boyser mußte einsehen, daß auch so nichts auszurichten war. Er rächte sich dafür in der Weise, daß er mit der Salbe noch sparsamer umging und der Kranken das Flaumkissen und das Pflaster nahezu trocken auf die Wunde legte, wodurch er ihre Schmerzen ins Unerträgliche steigerte.

In ihrer Qual blieb Blanche Gamond nichts als das Gebet: «Herr, erweise mir Barmherzigkeit und habe Mitleid mit mir.» Sie betete auch dann, wenn die Wärterinnen zugegen waren, obwohl sie schon mehrmals erfahren hatte, wie sehr sie die Mädchen damit gegen sich aufbrachte. Sie waren denn auch eifrig bemüht, sie im Gebet zu stören und spotteten: «Hat das einen Sinn, sich an Gott zu wenden? Der hat bestimmt anderes zu tun, als sich um Eure Wunde zu kümmern. Für derartige Anliegen hat er die Heiligen eingesetzt. Aber da Ihr ungläubig seid, wißt Ihr das natürlich nicht. Die Heiligen müßt Ihr anrufen oder allenfalls noch die Mutter Gottes!»

«Was ihr nicht sagt!» empörte sich Blanche Gamond, «ich weiß genau, an wen ich mich zu halten habe. Mit euren Heiligen ist mir nicht geholfen. Die könnt ihr getrost für eure eigenen Anliegen in Anspruch nehmen, ich mache sie euch nicht streitig.»

«Überlegt wohl, was Ihr sagt!» drohte die Roulatte, «so etwas hättet Ihr Euch nicht herauszunehmen gewagt, als noch Herr de la Rapine im Spital die Aufsicht führte. Aber nichts soll mich hindern, an seiner Stelle den Stock zu nehmen, um Euch damit Euren Hochmut auszutreiben.»

«Was Ihr da sagt, ist nicht sehr klug», warf Jeanne Terrasson ein. «Es dürfte Euch teuer zu stehen kommen, wenn Ihr Euch wirklich unterstehen solltet, einen kranken Menschen zu schlagen, der verstümmelt im Bett liegt und Eurer Obhut anvertraut ist. Ihr solltet in Euren Äußerungen vorsichtiger sein.»

«Was!» fauchte die Roulatte sie an; aber dann lenkte sie ein: «Was doch die Ketzer für gescheite Leute sein wollen!

Wenn man es noch gut mit ihnen meint und ihnen helfen will, vergelten sie es mit Undank.» Damit verließ sie die Kammer und schmetterte die Tür hinter sich zu.

An diesem Abend wartete Blanche Gamond umsonst auf Boyser. Ihre Wunde schmerzte sie furchtbar und ließ sie die ganze Nacht keinen Schlaf finden. Doch der Chirurg kam auch anderntags nicht. Dafür schickten ihr im Verlaufe des Tages die beiden Demoisellen Guichard und Dedau, die im Spital angestellt waren und, obwohl sie dem römischen Glauben anhingen, sich immer wieder bemühten, den beiden Kranken und vorab Blanche Gamond kleine Wohltaten zu erweisen, durch eine Küchenmagd ein Ei. Aber die Kranke weigerte sich, es anzunehmen.

«Warum denn nicht? Es wird Euch stärken, die beiden Demoisellen meinen es doch nur gut mit Euch!»

«Das bezweifle ich nicht, und ich lasse ihnen auch danken dafür. Sagt ihnen, ich hätte an meinen Tränen genug und bedürfe so keiner Nahrung.»

Die Magd ging mit diesem Bescheid, kehrte aber sogleich wieder. «Die Demoisellen bitten Euch noch einmal, das Ei doch anzunehmen.»

Aber Blanche Gamond ließ sich auch diesmal nicht dazu überreden. «Ich habe so heftige Schmerzen, daß ich nicht daran denken kann, etwas zu essen.»

So verließ denn die Magd unverrichteter Sache die Kranken.

Gegen Abend erschien Demoiselle Dedau selbst in der Kammer. «Was ist denn los mit Euch? Warum weigert Ihr Euch so hartnäckig, das Ei anzunehmen, das Euch doch nur gut tun könnte? Ihr habt heute noch gar nichts zu Euch genommen.»

«Weil ich nicht mag und an den Schmerzen genug habe.»

«Wollt Ihr zur Selbstmörderin werden? Damit zeigt Ihr, daß Eure Religion nichts wert ist.»

«Auch wenn ich eine Selbstmörderin wäre, hätte unsere Religion nichts damit zu tun. Sie ist nämlich sehr gut und sehr klar, und nur durch sie ist eine Rettung möglich. Wenn ich täte, was Ihr mir vorwerft, dann wäre ich eine schlechte Person, die sich nicht an das hält, was Gott dem Menschen gebietet. Unsere Religion ist sehr gut, aber wir Menschen sind schlecht, und das ist auch der Grund, weshalb sich Gott unserer Feinde bedient, um uns leiden zu lassen. Nicht unsere, eure Religion ist es, die voller Grausamkeiten ist, so daß ihr nicht einmal gestatten wollt, daß meine Mutter mich pflegt oder einen Wundarzt kommen läßt, der mich richtig verbinden könnte. Seht doch nur, wie mein Fieber wieder zugenommen hat! Sollte ich in diesem Zustand ein Ei zu mir nehmen können?»

Diese Worte der Kranken rührten die Dedau und sie sandte unverzüglich nach Herrn Boyser. Da man ihn jedoch nirgends finden konnte, kam sie selbst, um die Wunde frisch zu verbinden, wobei ihr die Pourchillonne die Kerze halten mußte. Mit zitternder Hand entfernte Fräulein Dedau das Pflaster, doch als sie dann die Wunde sah, die dermaßen glühte, daß Dampf aus ihr aufstieg, rief sie aus: «Was für ein Glück muß in Euch sein, daß Ihr imstande seid, das alles mit solcher Geduld zu ertragen! Wäret Ihr von unserer Religion! Ihr würdet Euch mit Euren Leiden den Himmel und die Seligkeit verdienen!»

Als sie darangehen wollte, ein neues Pflaster aufzulegen, schüttelte sie den Kopf: «Nein, nie werde ich den Mut aufbringen, diese fürchterliche Wunde zu verbinden.»

Und so mußte denn die Pourchillonne das Pflaster streichen und auflegen. Doch ihre Hände waren nicht geschickt dazu, sie hatte es auch nie gelernt, und so hatte Blanche Gamond schreckliche Schmerzen auszustehen, bis schließlich der neue Verband angebracht war. Als sie sich etwas erholt hatte, sagte sie: «Mademoiselle Dedau, Ihr habt vorhin erklärt, daß ich mir mit meinen Leiden in Eurer Religion den Himmel verdienen könnte. Möge Gott mich davor behüten, je Eurer Religion angehören zu müssen. Alle Schmerzen, die ich zu erdulden habe, habe ich durch meine Sünden selbst verschuldet, also können sie kein Verdienst sein. Was unsere Verdienste anbetrifft, so glaube ich, daß wir selbst dann, wenn wir die Gebote Gottes getreulich befolgten, nicht mehr als unnütze Knechte und Mägde wären. Fräulein Dedau, ich bitte Euch von Herzen, doch meine Mutter zu mir kommen zu lassen, damit sie mich besorgen und Baumwolle für meine Wunde zupfen kann.»

Doch Demoiselle Dedau schüttelte abweisend den Kopf: «Das ist mir nicht gestattet.»

«Habt Ihr denn kein Erbarmen mit der guten Frau? Rührt Euch der Kummer einer Mutter nicht? Ihr habt doch auch eine Mutter. Jeden Tag kommt meine Mutter in dieses Haus, steht draußen vor der Tür und Ihr laßt sie nicht herein.»

«Mademoiselle Gamond, ich kann die gleiche Frage auch an Euch richten: Rührt Euch der Kummer Eurer Mutter nicht? Liebtet Ihr Eure Eltern mehr, dann würdet Ihr endlich wechseln, wie ja auch sie gewechselt haben.»

«Das ist etwas anderes», sagte Blanche Gamond nach einigem Nachdenken.

«Wieso denn? Würdet Ihr endlich wechseln, dann wäret Ihr sofort frei und könntet mit Eurer Mutter zu Eurem kranken Vater nach Hause zurückkehren.»

«Mademoiselle Dedau, ich glaube nicht, daß es auf der Welt Kinder gibt, die ihre Eltern mehr lieben als ich. Aber in diesem Punkte darf es für mich weder einen Vater noch eine Mutter, weder einen Bruder noch sonst einen Menschen geben, der mir lieber wäre als mein Glaube an Jesus Christus, meinen Erlöser. Nichts auf der Welt, nicht einmal mein eigenes Leben, darf mir mehr bedeuten als meine Liebe zu dem, der mich erlöst von meinen Sünden.»

«Nun, es liegt an Euch. Wenn Ihr nicht wechseln wollt, dann werdet Ihr eben noch mehr leiden müssen, bis das Maß endlich voll ist.»

«Sagt mir die Wahrheit, Mademoiselle Dedau: Befindet sich meine Mutter noch in Valence? Steht sie vielleicht auch jetzt weinend vor der Tür?»

«Nein, sie ist nicht mehr hier, sie ist bereits vor ein paar Tagen heimgekehrt.»

Ein Lichtstrahl in die Dunkelheit

Der Kanzler des Königs, Le Tellier, der Verfasser des Ediktes von Fontainebleau, durch welches das Edikt von Nantes aufgehoben worden war, war noch im gleichen Jahr 1685 gestorben. Der Hofprediger Bossuet hatte die Grabrede gehalten und darin ausgerufen: «Unsere Herzen schlagen dankbar über die Frömmigkeit des großen Ludwig, bis zum Himmel empor dröhnt unser Beifall, der diesem neuen Constantin, diesem neuen Theodosius, diesem neuen Karl dem Großen sagen soll: ‚Du warst es, der den Glauben stärkte, du warst es, der die Ketzer ausgerottet und der Häresie ein Ende bereitet hat. Das ist ein Werk wahrhaft würdig deines Königtums, Gott allein hat ein solches Werk vollbringen können.'»

Von Schmeichlern solcher Art umgeben, berauscht von all den Glückwünschen und Beifallsbezeugungen, schwelgte Ludwig XIV. in der Vorstellung, der durch Gott begnadete Verteidiger des römischen Glaubens zu sein, so daß er seiner Hoffnung Ausdruck gab, sein damals dreijähriger Enkel möge dereinst nur noch aus den Geschichtsbüchern erfahren, daß es im Königreich einmal so etwas wie einen reformierten Irrglauben gegeben habe.

So mußte es denn alle, die ihren Herrscher im Glauben bestärkten, die angeblich reformierte Religion sei durch ihn besiegt und überwunden worden, mit Unbehagen, ja mit Unruhe erfüllen, daß in Wirklichkeit der reformierte Glauben noch immer nicht zerschlagen war, daß es in Frankreich immer noch eine große Zahl von Menschen gab, die nach wie vor zu ihrem hugenottischen Bekenntnis standen und Tag für Tag bereit waren, für ihren Glauben Gut, Freiheit oder gar ihr Leben hinzugeben.

Elie Benoît hat geschrieben: «Man war am Hofe durchaus im Zweifel darüber, daß die mit Gewalt zum Übertreten veranlaßten Reformierten auf die Dauer ihren aufgezwungenen Glauben behalten würden, und daß es je gelingen werde, die wegen ihres Glaubens Eingekerkerten zum Wechseln ihrer Religion zu veranlassen. Es ging hier tatsächlich um die Ehre des Königs, wenn es nach wie vor in Frankreich so viele Menschen gab, die entgegen seinem Willen in ihrer Religion ausharrten.» Und da es weder durch Gesetze, Drohungen, Strafen noch Gewalt gelungen war, die Hugenotten auszumerzen und ihre Irrlehre zum Verschwinden zu bringen, verfiel man auf den Gedanken, diesen Querulanten freien Abzug aus dem Lande zu gewähren, um sie auf solche Weise endlich loszuwerden.

Und tatsächlich erteilte der König am 8. Oktober 1686 den Befehl, auf die größten Härten in der Verfolgung der Hugenotten zu verzichten und die Wachen von den Grenzen zurückzuziehen, was zahlreiche Protestanten veranlaßte, lieber auf ihr Hab und Gut zu verzichten und das Königreich zu verlassen, um im Ausland in Frieden und Sicherheit ihren Glauben ausüben zu können.

Mit der Freilassung von Gefangenen wurde bereits im Winter 1687 begonnen, die meisten der Freilassungen erfolgten jedoch erst gegen Ende März 1688. Diese neue Einstellung den Hugenotten gegenüber erschien diesen als ein tröstliches und verheißungsvolles Licht in der Nacht ihrer Trübsal.

Ja es waren ihrer so viele, die freudig von dieser Gelegenheit Gebrauch machten, daß schon ein paar Monate später, Ende 1688, die Grenzen wieder bewacht und die Strafen für die Unbelehrbaren verschärft wurden, was aber nur zur Folge hatte, daß dafür in Frankreich die verbotenen hugenottischen Gottesdienste in neuer Fülle auflebten.

Nein, von einem endgültigen Sieg über die verbotene Religion, wie ihn Hof und Kirche so gerne wahrgehabt hätten, konnte in Wirklichkeit nicht die Rede sein.

Die während kurzer Zeit von der Regierung geförderte Auswanderung der Hugenotten darf nicht etwa als eine Begnadigung aufgefaßt werden. So war den zur Freilassung aus Spitälern und Gefängnissen Bestimmten keineswegs erlaubt, heimzukehren und an ihren Wohnstätten zu verbleiben. Sie wurden genötigt, außer Landes zu gehen. In Begleitung und bewacht von Bogenschützen wurden sie über die Grenze oder zum Transport nach überseeischen Ländern auf Schiffe gebracht. Sogar dabei kam noch zum Ausdruck, wie sehr man bemüht war, die Hugenotten bis zuletzt leiden zu lassen, indem sie nicht etwa über die am nächsten gelegene Grenze gebracht, sondern oft von einem Ende Frankreichs zum andern geschafft wurden, wobei viele die Beschwerlichkeiten und Mühsale der Reisen nicht überstanden. Wer außer Landes ging, durfte nicht etwa vorher noch seine Vermögenswerte ordnen und darüber verfügen, auch war es ihm untersagt, Geld mit sich zu nehmen. Allerdings wußten manche ihr Vermögen auf geheimen Wegen ins Ausland zu schaffen. Um die Hugenotten zu peinigen, wurde vielen die ihnen erwiesene Freilassung aus ihren Gefängnissen erst im letzten Augenblick bekanntgegeben.

Waren sie dann einmal unterwegs, dann wurden sie von ihren bewaffneten Begleitern in der Regel gut behandelt, und wo sie durchkamen, durften sie sich der Sympathie der Bevölkerung erfreuen.

Wurde in einem Ort bekannt, daß eine Gruppe von auswandernden Hugenotten herannahe, dann eilten die Bewohner auf die Straße, um den Durchziehenden Beifall zu spenden, ihren Mut und ihre Ausdauer zu preisen und sie durch Segenswünsche und tröstende Zurufe aufzumuntern, auszuharren. Ja auch Gaben und beträchtliche Geschenke wurden ihnen mitgegeben. Und dies keineswegs nur von Protestanten. Ganz unverhohlen gaben auch Katholiken ihrer Bewunderung über den Glaubensmut und die Glaubenstreue der Hugenotten Ausdruck, und vielfach übernahmen es gerade Katholiken, den Durchziehenden die Geschenke ihrer protestantischen Glaubensbrüder zu bringen und sie zu ihrer Standhaftigkeit zu beglückwünschen.

Daß das von vielen Papisten, vor allem auch von den Soldaten nicht gerne gesehen wurde, ist wohl verständlich, aber ein Verbot für die Neubekehrten, sich mit den Hugenotten in ein Gespräch einzulassen, erwies sich als undurchführbar. Um Unannehmlichkeiten solcher Art auszuweichen und Zwischenfälle zu verhüten, die keineswegs zur Stärkung der katholischen Position beitrugen, wurden mancherorts die Transporte der ins Ausland Verbannten in geschlossenen Wagen durchgeführt.

Das aber trug dazu bei, daß sich viele Katholiken ihre eigenen Gedanken zu machen anfingen und dabei zur Auffassung gelangen mochten, eine Religion, für die freudig derartige Opfer gebracht wurden, verdiene es nicht, so grausam unterdrückt zu werden. Und daß die Hugenotten nicht die schändlichen Bösewichter und Teufelsanbeter waren, wie von denen, die sie verfolgten, immer wieder behauptet wurde, wußten ja viele aus eigener Erfahrung im Umgang mit den Protestanten.

Auswirkungen der allerdings nur vorübergehenden Sinnesänderung am französischen Hofe, die für die Hugenotten eine Erleichterung bedeutete und sie, die nie müde wurden, an eine Besserung der Zustände zu glauben, aufatmen ließen, machten sich auch im Spital von Valence bemerkbar.

So erschien eines Tages Ende Oktober 1687 Mademoiselle de Leuze bei Jeanne Terrasson und Blanche Gamond, um ihnen anzuvertrauen, daß ihr gestattet werde, das Spital zu verlassen. Nun sei sie gekommen, Abschied zu nehmen, denn es sei vorgesehen, daß sie zusammen mit Marie Clot das Haus in der Nacht verlassen werde.

«Und wie habt Ihr das erreicht?» fragte Jeanne Terrasson mit angehaltenem Atem.

«Mit Geld», antwortete Jeanne de Leuze, «sechs Pistolen haben sie gefordert.»

«Wie ist das nur möglich», verwunderte sich Jeanne Terrasson, «es hat ihnen doch auch Monsieur Reymond, mein Ehemann, Geld angeboten, um mich freizubekommen. Und sie haben es abgelehnt. Und hat nicht auch Euer Vater Euch freizukaufen versucht, Mademoiselle Gamond?»

«Ja, das ist wahr. Aber auch ihn haben sie abgewiesen und weggeschickt.»

«Seit damals haben sich die Zeiten eben geändert, denn sie haben in Versailles wohl einsehen müssen, daß sie die von der Religion nur loswerden können, wenn sie sie ins Ausland ziehen lassen», sagte Mademoiselle de Leuze. «Wie leid tut es mir, daß nicht auch ihr, meine lieben Schwestern, mit uns dieses schreckliche Haus verlassen könnt! Aber ich bin überzeugt, daß die Reihe bald auch an euch kommen wird.» Und dann ging sie von einem Bett zum andern, beugte sich über die Kranken, umarmte sie, und alle drei vergossen Tränen, weil sie sich über das Glück freuten, das der Freundin widerfahren, und weil sie bedachten, daß sie wohl für immer Abschied nahmen voneinander. In diesem Leben würden sie sich kaum wiedersehen.

«Sobald ich draußen bin, werde ich mich mit euren Familien in Verbindung setzen, damit sie sich für euch verwenden können und auch ihr hier herauskommt», versprach Jeanne de Leuze. Und dann verließ sie die Kammer, beinahe beschwingten Schrittes, denn sie ging ja einem neuen Leben entgegen.

Jeanne Terrasson und Blanche Gamond aber sprachen noch lange über das Ereignis und konnten es nicht fassen, daß es nun plötzlich möglich sein sollte, gegen Geld frei zu werden.

«Ach, zu denken, daß auch wir eines Tages...»

«Eines Tages werden sich auch hinter uns die Türen dieses Hauses schließen, ganz bestimmt», sagte Blanche Gamond zuversichtlich. «Wir müssen nur warten können, bis die Zeit erfüllet ist.»

Anderntags kam die Roulatte in großer Aufregung in ihre Kammer gestürzt. «Falschheit über Falschheit!» lärmte sie, «aber es verwundert mich nicht.»

«Ist etwas geschehen? Worüber regt Ihr Euch so auf?»

«In der Nacht sind zwei von eurer Religion ausgebrochen, aber wie gesagt, es verwundert mich nicht, ich habe immer gesagt, der Rektor fasse euch zu weich an. Da herrschte denn doch eine andere Ordnung, als noch Herr de la Rapine dem Hause vorstand!»

«Wer ist ausgebrochen, wir wissen von nichts», sagte Jeanne Terrasson.

«Die Leuze und die Clot. Mit Hilfe einer Leiter sind sie

über die Gartenmauer gestiegen und entflohen. Bei Nacht und Nebel.»

Dieses Gerücht war mit Absicht im Spital ausgestreut und verbreitet worden, um gegen die Hugenotten Stimmung zu machen. In Wirklichkeit waren die beiden Demoisellen in der Nacht von Abbé Genest, dem Rektor, in aller Form entlassen worden. Und ohne daß Jeanne Terrasson etwas davon wußte, hatte Abbé Genest eben zu dieser Zeit bereits auch ihrem Schwager nach Die geschrieben und ihm zur Kenntnis gebracht, daß zufolge neuer Verfügungen die Gefangene gegen die Entrichtung eines be stimmten Betrages in Valence abgeholt werden könne, sofern er, ihr Schwager, bereit sei, für ein solches Lösegeld aufzukommen und dazu die Verpflichtung zu übernehmen, dafür zu sorgen, daß Jeanne Terrasson Frankreich verlassen werde.

Und Monsieur Reymond, der es kaum fassen konnte, was ihm da vom Rektor des Spitals zu Valence geschrieben wurde, sagte unverzüglich zu, und so kam es, daß schon nach wenigen Tagen, am 12. November des Jahres 1687, Jeanne Terrasson zu ihrer eigenen Überraschung das Spital La Rapines, in dem sie so viel hatte leiden müssen, verlassen durfte. Sie befand sich allerdings körperlich in einem so schrecklichen Zustand, daß es ihr vorläufig nicht möglich war, die Reise über die Grenze anzutreten. Sie war derart verletzt und verstümmelt, daß sie sich einer Krücke bedienen mußte, um sich nur aufrecht halten zu können.

So sehr sich Blanche Gamond darüber freute, daß Gott ihrer besten Freundin die Gnade erwies, sie aus den Händen ihrer Feinde zu befreien, wurde sie durch ihren Weggang doch in eine abgrundtiefe Traurigkeit gestürzt. Die beiden Schwestern, denen sie durch mancherlei gemeinsames Erleben und Leiden aufs innigste verbunden gewesen war, hatten sie nun verlassen, und sie war in diesem unseligen Hause zurückgeblieben, in dem noch immer die Schatten La Rapines und seines Terrors umgingen. Vorab war es der Weggang Jeanne Terrassons, der für sie einen großen Verlust bedeutete, denn außer Gott hatte sie dieser glaubenstreuen Frau aus Die das Leben zu verdanken. Obschon sie selber verstümmelt gewesen, hatte sie sich doch immer wieder und unter oft fast übermenschlichen Anstrengungen bemüht, der noch übler zugerichteten Blanche Gamond beizustehen, ihr die schreckliche Wunde auszuwaschen. Und immer, auch in der größten seelischen Not, hatten sie es verstanden, einander zu trösten und aufzurichten. Nun plötzlich, von einem Tag auf den andern, war sie dieser Gefährtin und Schwester beraubt worden. Jetzt blieb ihr tatsächlich nur noch die Pourchillonne, ihre Wärterin. Doch diese bemühte sich immer weniger um sie und wollte für jede ihrer Handreichungen bezahlt sein. Und als sie ein paar Tage darauf erkrankte, hatte Blanche Gamond überhaupt keinen Menschen mehr, der nach ihr geschaut und ihr kleine Erleichterungen hätte verschaffen können. So lag sie denn einsam und verlassen in der Krankenstube.

Wie oft mochten da ihre Gedanken in die glücklichen Tage ihrer Kindheit in Saint-Paul zurückschweifen! Das Plätschern des Brunnens unter den Platanen des Hauptplatzes, ihre einsamen Spiele im blumenbunten Garten daheim oder vor dem stillen Rebenhäuschen draußen vor der Stadt, der große starke Bruder, den sie immer so sehr geliebt und verehrt hatte, der Vater, die Mutter, war denn das alles wirklich einmal wahr gewesen? Ohne sich zu rühren lag sie da, und die Tränen rannen ihr über ihre bleichen Wangen.

In dieser Zeit, die ihr als eine Zeit der Trostlosigkeit und der Verlassenheit vorkam, erhielt sie von ihrem Paten einen am 7. November 1687 in Genf geschriebenen Brief, der hier im Wortlaut wiedergegeben sei: «Mademoiselle, mein sehr geliebtes Patenkind, wie soll ich Euch danken für Euren unvergleichlichen Brief, der vom Geist Gottes diktiert sein könnte? Um ihn in würdiger Weise beantworten zu können, müßte ich wie Ihr durchdrungen sein vom Geist der Standhaftigkeit, der Stärke, der Erkenntnis und der Gottesfurcht. Ich muß Euch gestehen, daß ich froh wäre, wenn ich Euch darin gleichkäme. Gelobt sei Gott, der Euch mit diesem Geist so reichlich ausgerüstet hat. Durch Euren ganzen Brief leuchtet der Geist des Duldens, und Ihr wißt es ja auch, daß diese Gabe nicht allen in gleicher Weise zugemessen wird. Ich erkenne mit Bewunderung, ja beinahe mit Neid und heimlichen Vorwürfen, daß ich nicht wie Ihr würdig befunden wurde, solchermaßen für den Namen Christi leiden zu dürfen, ohne Unterlaß und mit so viel Geduld. Wo mögt Ihr diese Erkenntnis nur herhaben, mein liebes Patenkind, Ihr, die Ihr ja nicht studiert habt wie ich, Ihr, die Ihr nicht die Möglichkeit hattet, Eurem Geist, um mich so auszudrücken, während dreißig bis vierzig Jahren ein Destillat aus unendlich vielen Büchern zukommen zu lassen, wie ich es getan habe, um mir das Wissen der Heiligen anzueignen? Aber ich erkenne das Geheimnis: es ist, weil unser großer Arzt, Gottes Geist, Euch mehr geliebt hat als mich. Gott hat Euch von seinem Geist einen doppelten Anteil gegeben. Die Heilige Schrift ist Euer einziges Buch gewesen. Ihr seid in eine Schule gegangen, die ich nicht kennengelernt habe. Jahrelang habt Ihr in Gefängnissen und in Verliesen gelebt und habt dort, wie mir mehrere verläßliche Frauen, die das Glück hatten, mit Euch in Fesseln zu liegen, bestätigt haben, die Tätigkeit eines Arztes und eines Trösters ausgeübt, Ihr habt Eure Gefährtinnen zur Geduld angehalten, und dies nicht nur durch Eure Worte, sondern vor allem durch Euer Beispiel. Dadurch, daß Ihr andere im Glauben unterrichtet und gestärkt habt, seid Ihr selber im Glauben stark geworden. Aus den heiligen Schriften habt Ihr gelernt, wie groß die Geduld unseres Erlösers war, als er im Hause des Pilatus gegeißelt wurde, wie geduldig sich die Apostel zeigten, als man sie in der gleichen Stadt Jerusalem mit Ruten schlug, und wie sie alle litten ohne zu murren, indem sie sich dem Willen ihres göttlichen Vaters unterzogen und sich sogar darüber freuten, für den Namen Christi leiden zu dürfen. Da Ihr um Euch und in Eurem Herzen so vortreffliche Ärzte hattet, wundere ich mich nicht über das, was ich in Eurem Brief gelesen habe, und über das verläßliche Zeugnis, das Euch so viele Menschen ausstellten, die mit Euch in Kerkern und Verliesen gewesen sind. Was mir jedoch an Euch am bewunderungswürdigsten erscheint, das ist diese unbesiegbare Standhaftigkeit, mit der Ihr die Ausbrüche Eurer Verfolger überwunden habt, obwohl Eure Martern von ganz besonderer Grausamkeit und Dauer waren. Wir haben beinahe alle Kirchen in Frankreich stürzen sehen allein unter dem Lärm der Dragoner und ihren Drohungen, Ihr aber habt Euren Schindern ohne zu zittern gegenübergestanden, selbst den teuflischsten unter ihnen, wie La Rapine und seinen sechs Gehilfinnen, von denen jede ein Bündel Ruten in Händen hielt und damit ihre Wut an Euch ausließ und sich müde schlug, indem sie Eure Schultern zerriß, bis das Blut über Euren Körper herunterrann und Eure Schultern schwarz wie Kohle wurden. Man hat Euch auch nachher noch mit Stöcken geschlagen, Euch durch die Kammer geschleppt und dazu Schläge versetzt, bis endlich der Stock auf Eurem Rücken zerbrach. Ihr seid von zuoberst im Hause auf die Steine hinuntergestürzt, so daß alles in Euch zerbrochen und verstümmelt war und Eure Glieder nun gelähmt sind und Ihr so an Eurem Körper die Wundmale des Herrn Jesus Christus tragt, Ihr erduldet Armut und Hunger an einem Ort, wo niemand nach Euch schaut und Ihr unaufhörlich verfolgt werdet. Was mich bei Eurem Leiden auch immer wieder mit Bewunderung erfüllt, das ist der Umstand, daß Ihr dies alles von unserem guten Meister zu ertragen gelernt habt, ohne zornig zu werden über die Beleidigungen, die Euch Eure Verfolger zufügen. Das ist der Weg, den Ihr weitergehen müßt, mein liebes Patenkind, damit Eure Standhaftigkeit Vollkommenheit erlange. So tat es auch der Märtyrer Menuret seligen Angedenkens, der unter den letzten Hinrichtungen mit seiner Person das glänzendste Beispiel der Standhaftigkeit gegeben hat. Er segnete seine Verfolger und sagte ihnen, daß er wohl wisse, daß die Quelle aller seiner Leiden seine eigenen Sünden seien, und daß alles durch Gottes Willen geschehe, dem er sich unterziehe. Und wenn man Euch, als Ihr im Fieber laget, während Monaten die Nahrung vorenthielt, deren Ihr doch bedurft hättet, und wenn nach Eurem Sturz vom obersten Stockwerk des Spitals Euer Fieber sich verdoppelte, dann bedenkt doch, ich bitte Euch, wie unseren Erlöser dürstete, als er ans Kreuz geschlagen war, und daß man ihm Essig mit Galle zu trinken gab. Wenn man die große Zahl der Verfolgungen überdenkt, denen Ihr ausgesetzt waret, und sich so Eure Beständigkeit vergegenwärtigt, so mutet das wie etwas Übermenschliches an. Es ist der große Gott, der Euch durch seinen Geist gestärkt hat. Es wird aber von uns verlangt, mein liebes Patenkind, daß wir bis ans Ende standhaft bleiben. Seht Ihr nicht die Krone der Märtyrer, die Euch im Himmel erwartet? Seht Ihr nicht, da Ihr mehr als die andern den guten Kampf des Glaubens gekämpft habt, wie Ihr unter ihnen allen durch das Lob unseres Herrn Jesus ausgezeichnet werdet? Jetzt ist der Augenblick da, mein liebes Patenkind, da Ihr Euch Eurer Drangsale freuen sollt, und ich bin dessen überzeugt, daß Ihr in Eurem Herzen eine unerschöpfliche Quelle des Trostes verspüren dürft. Laßt Eure lieben Gefährtinnen, die mit Euch im

Spital sind, an diesem Troste teilhaben, damit sich ihnen Eure Beständigkeit mitteile, damit Eure Worte sie erfreuen und ihr alle gemeinsam eurem großen Führer Jesus Christus nachfolgt, der das Kreuz erduldet und den Hohn verachtet hat, um sich dann zur rechten Hand Gottes niederzusetzen. Ich bitte Eure Schwestern, sich in ihren Gebeten immer wieder meiner zu erinnern. Ich flehe sie und auch Euch von ganzem Herzen an, mit Eurer Fürbitte fortzufahren und mich nicht zu vergessen, wie auch ich Euch nicht vergessen werde. Ich lobe Gott, daß er uns Eure gute Mutter erhalten hat in der Zeit Eurer Haft und Eures Sturzes, so daß sie Euch beistehen konnte. Versichert sie meiner Ergebenheit. Ich werde Eurem Bruder nach Graubünden schreiben, wohin zu fliehen ihm gelungen ist, und ich werde ihm Eure Entschlossenheit und Eure Leiden schildern. Ich werde nicht aufhören, für Euch zu bitten, widmet auch Ihr mir Gebet um Gebet. Ich wüßte nicht, wie ich besser schließen könnte als mit der Ermahnung, die der heilige Apostel Paulus an die Thessalonicher gerichtet hat: ‚Seid allezeit fröhlich. Betet ohne Unterlaß. Dankt in allen Lebenslagen, denn das ist der Wille Gottes in Christo Jesu an euch. Das Geistesfeuer dämpfet nicht. Prophetische Gabe achtet nicht gering. Prüfet alles, das Gute behaltet. Hütet euch vor dem Bösen in jeder Gestalt. Er selbst aber, der Gott des Friedens, heilige euch ganz und gar. Er bewahre euch unversehrt nach Geist, Seele und Leib, damit ihr untadelig erfunden werdet bei der Wiederkunft unseres Herrn Jesus Christus. Der euch berufen hat, ist treu. Er wird's auch tun.' Ich bitte Euch und die uns verbundenen Schwestern, die mit Euch gefangen sind, für mich zu beten. Ich bitte Euch inständig in dem Herrn, diesen Brief allen Euren Brüdern und Schwestern, die mit Euch gefangen sind, zur Kenntnis zu bringen. Die Gnade unseres Herrn Jesus Christus sei mit euch. Amen. Ich bin, mein sehr geliebtes Patenkind, Euer sehr untertäniger und sehr gehorsamer Pate und Diener F. Murat. Wenn Ihr mir schreibt, so schreibt mir nach Lausanne, da ich dort sein werde, so es Gott gefällt. Sorgt Euch um nichts, weil Euch nichts mangeln wird. Schickt mir, so rasch als möglich, die Erzählung von Euren Verfolgungen, die ich nachstehend erwähnen werde. Es soll alles so gut dargestellt sein wie in Eurem letzten Brief, den Ihr mir geschrieben habt, der sehr gut gemacht ist und nichts Überflüssiges enthält, schickt mir Euren Bericht auf zuverlässigem Wege. Berichtet mir über alle Eure Leiden, über alles, was Ihr in Grenoble und Valence habt erdulden müssen, über die Grausamkeiten, die Euch zugefügt worden sind, über die Auseinandersetzungen, die Ihr mit den Priestern hattet und mit den andern, die Euch zum Wechseln nötigen wollten, nennt, wenn es Euch möglich ist, den Monat und den Tag, wann es geschah, und faßt Euch dabei möglichst kurz, schreibt vor allem nichts, was nicht unbedingt der Wahrheit entspricht, da das zu Eurem großen Nachteil wäre.»

Solche Briefe – es sind ihrer fünf erhalten geblieben – bedeuteten Blanche Gamond unvorstellbar viel, bedeuteten ihr noch mehr in eben diesen Tagen, an denen sie mit keiner vertrauten Seele mehr einen Gedanken austauschen oder auch nur ein Wort wechseln konnte. Sie hat selbst darüber geschrieben: «Ich könnte hier noch viele andere Briefe anführen, die wie jene, die ich in meinen Bericht aufgenommen habe, nichts als die Wahrheit enthalten und für die Leser nicht minder erbaulich wären, und ich bin überzeugt, daß sie die Getreuen und vorab die guten Seelen, die im Gefängnis waren und für das Evangelium Christi gelitten haben, mit Trost erfüllten. Aber noch aus einem andern Grunde habe ich diese Briefe aufgenommen: die Pfarrer sollen nicht aufhören, ihren Schafen zu schreiben, und dem Beispiel meines treuen und seligen Paten nacheifern, der, da er nicht mit eigenem Munde seine Schafe trösten konnte, sie wenigstens mit seinen Briefen erbaute. So wird denn das Andenken des Seligen ewig glücklich sein.»

Die Reformierten konnten ohne ihre Religion nicht leben. Auf Nahrung konnten sie verzichten, nicht aber auf die Betätigung ihres Glaubens. Es brannte in ihnen das Verlangen nach der Gemeinschaft mit Glaubensgenossen, die Sehnsucht nach gemeinsam gefeierten Gottesdiensten. Man suchte diese durch heimlich durchgeführte Versammlungen im Familienkreise, bei Verwandten und Freunden zu ersetzen. Man kam zusammen, las eine Predigt und betete miteinander. Wohl waren alle religiösen Bücher verboten. Jeder, bei dem solche Schriften gefunden wurden, mußte mit Verhaftung und Gefangenschaft rechnen. Dennoch gaben die meisten der Hugenotten ihre Schätze nicht her. Fast in jedem Hause war im Fußboden oder im Gemäuer ein Versteck, in dem sie ihre Bibel und ihr Psalmenbuch verbargen. Es war ihnen eine Gewissenssache, sich von diesen Büchern nicht zu trennen. Ihre Begeisterung hatte etwas Mitreißendes.

Mit besonderer Treue hingen die Leute in den Cevennen und im Languedoc an ihrem protestantischen Glauben. Dort wurden immer größere Zusammenkünfte durchgeführt. 1500 oder 2000 Teilnehmer waren bald keine Ausnahme mehr. Und das, obwohl diese großen Versammlungen fast alle entdeckt, verraten und überfallen wurden. In den Cevennen ging kaum eine Woche vorbei, in der nicht eine Versammlung stattgefunden hätte. Leute aus zwanzig bis dreißig umliegenden Kirchsprengeln strömten da jeweils zusammen. Sie versammelten sich in Schluchten, Wäldern und abgelegenen Einöden, dann aber auch in einsam gelegenen Häusern und Ställen, die oft längere Zeit hindurch leergestanden hatten. Immer näher wagten sich die Hugenotten an Dörfer und Städte heran, nichts vermochte sie von der Teilnahme an den Versammlungen abzuschrecken. Eine Welle religiöser Begeisterung ging durch das Land. Nein, zerschlagen und erledigt war der protestantische Glauben nicht.

Die Nachricht davon erreichte bald auch die ins Ausland, vornehmlich in die Schweiz, geflüchteten Pfarrer, von denen daraufhin viele nach Frankreich zurückkehrten, obwohl sie wußten, sich damit in ständige Todesgefahr zu begeben. Der bedeutendste der solcherweise nach Frankreich zurückgekehrten Pfarrer war Claude Brousson.

Die Zahl der zur Verfügung stehenden Pfarrer reichte bei weitem nicht aus, um die Hugenotten bis in die hintersten Täler hinein zu betreuen. Immer mehr Laien, die sich dazu berufen glaubten, widmeten sich der Aufgabe, diese Lücken auszufüllen. Männer und Frauen aus den verschiedensten Berufen betätigten sich als Prediger und führten Versammlungen durch, in denen sie meist auswendig gelernte Predigten und Gebete hersagten. Sogar Kinder wurden dazu angehalten, sich für diese Aufgabe zur Verfügung zu stellen. Und es gab unter diesen solche, die mit einer wahren Hingabe und Verzückung durch das Land zogen und wie strahlende Engel Psalmen sangen und das Evangelium verkündigten.

Nie waren die Verhältnisse im Land verworrener gewesen als in dieser Zeit. Oft genug waren die Geschehnisse den Anordnungen aus Versailles völlig entgegengesetzt. Niemand wußte mehr, was eigentlich galt, überall herrschte Unsicherheit. Auf der einen Seite wurden die Hugenotten gegen Geld aus ihren Gefängnissen entlassen, auf der andern wüteten die Dragoner gegen die Reformierten mit einer bisher nicht erreichten Grausamkeit. Noch nie hatten sie die Menschenjagd unerbittlicher betrieben.

Wer eine heimliche Ketzerversammlung rechtzeitig genug verriet, so daß die Leute überfallen, gefangengenommen oder niedergemacht werden konnten, erhielt eine Belohnung bis zu 50 Pistolen. Und wer es durch seine Angaben ermöglichte, daß einer der heimlich ins Königreich zurückgekehrten Prädikanten ergriffen werden konnte, durfte einen Judaslohn von 5500 Pfund erwarten. Das war ein kleines Vermögen.

In seinem vierten Pastoralbrief schrieb Pierre Jurieu: «Seit dem Monat Juli (1687) sind die Cevennen zum eigentlichen Schlachtfeld geworden. Die Dragoner machen alle Reformierten, denen sie begegnen, nieder, und den Briefen, die aus dieser Gegend eintreffen, ist zu entnehmen, daß man in den Bergen kaum vier Schritte gehen kann, ohne auf eine Leiche zu stoßen.»

Am 30. Juni wurde auf dem Weg nach Barutel eine Versammlung von ungefähr 2000 Personen durchgeführt. Sie wurde von Dragonern aus Nîmes überfallen, denen es gelang, etwa vierzig Gefangene zu machen, die in den Turm La Vinetière gesperrt wurden. Wenige Tage später fielen die Soldaten des Königs in unmittelbarer Nähe der Stadt Nîmes über zwei andere Versammlungen her, wobei viel Blut floß, zahlreiche Personen gefangengenommen und andere an Ort und Stelle gehängt wurden. Die größte Metzelei veranstalteten diese «Verteidiger der wahren Religion» jedoch in der Nähe von Uzès auf dem Weg nach Bagnoles. Dort kamen am 7. Juli an die 1200 Personen zusammen. Die Dragoner von Uzès, denen die Versammlung verraten worden war, rückten unverzüglich nach dem ihnen beschriebenen Ort aus, wo sie tatsächlich die zur Andacht versammelten Hugenotten antrafen. Von allen Seiten drangen die Soldaten auf sie ein, und die Reformierten konnten nichts anderes mehr tun, als niederzuknien und ihre Hände zum Himmel zu erheben, um solcherweise im Gebet den Tod zu erwarten. Die Dragoner feuerten ihre Ladung auf die Überfallenen ab. Als sich der Pulverdampf verzogen hatte, war die Wiese mit Verletzten und Toten überdeckt. Die Dragoner, mit diesem Ergebnis noch nicht zufrieden, drangen mit den Bajonetten auf die Frauen ein, stachen sie in die Brust und in die Schenkel, erdrosselten die, die sich zur Wehr setzten, mit dem Lederzeug ihrer Pferde und nahmen mehr als dreihundert Frauen gefangen. Diesen schnitten sie die Kleider bis zu den Hüften hinunter weg, hängten sich selbst die Fetzen um und kehrten in solchem Aufzug mit ihren Gefangenen nach Uzès zurück. Nach den Berichten eines Augenzeugen traf er noch drei Wochen später auf jener Wiese auf die halbverwesten Leichen von dreißig Frauen.

Wenig später erhielten die Dragoner den Befehl, alle Teilnehmer an Versammlungen sofort und ohne Ausnahme niederzumetzeln. Offizieren, die diesem Befehl nicht nachkamen, waren hohe Strafen angedroht.

Die im Lande herrschende Unsicherheit veranlaßte viele der aus den Gefängnissen Entlassenen, ihre Reisen an die Grenze noch nicht anzutreten, sondern sich vorläufig verborgen zu halten, um eine Klärung der Lage abzuwarten. Zu diesen gehörte auch Blanche Gamonds Gefährtin Jeanne Terrasson. Sie schrieb: «Ich verließ La Rapines Spital am 12. November 1687. Zu meinem Leidwesen mußte ich meine so sehr geliebte Glaubensgenossin und Schwester in Christo Jesu, Mademoiselle Blanche Gamond aus Saint-Paul-Trois-Châteaux im Dauphiné, im Spital zurücklassen. Sie befand sich bei meinem Fortgehen in einem sehr bemitleidenswerten Zustand, vor allem wegen der schrecklichen Wunde an ihrem Schenkel, die sich durch den Sturz und die äußerst mangelhafte Pflege, die man ihr angedeihen ließ, arg verschlimmert hat, so daß Fräulein Gamond nur unter Zuhilfenahme von Krücken stehen kann.

Obwohl auch ich selber schrecklich gebrechlich war, so war meine Freude doch unvorstellbar, als der Augenblick gekommen war, da ich den Ort verlassen durfte, wo mein Leib und meine Seele so mancherlei Übel hatten erdulden müssen. Ich erhob mein Herz zum Himmel und sprach meinem göttlichen Vater meinen innigsten Dank aus mit den Worten: ‚Gott, wer ist dir gleich? Denn du lässest mich erfahren viele und große Angst und machst mich wieder lebendig und holst mich wieder aus der Tiefe der Erde herauf. Du machst mich sehr groß und tröstest mich wieder. So danke ich dir mit Psalterspiel für deine Treue, mein Gott, ich lobsinge dir auf der Harfe, du Heiliger in Israel. Meine Lippen und meine Seele, die du erlöst hast, sind fröhlich und lobsingen dir!'

Nach meiner Entlassung blieb ich noch ungefähr fünfeinhalb Monate in Frankreich, bis sich mein Körper etwas erholt hatte und ich soweit hergestellt war, daß ich eine Wagenfahrt ertragen konnte, was bei meinem Austritt aus La Rapines Spital keineswegs der Fall gewesen wäre. Sobald ich mich etwas besser fühlte, konnte ich den Tag kaum erwarten, an dem ich das Königreich verlassen durfte, jeder Tag kam mir so lange vor wie ein Jahr, denn meine Seele sehnte sich ohne Unterlaß nach den Vorhöfen des Ewigen. Ich hatte ein brennendes Verlangen, endlich wieder einmal teilnehmen zu dürfen an den heiligen Versammlungen, was mir durch die Bosheit meiner Widersacher so lange verwehrt gewesen war. Doch dem Rat meiner Freunde gehorchend, mußte ich mich noch länger gedulden und mich monatelang verborgen halten aus Furcht, den Seelenverkäufern erneut ins Garn zu geraten, weil diejenigen, die Gott die Treue hielten, nirgends ein sicheres Obdach fanden.

Und nachher verzögerte sich meine Ausreise aus Frankreich noch einmal, weil mir meine Freunde plötzlich Hoffnung gemacht hatten, daß es mir vielleicht doch noch möglich werde, etwas von meinem Vermögen zurückzuerhalten. Aber mein Warten war völlig nutzlos, da das in Purpur gekleidete Tier, das sich in seinem Herzen königlich glaubt, nichts von seinem Überfluß abzugeben bereit ist an jene, die sein Zeichen nicht annehmen wollen, und ihnen im Gegenteil nur Kreuz, Erpressung und Gewalt zuteil werden läßt. Und, wenn es ihm nicht gelingt, sich einer Person zu bemächtigen, trennt es sie wenigstens von ihren Gütern. So konnte ich lediglich mich selbst in Begleitung jener, die wie ich vertrieben worden waren, aus dem Lande hinausbringen.

Das war nicht viel. Wohl war ich mir bewußt, daß ich einst nichts auf diese Welt gebracht hatte, und daß mir Gott für meinen Unterhalt immer genügend hatte zukommen lassen. Ich wußte auch, daß der, der Israel behütet, weder schlummert noch schläft und zu mir wie zu Abraham sagte: ‚Fürchte dich nicht, ich bin dein Schild und dein sehr großer Lohn.' Und obwohl ich bekennen mußte: ‚Mein Fleisch und mein Herz sind schwach geworden', konnte ich doch auch sagen: ‚Aber Gott ist der Fels meines Herzens und mein Teil.'

Nach diesen köstlichen Verheißungen, mein Vertrauen auf den Fels aller Zeiten gegründet und ohne Furcht, enttäuscht zu werden, habe ich dann schließlich Frankreich am 3. Mai 1688 neuer Zeitrechnung verlassen, nachdem mich ein sehr vornehmer und frommer Herr aus den höchsten Kreisen der Provinz während der erwähnten fünf Monate versteckt gehalten hatte. Es war nicht nur das besondere Anliegen dieses Herrn und seiner sehr würdigen und frommen Gattin, den goldenen Leuchter zu bewahren, den Gott gnädiglich in ihrem Lande aufgerichtet hatte, sie bemühten sich auch, ihr prachtvolles Haus zu einer Stätte zu machen, an der Gott nach protestantischem Glauben verehrt wurde. Sie waren eifrig bemüht, auch andere des großen Vorzuges teilhaftig werden zu lassen, Gott dem reinen Evangelium entsprechend zu dienen. Sie waren wie zwei Säulen der göttlichen Kirche, und ich zweifle nicht daran, daß die Gnade Gottes weiterhin auf diesen beiden liegt und als eine lebendige Quelle des Trostes erglänzt, obwohl der fromme Herr selber noch in Frankreich weilt. Es hat Gott gefallen, ihn auch in Zeiten ärgster Verfolgungen christliche Barmherzigkeit üben zu lassen denen gegenüber, die an seinen Sohn glauben. Ich kann das selbst bezeugen, durfte ich doch die Auswirkungen davon in hohem Maße an mir selber erfahren. Dieser barmherzige Herr, dessen Namen ich leider verschweigen muß, um ihm nicht Unannehmlichkeiten zu bereiten, hat nicht gezögert, mich sogar in meiner Sklaverei aufzusuchen und bei einer sich ihm bietenden Gelegenheit sich sofort und mit einer wunderbaren Entschlossenheit für mich einzusetzen. Das hat mich Gott gegenüber zu großer Dankbarkeit verpflichtet, und ich habe mit besonderer Hingabe um meines Wohltäters und seiner verehrungswürdigen Frau Wohlergehen gefleht. Und Gott hat ihr dann auch wirklich die Gnade erwiesen, das Königreich glücklich verlassen zu können. Aus freiem Entschluß hatte diese vornehme Dame die ganze Pracht und Bequemlichkeit ihres Hauses zurückgelassen und darauf verzichtet, weiterhin den Angestellten vorzustehen und ihnen zu gebieten, um dafür Jesus Christus zu gehorchen. Nun verbringt sie einen großen Teil ihrer Zeit zu Füßen ihres Erlösers und läßt den Wohlgeruch ihrer innigsten Gebete für die Befreiung seiner Kirche aufsteigen.

Wie ich schon erwähnt habe, habe ich also am 3. Mai 1688 neuer Zeitrechnung Frankreich verlassen und bin durch Gottes Gnade am 28. April alter Zeitrechnung glücklich in Genf angelangt. Und als ich dort zum erstenmal zum Gottesdienst gehen konnte, geschah dies in der Kirche von Saint-Pierre. Beim Betreten der heiligen Stätte fühlte ich, wie in meinem Herzen die Flamme der göttlichen Liebe auflohte. Es ist mir nicht möglich, das näher zu beschreiben und einen Begriff zu geben vom Vorgeschmack der himmlischen Freuden, die meine Seele erfüllten. Hier geschah es, daß mein Herz und mein Fleisch vor Freude darüber erzitterten, Bethel betreten zu haben, das Haus des starken und lebendigen Gottes. Ich erkannte, welcher Gnade ich teilhaftig geworden war, daß ich mich nun in seiner Kirche aufhalten durfte. In jenem Augenblick fühlte ich, daß sich an mir die tröstliche Verheißung erfüllte, die verbunden ist mit der Aufforderung, die Gott an jedes seiner Kinder gerichtet hat: ‚Rufe mich an in der Not, so will ich dich erretten, so sollst du mich preisen!'»

Die Stunde der Erlösung

Am 23. November des Jahres 1687, zehn Tage, nachdem Jeanne Terrasson La Rapines Spital verlassen hatte, suchte ein Priester Blanche Gamond auf, die immer noch in der Krankenkammer lag. Er setzte sich zu ihr ans Bett und fragte sie, welcher Religion sie angehöre.

«Der reformierten», antwortete Blanche Gamond wie schon so oft vorher.

Sogleich begann er ein Gespräch mit ihr. «Trotzdem werdet Ihr wissen, daß Jesus Christus zum heiligen Petrus gesagt hat: ‚Du bist Petrus, auf diesen Felsen will ich meine Kirche bauen. Dieses Wort ist das Fundament der heiligen katholischen Kirche, es ist der Beweis dafür, daß Jesus selber die katholische Kirche eingesetzt hat.»

«Gewiß ist die Kirche von unserem Erlöser eingesetzt worden, wer dürfte etwas anderes behaupten?» antwortete

Blanche Gamond ruhig. «Aber es ist von der christlichen, nicht von der katholischen Kirche die Rede.»

«Ist denn das nicht dasselbe? Lehrt die katholische Kirche etwas anderes als den christlichen Glauben?»

«Ja, das tut sie. Sie lehrt nicht die reine, sondern eine von Menschen verfälschte christliche Lehre.»

«Ihr lästert, wenn Ihr so etwas sagt.»

«Ich sage einzig die Wahrheit. Die reine Lehre ist das, was uns Gott durch sein Wort geoffenbart hat. Und Gottes Wort ist durch die Heilige Schrift auf uns gekommen.»

«Niemand hat etwas anderes behauptet.»

«Doch – eben die katholische Kirche. Sie behauptet Dinge, von denen in der Bibel kein Wort steht, und dafür läßt sie Dinge aus, die in der Bibel stehen.»

«Da bin ich aber begierig.»

«Denkt an das Abendmahl.»

So disputierten sie wohl eine Stunde miteinander, ruhig und beherrscht, und mehr als einmal sprach sich der Priester anerkennend über die Bibelkenntnis der Hugenottin aus. Schließlich fragte er sie, ob sie denn glaube, der König sei verdammt.

Einen Augenblick überlegte sie, dann sagte sie, es liege nicht bei ihr, sondern bei Gott, über die Herzen und diese Dinge zu richten. Wenn jedoch sie die Religion des Königs annähme, dann würde sie verdammt sein. Denn da sie die Wahrheit gekannt und ihr dennoch nicht gefolgt wäre, wäre sie schuldiger als die andern, denen die Wahrheit verborgen geblieben sei.

Der Priester gab ihr zu bedenken, daß sie für eine Gefangene des Königs sehr kühne Worte spreche.

«Darf ich etwas anderes sagen als das, was für mich die Wahrheit ist?»

«Ich habe Euch nun durchschaut und werde veranlassen, daß Ihr in eine Zelle kommt. An der letzten Synode haben Eure Geistlichen in Charenton erklärt, sie könnten auch in unserer Religion das Seelenheil erlangen, und Ihr behauptet das genaue Gegenteil.» Dann begann er sie herunterzumachen und warf ihr ins Gesicht, was ihm gerade in den Mund kam, weil sie ihm auf seine Behauptung hin erwidert hatte, er spreche nicht die Wahrheit, die reformierten Pfarrer hätten nämlich alles, was ihnen auf dieser Welt am liebsten gewesen sei, verlassen, um die Wahrheit zu bezeugen, die ihr Mund gepredigt habe, mit Ausnahme einiger Abtrünniger, die sich selbst für nicht annehmbar gehalten hätten. «Und darin, Monsieur, redet Ihr nicht die Wahrheit und widersprecht Euch selbst. Aber Ihr tut das lediglich, um mich zu verführen. Ihr glaubt nämlich selbst nicht, was Ihr sagt, ich kenne Eure Schliche.»

Zornig verließ er sie, indem er ihr noch zurief, er werde nun noch öfters nach ihr sehen kommen. Blanche Gamond aber freute sich darüber, in diesem glücklichen Augenblick allein zu sein.

Am gleichen Tag, um drei Uhr nachmittags, kam Herr Clair aus Beaumont in der Nähe von Valence zu ihr in die Krankenstube. Auch er wurde wegen der ‚Religion im Spital La Rapines festgehalten. Er näherte sich dem Bett der Kranken und sagte: «Meine Liebe, faßt Mut, Ihr werdet bestimmt bald hinauskommen. Ich habe nämlich schon seit zwei Tagen das Geld in der Tasche, um Euch loszukaufen. Ihr wäret bereits draußen, wenn nicht der Herr Rektor erklärt hätte, das Geld, das Eure Mutter bezahlen wolle, sei zu wenig. Er hoffte nämlich, an Euch einen größeren Vorteil zu haben.»

So zerschlagen sie war von ihren Schmerzen, die ihren gepeinigten Körper durchrasten und die am Vormittag durch das Gespräch mit dem Priester an Heftigkeit noch zugenommen hatten, erfüllte sie diese Botschaft doch mit einer unsagbaren Freude, und sie fühlte, wie die

Qualen, die sie durch ihre Wunde litt, nachzulassen begannen.

Anderntags wurde Blanche Gamond in die Stube Saint Henry verbracht, in der zuvor Madame la Farelle gelegen hatte. Über sie lesen wir in einem in Den Haag veröffentlichten Pastoralbrief Pierre Jurieus: «Claudine de la Farelle war die Witwe eines Advokaten in Nîmes. Nach dem Widerruf des Ediktes von Nantes war sie von ihrem eigenen, katholisch gewordenen Sohn den königlichen Agenten ausgeliefert worden. Nachdem sie bereits in fünf Gefängnissen eingesperrt gewesen war, wurde sie schließlich in das Spital von Valence gebracht, wo sie durch den Zorn und die Grausamkeit La Rapines am halben Körper lahmgeschlagen wurde. Eines Tages erhielt sie von einem der Spitalknechte mit einem Stock einen Hieb quer über das Gesicht, durch den ihr sämtliche Vorderzähne herausgeschlagen wurden. Trotz dieser Mißhandlung hielt Madame la Farelle unerschütterlich an ihrem hugenottischen Glauben fest, so daß selbst La Rapine von ihrer Glaubensstärke beeindruckt war und sagte: ‚Madame, ich staune, wie Ihr solche Schmerzen ertragen könnt‘, worauf sie erwiderte: ‚Was ich zu leiden habe, ist nichts im Vergleich zu dem, was Jesus Christus für mich erduldet hat.‘

In dieser Stube verblieb Blanche Gamond, bis am 26. November am späten Abend der Rektor Abbé Genest sie aufsuchte und fragte, ob sie den Mut habe, das Spital zu verlassen.

Blanche Gamond sah ihn groß an, dann preßte sie die Hände gegen ihr heftig klopfendes Herz: «Monsieur...»

«Ihr habt richtig gehört, Ihr könnt gehen», nickte der Rektor.

«Ich kann gehen? Gott sei gelobt!» Und sie ließ den Kopf auf das Bett zurückfallen, und aus ihren geschlossenen Augen sickerten Tränen. «Gott sei gelobt», flüsterte sie noch einmal.

«Dann gestattet mir, daß ich Euch beim Ankleiden behilflich bin! Das ist zwar Frauenarbeit, und ich könnte eine der Mägde rufen; aber es ist mir lieber, wenn niemand es weiß und keiner Euch fortgehen sieht. Ihr hättet schon früher weggehen können, aber Eure Mutter zahlte nicht genug.»

Mit viel Mühe und mit großer Geduld half Abbé Genest der Verstümmelten in ihre Kleider. Sie konnte sich nicht aufrechthalten, ohne gestützt zu werden, so übel war sie zugerichtet. Von den Anstrengungen schmerzte sie die Wunde so sehr, daß sie sich vornüberbeugen mußte. Obschon sie immer wieder stöhnen und seufzen mußte, wollte ihr alles, was da beim Licht der flackernden Kerze in der Krankenstube mit ihr geschah, vorkommen wie ein Traum.

Als sie endlich angekleidet war, mußte sie sich noch einmal niederlegen, um sich von den Anstrengungen etwas zu erholen.

«Glaubt Ihr, daß es nun gehen wird?» fragte sie der Rektor nach einer Weile.

Sie nickte, und fürsorglich vom Priester geleitet und auf ihre Krücken gestützt, tat sie die wenigen Schritte zur Türe hin, und sie wußte, daß jeder Schritt, den sie mit Anstrengung ihres ganzen Willens ihrem zerschundenen Körper abringen mußte, sie der Freiheit, der so sehr ersehnten Freiheit näher brachte.

Abbé Genest hielt die Kerze hoch, deren Licht von den beiden langsam sich fortbewegenden Gestalten große, schwankende Schatten auf das Gemäuer warf. Solcherart war die Stunde, in der Gott Blanche Gamond aus den Händen ihrer Widersacher erlöste.

Vor der Tür, im dunklen Korridor, stand die Mutter,

die unter Tränen ihre Tochter empfing und behutsam in die Arme schloß.

Es war aber auch noch ein Verwandter aus Saint-Paul da und außer diesem noch einige Leute aus dem Spital, die es doch vernommen hatten, daß Blanche Gamond entlassen wurde. Nun waren sie hier, um die gehen zu sehen, die so unsagbar viel erduldet hatte in diesem Hause.

Auch Michel Gamond war mit nach Valence gekommen, wo er und seine Frau bei Bekannten ein Quartier für Blanche vorbereitet hatten. Wie sehr hatten sie diese glückliche Zeit herbeigesehnt, da sie mit ihrer Tochter wieder vereint sein würden. Doch ihr Zustand bereitete ihnen schweren Kummer.

«Was haben sie aus meiner Taube gemacht!» hatte Michel Gamond beim Anblick seiner über ihre Krücken gebeugten Tochter ausgerufen. Und immer wieder kam es vor, daß ihm Tränen über die Wangen rannen, wenn er an ihrem Lager saß, ihre Hand in der seinen hielt und auf das abgezehrte, von Schmerzen gequälte Antlitz niedersah.

Was für eine Wohltat war für Blanche die rührende Fürsorge, mit der sie von ihren Eltern und Bekannten umgeben wurde!

Ach, ihre Eltern! Blanche Gamond hat ihnen in ihrem Bericht Worte herzlicher Verehrung gewidmet: «Es gibt wohl im Lande nicht viele Eltern, die sich mit meinen Eltern vergleichen lassen. Wann immer es ihnen möglich war, haben sie mich in meinem Leiden aufgesucht und mir Mut zugesprochen. Sie wurden nicht müde, mich zum Ausharren anzuhalten, ganz anders als so viele Eltern, die ihre Kinder nötigen, ihre Religion aufzugeben. Ich lobe Gott, daß er mir die Gnade erwies, Eltern zu besitzen, durch die ich in der Furcht des Herrn erzogen wurde.»

Wenn Michel Gamond und Benoîte Malarte bei ihrer

Rückkehr aus Orange in Saint-Paul auch gewechselt hatten, weil vor allem der Vater nach all den Schicksalsschlägen körperlich und seelisch völlig gebrochen gewesen war und eine weitere Verfolgung einfach nicht mehr ertragen hätte – in ihren Herzen waren sie doch immer Hugenotten geblieben. Hätten sie sonst ihr Haus in Saint-Paul, und was ihnen sonst noch geblieben war, veräußert? Sie waren entschlossen, mit ihrer Tochter das Königreich zu verlassen, um jenseits der Grenzen ungehindert und im Frieden in ihrem geliebten hugenottischen Glauben leben und sterben zu dürfen. Obwohl Blanche Gamond selber auch äußerlich der reformierten Religion die Treue bis ans Ende ihrer Verfolgungen gehalten hat und nie um eines Vorteils willen, auch wenn sie damit ihr Leben hätte retten können, auch nur zum Schein nachgegeben hätte, wird sie den Eltern ihre Schwäche wohl verziehen haben. Wenigstens hat sie dieser Schwäche in ihrem Bericht für Frau Scherer nie auch nur mit einem Wort Erwähnung getan, obwohl ganz zweifellos der Wechsel ihrer Eltern für Blanche Gamond zeitlebens ein Stachel geblieben ist, der sie an die menschliche Unzulänglichkeit mahnte. Wenn sie den Wechsel ihrer Eltern verschwieg, dann geschah dies kaum, weil sie sich der Schwachheit ihrer Eltern geschämt hätte, sondern aus liebevoller Ehrfurcht vor ihnen. Nein, sie hätte es nicht über sich gebracht, über ihre Eltern zu richten.

Es traten in jenen Tagen viele Leute aus Valence und der Umgebung der Stadt ans Schmerzenslager Blanche Gamonds, die einen wohl bloß aus Neugierde, um die große Bekennerin und Dulderin zu sehen, von der in der Stadt so viel gesprochen worden war, die meisten jedoch aus Liebe und Bewunderung und aus dem innigen Verlangen heraus, ihr als Zeichen der Anerkennung und der Verbundenheit etwas zu bringen. Oft waren es ein paar späte Astern, eine schöne Frucht oder auch nur gute Wünsche.

Die Gamonds brannten darauf, das Land so rasch wie möglich zu verlassen, in dem sie so viel Schweres hatten erdulden müssen; doch wie sie das bewerkstelligen sollten, wußten sie noch nicht. Denn vorderhand war bei Blanche Gamonds Zustand nicht daran zu denken, die Reise nach Genf anzutreten. Sie hätte weder eine Wagenfahrt noch den Transport in einer Sänfte ausgehalten. Schließlich fand Michel Gamond, daß es am ehesten noch zu Pferd möglich sein könnte. Er würde neben ihr hergehen, das Tier führen und sich bemühen, seine Tochter im Sattel festzuhalten. Bis in alle Einzelheiten besprach er seinen Plan mit Blanche, wobei sie auf den Gedanken kam, vorn über dem Sattelknauf einen gefüllten Sack zu befestigen, auf den sie sich stützen konnte und der ihr so auch nach vorn einen Halt geben würde. Und die Steigbügel würden ihr eine Stütze für die Füße sein.

Nach mancherlei umständlichen Versuchen und Vorbereitungen war es dann im Dezember 1687 doch endlich soweit, daß sie Valence verlassen konnten. Es war für alle Beteiligten ein furchtbares Unternehmen. Denn zu den körperlichen Schäden Blanche Gamonds kamen nun noch die Unbilden des Winters, die Kälte und die mißlichen Wegverhältnisse.

Hätten sie nicht doch besser daran getan, sich noch etwas zu gedulden und den Frühling abzuwarten? Jeder Schritt des Pferdes trieb der Kranken die Tränen aus den Augen, und wenn das Tier stolperte, entlockten ihr die Erschütterungen ihres gepeinigten Körpers laute Schreie der Not und der Qual. Sofort nahm auch das Fieber wieder zu, so daß sie nach zwei oder drei Meilen mühsamen Vorwärtskommens anhalten mußten. Dann fiel Blanche Gamond in völliger Erschöpfung wie tot aus dem Sattel, so daß zwei

Personen sie in den Armen auffangen und ins Bett tragen mußten.

Die Mutter brachte ihr eine Schale heißer Fleischbrühe, damit sie sich stärken könne, doch war es der Unglücklichen vielfach unmöglich, sie zu sich zu nehmen, da ihr während des Rittes der Sattelknauf gegen den Magen gedrückt hatte. Um sich überhaupt auf dem Pferde halten zu können, hatte sie über den Sattel und den davor festgebundenen Sack liegen müssen.

Wo man sie hinlegte, da blieb sie liegen, ohne sich zu rühren, denn es war ihr schlecht und schwindlig vor Schwäche. Und was hatte sie unterwegs immer wieder auszustehen unter den höhnischen Zurufen, wenn sie wie ein halbleerer Sack auf dem Pferde hängend, dahergeritten kam! Am schlimmsten aber waren die brennenden Schmerzen, die ihr die Wunde verursachte. Sie waren der Grund, daß sie sich acht bis zehn Tage in einem Orte aufhalten mußten, bis sich ihr Zustand wieder ein wenig gebessert hatte.

Überall, wo sie sich aufhielten, meldeten sich sofort Besucher, es waren Leute aller Stände, verschiedenen Alters und beiderlei Geschlechts, die an Blanche Gamonds Lager traten und da angesichts der Gemarterten Tränen vergossen und sich oft beklagten, weil ihnen von ihrem Vermögen nichts genommen worden war, und sie nicht auch an ihrem Leib hatten leiden müssen. Viele schämten sich, daß sie davongekommen waren, ohne daß von ihnen ein Opfer gefordert worden war. Blanche Gamond gab sich Mühe, solche Selbstvorwürfe ihrer Besucher zu zerstreuen und sie mit dem Hinweis zu trösten, daß sie selber ja nicht aus eigener Kraft, sondern allein durch Gottes Gnade habe standhaft bleiben können. Sie ermunterte ihre Besucher, Frankreich ebenfalls zu verlassen, vor allem aber war es ihr immer wieder ein Anliegen, sie zu trösten, so gut ihr das in ihrem eigenen Elend möglich war.

In allen Städten und in allen Dörfern, durch die sie kamen, wiederholte sich dasselbe. Bei ihrem Zustand wäre ihr mehr Ruhe zuträglicher gewesen. Ihre Schmerzen hielten nicht nur an, sie nahmen noch zu und steigerten auch das Fieber. Obwohl Benoîte Malarte mit rührender Hingabe um ihre Tochter bemüht war und ihr die Pflege und vor allem das Reinhalten der schwärenden Wunde unendliche Mühe bereitete, vermochte sie es doch nicht zu verhindern, daß Blanche ganz nahe der Wunde vom Pferdesattel blutig gescheuert wurde. Grenoble war von Valence nicht mehr als vierzig Meilen entfernt, doch wegen der Schwierigkeiten, die es zu überwinden galt, waren die Gamonds länger als einen Monat unterwegs.

Auch in Grenoble wurde es sofort bekannt, daß Blanche Gamond mit ihren Eltern eingetroffen sei, und so verging auch hier kein Tag, an dem sich nicht gütige Menschen einfanden, die die Dulderin sehen wollten und ihr ihre Liebe bezeugten und ihre Hilfe anboten, was ihr sehr wohl tat.

In Grenoble wurde ihr auch die Ehre zuteil, von zwei sehr angesehenen Damen, von der Frau des Präsidenten Dalière und der Gattin Samson Vials, des französischen Schatzmeisters in Grenoble, besucht zu werden. Während Samson Vial bereits vor zwei Jahren zum katholischen Glauben übergetreten war und nun wieder zur Messe ging, hatte seine Frau dem protestantischen Glauben die Treue gehalten und war dadurch in große Trübsal geraten.

In Grenoble erhielt Blanche Gamond auch wieder einen Brief ihres Paten aus Genf, in welchem er sie wissen ließ, daß er sehr ungehalten sei, so lange nichts mehr von ihr gehört zu haben. Doch während sie noch mit dem Lesen dieses Briefes beschäftigt war, traf ein weiteres Schreiben von ihm für sie ein, in dem er ihr schrieb, sie sei glücklich zu preisen, daß es ihr vergönnt sei, Christi Wunden an ihrem Leib zu tragen.

Sie antwortete ihm, daß gerade das Gegenteil zutreffe: sie habe keinerlei Grund und Veranlassung, sich zu rühmen; Ruhm gebühre einzig dem Kreuz Jesu Christi und es sei wahr, daß ihr Gott eine große Gnade erwiesen habe. Dies sei ein Beweis seiner Güte und ein Zeichen dafür, daß sich Gott oft der Schwachen dieser Welt bediene, um die Starken zu beschämen. Das alles sei ihr aber nicht als Belohnung für Verdienste zugekommen, sondern einzig, weil Gott sich in ihr als in einer Unwürdigen habe verherrlichen wollen.

Wegen ihrer Wunde blieb Blanche Gamond mit ihren Eltern einen Monat in Grenoble. Im Februar 1688 brachen sie dann nach Genf auf, wo sie im April anlangten. Sie erhielt dort wiederum viele Besuche gütiger Menschen, die zu ihr kamen, um sie auf ihrem Schmerzenslager zu trösten und sie durch ihre Wohltätigkeit und Barmherzigkeit zu erfreuen.

Eine ganz besondere Freude war es für Blanche Gamond, hier ihre Leidensgefährtin aus La Rapines Spital, Jeanne Terrasson, wiederzusehen, die Genf ja noch vor ihr erreicht hatte.

Jeanne Terrasson blieb vier Monate in der Stadt an der Rhone, anfangs August 1688 reiste sie nach Bern weiter. Man weiß, daß sie sich am 10. August in Lausanne aufhielt, weil sich in den Registern der Direktion der Gesellschaft der französischen Flüchtlinge der Stadt Lausanne unter diesem Datum die Eintragung findet: «Die Gesellschaft hat an Fräulein Terrasson aus Die, Bekennerin, einen Beitrag von vierzig Sols ausgerichtet.» Sol ist die alte Bezeichnung für Sou, die ihr gebotene Unterstützung betrug also nach heutigem Geldwert etwa vierzig Franken. Am 22. August langte Jeanne Terrasson in Bern an, wo sie zahlreiche Gönner und Wohltäter fand, deren Hilfsbereitschaft zu preisen sie nicht müde wurde.

Daß Blanche Gamond in der protestantischen Gemeinde Genfs so herzliche Aufnahme fand, hatte seinen Grund darin, daß Pfarrer Jurieu in einem seiner Pastoralbriefe, wohl nach Angaben Pfarrer Murats, die Leiden der jungen Glaubensheldin aus dem Dauphiné mit aller Eindringlichkeit geschildert hatte, so daß ihr bei ihrem Eintreffen von allen Seiten Sympathiebezeugungen und Beweise christlicher Liebe entgegengebracht wurden. Aber auch von auswärts durfte sie mancherlei Guttaten erfahren. Zahlreiche Gönner bemühten sich, ihr durch Zuwendungen ihr Los als Refugiantin zu erleichtern. Zu diesen gehörten vorab Frau Sara Scherer-Locher in St. Gallen, der Blanche Gamond aus Dankbarkeit ihren Lebensbericht widmete, sowie Bürgermeister Escher in Zürich, der sich später besonders Michel Gamonds annahm.

Unter ihren zahlreichen Besuchern befand sich auch Herr Vincent Sarasin aus Lyon. Er war der Sohn eines Genfer Kaufmanns, der sich in Lyon niedergelassen hatte, und ein Bruder Jean Sarasins, der in Lyon protestantischer Pfarrer war. Dieser Vincent Sarasin übermittelte ihr die besten Empfehlungen der Madame de Saussure aus Lausanne und bot ihr seine Hilfe und seinen Schutz an, wofür ihm Blanche Gamond ihr Leben lang dankbar blieb.

Auch Pfarrer Murat, ihr Pate, kam von Lausanne nach Genf, um sein geliebtes und vielbewundertes Patenkind zu sehen. Blanche Gamond war tief beglückt, als dieser treue Diener Christi neben ihrem Bette saß, aber es war eine Freude von nur kurzer Dauer.

Anfangs Mai 1688 war Blanche Gamond soweit hergestellt, daß sie versuchen durfte, ihr Bett zu verlassen. Aber noch immer mußte sie sich, um sich aufrecht zu halten, der beiden Krücken bedienen. Wie ein Kind mußte sie wieder gehen lernen, doch setzte sie ihre Versuche mit großer Beharrlichkeit fort, war es doch das Ziel ihres heißesten Sehnens, endlich wieder einem Gottesdienst beiwohnen zu dürfen.

Und eines Sonntags war es soweit. Aus den Gärten wehte ihr der Duft der Rosen entgegen, als sie sich in Begleitung ihrer Eltern und mit vor Freude fast zerspringendem Herzen unter dem dröhnenden Klang der Glocken auf den Weg nach der Kirche von Saint-Gervais begab.

Doch ihr armer Körper hielt ihrer Freude nicht stand, er versagte erbärmlich. Ihre Beine waren zu schwach, um den Körper zu tragen, ihre Krücken hatten sie wundgescheuert unter den Armen, sie konnte sich nicht beugen, sie konnte sich weder hinsetzen noch niederknien wegen der unglaublichen Schmerzen, die sie durch ihre Wunde auszustehen hatte. Und doch, was für ein Entzücken empfand sie beim Betreten des heiligen Ortes! Eine Quelle unbegreiflichen und unfaßbaren Trostes brach ihr auf. Der Pfarrer, Herr Turretini – es handelt sich nicht um den berühmten François Turretini, der ein Jahr zuvor gestorben war, sondern um dessen Vetter Michel Turretini, der ebenfalls seit 1676 Pfarrer und Theologieprofessor in Genf war –, erschien ihr als ein treuer Gesandter Christi, und der Psalm, der gesungen wurde, und der Text, den er gewählt hatte, entsprachen so sehr ihrem Zustand, daß sie überzeugt war, er habe diese Wahl eigens zu ihrem Troste getroffen. Es war ein Wort aus dem Epheserbrief, über das er sprach: «Darum bitte ich, daß ihr nicht müde werdet um meiner Trübsale willen, die ich für euch leide, welche euch eine Ehre sind.» Er wies auf die Gefangenen in Frankreich hin und sprach von jenen, die für den Namen Christi gelitten hatten, seine Worte waren so eindringlich und so trostreich, er betete so inbrünstig und zu Herzen gehend, daß Blanche Gamond wußte, nie mehr so reichen Trost empfangen zu dürfen, wie er ihr in diesem Augenblick zuteil wurde.

Während Blanche Gamond vorläufig in Genf blieb, wo ihr so viele Wohltaten erwiesen wurden, setzten ihre Eltern, Michel Gamond und Benoîte Malarte, ihre Reise fort und ließen sich in Bern nieder, wohin ihnen Blanche nachfolgen sollte, sobald es ihnen gelang, eine geeignete Unterkunft zu finden.

Eine Woche nachdem Blanche Gamond den Gottesdienst in der Kirche von Saint-Gervais besucht hatte, ging sie zur Predigt in die Kirche von Saint-Pierre, wobei ihr die Freude zuteil wurde, Pfarrer B. Calandrini predigen zu hören. Bénédict Calandrini, Pfarrer in Genf seit 1664, nahm regen Anteil am Los der verfolgten französischen Protestanten und setzte sich vor allem für jene ein, die zum Galeerendienst verurteilt waren.

Nach dem Gottesdienst warteten zahlreiche Kirchgänger auf sie, unter denen sich mehrere angesehene Persönlichkeiten befanden, die sich ihr gegenüber sehr liebenswürdig benahmen und ihr versicherten, daß es für sie eine große Freude und Genugtuung bedeute, sie aus den Händen ihrer Feinde befreit zu sehen. Fräulein Jaquet aus dem Languedoc, die zusammen mit Pfarrer Capieu von Saint-Laurent in Vernède bei Uzès 1686 verhaftet worden war – Pfarrer Capieu war dann am 12. Dezember zu lebenslänglichem Galeerendienst verurteilt worden – und die man dann ins Gefängnis von Grenoble eingeliefert hatte, wo Blanche Gamond sie kennenlernte, nahm sie bei der Hand: «Nun müßt Ihr mir aber die Freude bereiten, zu mir zu kommen!» Sie führte die Behinderte liebevoll nach ihrem Zimmer. Als sie endlich dort waren und sich durchs Fenster am Blick über die Dächer der Stadt erfreut hatten, nahm Mademoiselle Jaquet Blanche Gamonds Hände in die ihren und sah sie glückstrahlend an: «Was für ein Glück, Euch hier haben zu dürfen! Ach, wie viele Tränen habe ich Euretwillen vergossen, Ihr habt mir entsetzlich leid getan.»

«Und wieso das?» fragte Blanche.

«Das hat seinen guten Grund, den Ihr heute erfahren sollt. Ich war damals während einiger Zeit im Spital zu Grenoble interniert, Ihr habt es ja noch erfahren, daß ich mit andern aus dem Gefängnis dorthin verbracht wurde. In jener Zeit kam La Rapine, der scheußliche La Rapine von Valence, nach Grenoble, um dort den Rektor des Spitals aufzusuchen und sich zu erkundigen, ob er auch Leute von der Religion im Spital habe. Der Rektor bestätigte das und fragte: ‚Und Ihr, habt Ihr auch welche?' – ‚Das will ich meinen', antwortete La Rapine, ‚und unter ihnen sind zwei, die doppelt zählen, so störrisch und aufrührerisch sind sie, nämlich Jeanne de Leuze und Blanche Gamond. Diese beiden werden aber auch entsprechend behandelt, ich lasse ihnen bei jeder Gelegenheit hundert Schläge verabfolgen.' – Wir waren ein paar von der Religion, die diesem Gespräch zuhörten», fuhr Mademoiselle Jaquet zu erzählen fort, «und als wir sein hassenswertes, aufgedunsenes Gesicht sahen und seine groben Wörter hörten, brachen wir in Tränen aus und begaben uns weinend in unsere Kammer, nicht nur wegen Eures beklagenswerten Zustandes, sondern auch, weil man uns täglich drohte, uns zu La Rapine nach Valence zu bringen, sofern wir nicht wechselten.»

«Ihr könnt Euch wahrhaftig glücklich schätzen, daß Ihr nicht in seine Hände gefallen seid, denn wir sind unter ihm wirklich maßlos geschlagen worden. Erzählte man mir, jemand habe solches erduldet, ich würde, ich könnte es nicht glauben. Es ist tatsächlich ein Wunder des Himmels, daß ich noch am Leben bin, und ich kann mit David sagen: ‚Es umfingen mich des Todes Bande, und die Bäche des Verderbens erschreckten mich. Herr mein Gott, da ich schrie zu dir, machtest du mich gesund. Du hast Menschen lassen über unser Haupt fahren, wir sind in Feuer und Wasser gekommen: aber du hast uns geführt und erquickt.»

Am 14. Mai 1688, um zehn Uhr vormittags, starb Blanche Gamonds Pate François Murat. Diesen treuen Menschen verlieren zu müssen, der stets so sehr Anteil genommen hatte an seines Patenkindes Leiden und Ergehen, war für Blanche Gamond ein harter Schlag. Aus dieser Prüfung erkannte sie, daß sie sich immer wieder zu sehr auf menschliche Hilfe verließ, die vergleichbar war einem zerbrochenen Schilfrohr oder einem Dornbusch, der gleicherweise jenen sticht, der ihn gepflanzt hat, wie den andern, der ihn ausreißt.

Aber der große Gott hielt noch nicht ein, sie in Leid zu versetzen: am 28. September desselben Jahres erfuhr Blanche Gamond, daß ihre Mutter, Benoîte Malarte, in Bern verstorben war, und daß man dort ihren Leib bereits vor zwanzig Tagen der Erde übergeben hatte. Ihre Mutter, die ihr so unendlich lieb gewesen war! Das war eine Botschaft, die sie um so härter traf, als sie gar nichts davon gewußt hatte, daß die Mutter in Bern krank gewesen war.

In ihrem Elend warf sich Blanche Gamond aufs Bett und stieß Schreie und Seufzer aus, und während ihr die Tränen das Gesicht netzten, rief sie verzweifelt: «O mein Gott, ich scheine der Gegenstand deines Zornes zu sein und es scheint dir zu gefallen, mich heimzusuchen. Du willst, daß ich fürderhin nicht mehr Blanche Gamond, sondern Mara genannt werde, denn du hast das Maß meiner Betrübnis voll gemacht. Ich sehe wohl ein, daß es meine Sünden sind, die dich fortfahren lassen, mich mit deiner Zuchtrute heimzusuchen, aber ziehe deine Gnade nicht von mir ab. Ich habe gegen dich gesündigt, mein Gott, und deshalb hörst du nicht auf, mich zu verfolgen.»

Während sie solcherweise verzweifelt auf ihrem Bette lag und meinte, jetzt müsse alles zu Ende sein, trat Pfarrer Pierre Gaudy bei ihr ein, da er vom Leid gehört hatte, das sie betroffen. Nun war er gekommen, um sie zu trösten.

Er versprach der haltlos Weinenden, ihr beizustehen und alles für sie zu tun, was in seiner Macht stehe. Nachdem es ihm gelungen war, sie etwas zu beruhigen, sprach er noch ein Gebet mit ihr.

Da nun die Mutter gestorben war und sie ihren Vater allein und hilflos in Bern wußte, hielt es Blanche Gamond nicht länger in Genf, obwohl sie hier unsäglich viel Liebe und Anteilnahme hatte erfahren dürfen. Sie bereitete alles zu ihrer Weiterreise vor und verließ Genf Mitte Oktober. Wie hochgeschätzt und geliebt sie dort gewesen war, mag die Tatsache beweisen, daß man ihr ein sehr lobendes Zeugnis mitgab, welches von zwölf Genfer Pfarrern unterschrieben worden war und ihr zur Einführung und als Empfehlung bei den evangelischen Kantonen dienen sollte. In diesem vom 10. Oktober 1688 datierten Brief heißt es u. a.: «Da sie nicht zum Abfall zu bewegen war, wurde sie kahl geschoren und verurteilt, bis an ihr Lebensende in Gefangenschaft gelegt zu werden. Doch vermochte auch dieses Urteil sie nicht zu erschüttern, so daß sie nach Valence verbracht und dort dem berüchtigten Wüterich La Rapine übergeben wurde, der sie neun Monate lang unmenschlich behandelte. Sie wurde herumgeschleppt, mit Füßen getreten, oft bis zum Gürtel hinab entblößt und blutig geschlagen, so daß sie mehrmals zu Boden sank und als tot weggetragen wurde. Manche Rute ist auf ihrem Rücken zerschlagen worden, und tagelang ließ man sie ohne Speise und Trank. Da sie, als sie zu entfliehen versuchte, durch einen Sturz von hoch oben wie auch durch das Messer des Wundarztes unter der Hüfte übel zugerichtet worden war und man ihre Wunde lange unverbunden ließ, verfaulte ihr das Fleisch, so daß ein großes Stück davon herausgeschnitten werden mußte. Sie litt zwei Jahre lang soviel Plag und Ungemach, als jemals ein Bekenner der Wahrheit ausgestanden hat. Als dann endlich auf königliche Order verschiedene Gefangene aus ihren Kerkern entlassen wurden, gelangte auch sie auf freien Fuß. So kam sie in die Stadt Genf, wo sie während ihres sieben Monate dauernden Aufenthaltes durch ihren gottseligen Wandel jedermann lieb geworden ist.»

Dem letzten Ziele zu

Am 25. Oktober 1688 fuhr der Reisewagen, den Blanche Gamond benützte, durch das nördliche Stadttor in Bern ein. Sie war müde bei ihrer Ankunft und mitgenommen von den Beschwernissen der Fahrt, und trotz der Freude, ihren Vater endlich wiedersehen zu dürfen, war sie doch banger Ahnungen voll. Wie würde sie ihn antreffen, jetzt, nachdem die Mutter gestorben war, auf deren liebevolle Betreuung er sich mehr und mehr hatte verlassen müssen? Wie mochte er diesen schweren Schlag überstanden haben?

Einer ihrer Mitreisenden, Monsieur Duval, selber hugenottischen Glaubens, mit dem sich Blanche auf der Reise unterhalten hatte und der sich in Bern auskannte, hatte sich anerboten, sie nach der Brunngasse zu bringen, wo Michel Gamond wohnte.

Sie kamen nicht sehr rasch vorwärts, denn Blanche Gamond war noch immer behindert und würde wohl für immer behindert bleiben; aber sie war nun doch wieder soweit hergestellt, daß sie seit einiger Zeit der Krücken nicht mehr bedurfte.

«Mein Freund, mit dem ich geschäftliche Beziehungen unterhalte, wohnt nicht hier in der Stadt oben, sondern unten an der Aare. Im Marzili, heißt es dort. Er hat eine Seidenbandweberei eingerichtet und sein Geschäft blüht. Die Regierung hat auch ihm, wie vielen andern Flüchtlingen, die im Textilgewerbe tätig sind, gewisse Vorrechte eingeräumt, denn die gnädigen Herren haben wohl erkannt, daß es der Stadt nur zum Vorteil gereichen kann, wenn sich in ihr Leute seines Charakters und seiner Tüchtigkeit niederlassen», berichtete der freundliche Reisegefährte. Blanche hörte ihm freilich nur mit halbem Ohr zu, weilten ihre Gedanken doch bereits bei ihrem Vater. Ach du dummes Herz! Es flatterte in ihrer Brust wie ein verängstigter Vogel.

Was Monsieur Duval über die Aufnahme der Flüchtlinge in Bern gesagt hatte, traf durchaus zu. Man hatte in Bern tatsächlich bald einmal eingesehen, daß die Aufnahme und Beherbergung von Flüchtlingen nicht nur ein Gebot der Nächstenliebe war, sondern ein Beitrag zum Gedeihen und zur Wohlfahrt der Stadt zu werden versprach. So hatte der Rat schon am 22. Weinmonat 1685 – also im Jahr der Aufhebung des Ediktes von Nantes – den Beschluß gefaßt, daß Flüchtlingen, die sich auf Wollweberei und die Anfertigung von Posamenten verstanden und willens waren, sich selber durchzubringen und andere in ihr Gewerbe einzuführen, Stoff, Werkzeuge und Platz zu verschaffen sei, damit sie ungehindert ihren Beruf ausüben könnten. Am 17. Horner 1686 wurde Gewerbsleuten aus Valence ein Darlehen zur Einrichtung einer Tuchfabrik gewährt. In dem an die französische Kirche anstoßenden Gebäude des ehemaligen Dominikanerklosters war ein gewerblicher Betrieb französischer Glaubensflüchtlinge untergebracht. Jacques Jonquières aus St-Chates im Languedoc, der zuerst in Aarau ansässig gewesen war, war von der Regierung nach Bern berufen worden, damit er hier eine Seidenweberei betreibe, und durchreisenden Kaufleuten wurde Unterstützung und Hilfe aller Art in Aussicht gestellt für den Fall, daß sie sich entschlossen, in Bern zu bleiben und da ihren Beruf auszuüben. Einem Flüchtling aus Montpellier wies die Regierung Land an, damit er darauf die Maulbeerbäume anpflanzen könne, die er in großer Zahl aus Frankreich mitgebracht hatte.

Daß damals das Geschäftsleben in Bern noch nicht sehr entwickelt war, beweist die Tatsache, daß Flüchtlinge, die im Frühling 1686 eine namhafte Summe an Zins legen wollten, auf ein Gutachten des Seckelmeisters und der Venner hin vom Rat angewiesen wurden, mit ihrem Anliegen an eine andere Stadt, wie Zürich, Basel oder Genf, zu gelangen, wo der Handel besser blühe und mehr Gelegenheiten bestünden, das Geld zu verwenden.

«Und da, Mademoiselle, sind wir auch schon an Eurem Ziele angelangt», sagte Herr Duval. «Das ist das Haus des Schneidermeisters Barben, in dem, wie Ihr mir erzähltet, Euer Vater eine Unterkunft gefunden hat.»

«Hier also ist es?»

«Im Haus, vor dem wir stehen, gewiß. Und wenn es Euch recht ist, geleite ich Euch noch hinauf. Ihr könntet den Sack doch nicht selber tragen.»

Es erwies sich, daß Michel Gamond daheim war.

«Er geht nur ganz selten aus», berichtete Frau Barben, «aber er hat mir verraten, daß Ihr kommen würdet. Er freut sich sehr auf Euch!»

«Und – wie geht es ihm?» fragte Blanche Gamond stockend, während sie hintereinander in der Dunkelheit über die schmale hölzerne Treppe hinaufstiegen.

«Es ist gut, daß er nicht länger allein ist, der Tod Eurer Mutter hat ihn hergenommen.»

«War sie lange krank?»

«Ein paar Tage nur. Sie ist ja schon krank hergekommen. Sie muß sich unterwegs mit einem heimtückischen Fieber angesteckt haben. Die gute Frau, sie hat mir leid getan!»

Michel Gamond weinte vor Freude über die Ankunft

seiner Tochter. «Wie gut, daß du gekommen bist, ach, meine Taube!»

Frau Barben tat es nicht anders, als daß Blanche Gamond und ihr Vater zum Abendbrot zu ihr kamen. «Es ist bald etwas hergerichtet.»

«Bist du nun sehr müde, Blanche, oder gehen wir noch zum Münster hinüber? Ich möchte dir so gerne das Münster zeigen. Darauf habe ich mich die ganze Zeit gefreut», sagte Michel Gamond nach dem Essen zu seiner Tochter.

«Wenn es Euch Freude macht, Vater, ich kann Euch schon begleiten. Habt Ihr denn nicht gesehen, wie gut ich wieder gehen kann?»

«Gott sei es gedankt. Ach meine Taube, wenn doch deine Mutter diese Freude noch hätte erleben dürfen!» seufzte er.

«Sie ist inzwischen anderer und bestimmt noch größerer Freuden teilhaftig geworden», versuchte ihn Blanche zu trösten.

Ja, ihr guter Vater war wirklich alt und gebrechlich, dachte Blanche Gamond, als sie nebeneinander die Brunngasse hinuntergingen, eines auf das andere Rücksicht nehmend. Und dann, als sie aus der engen Kreuzgasse heraustraten, sah sich Blanche ganz unvermutet vor dem mächtigen Bau des Münsters, dessen stumpfer Turm sich in wunderbarer Schönheit vom mondlichtversilberten Gewölk des Nachthimmels abhob.

Eine ganze Weile stand Blanche Gamond stumm und ergriffen da.

Dann führte der Vater sie vor das Hauptportal, dessen Figurenschmuck in seinen Einzelheiten jetzt in der Dunkelheit allerdings nicht erkennbar war, und dennoch fühlte sich hier in der Stille und vor der erhabenen Schönheit dieses Gotteshauses Blanche Gamond vom Atem des Ewigen angeweht.

«Es hat sich trotzdem gelohnt», sprach Michel Gamond schließlich in das Schweigen hinein.

«Ja, Vater, du hast recht, es hat sich trotzdem gelohnt.»

Und dann betraten sie noch die neben der Kirche gelegene Plattform und gingen schweigend unter den Kronen der alten Lindenbäume dahin, beugten sich über die Mauerbrüstung und schauten hinunter in die Tiefe, aus der das Rauschen der Aare zu ihnen emporstieg, und über ihnen stand feierlich der Himmel mit seinem lichtdurchbrochenen Gewölk. So standen sie nebeneinander und lauschten auf das Rauschen des Flusses, das die wundersame Stille um sie her nur noch vertiefte und sie an das ewige und pausenlose Verrinnen der Zeit gemahnte, und sie gedachten dabei wohl beide der ihnen Vorangegangenen, und wie ein großer Trost mochte ihnen dabei die Gewißheit zu wachsen, daß sie ja schon über ein kleines wieder – und dann für immer – vereint sein würden.

Ein paar welke Blätter lösten sich aus dem Geäst der Linden und sanken lautlos neben ihnen nieder.

«So wollen wir nun gehen», sagte Michel Gamond, «es ist kühl geworden.»

Die Plattform über der rauschenden Aare wurde in Bern Blanche Gamonds liebster Aufenthalt. Immer wieder zog es sie dorthin, dieser stille Platz war für sie wie eine Insel im Lärm und geschäftigen Leben der Stadt.

An der Brunngasse bewohnten sie zwei Kammern unter dem Dach, die zusammen mit dem daneben gelegenen, stark abgeschrägten und fensterlosen Raum, der als Küche zu dienen hatte, eine sehr bescheidene Unterkunft waren. Aber Schneidermeister Barben überließ ihnen die Kammer gegen eine bescheidene Miete. Und das wußten sie wohl zu schätzen, denn es waren nur sehr beschränkte Mittel, über die sie noch verfügen konnten, und die Stadt war mit Flüchtlingen überfüllt, so daß sie dankbar sein mußten, überhaupt ein Dach über dem Kopf zu haben. Zudem waren der Schneider und dessen Frau rührend um die beiden besorgt.

Barben hatte einen hübschen, etwa vierzehnjährigen Knaben, ein zartgliedriges, aufgewecktes Bürschchen, das den beiden neuen Hausbewohnern manchen Dienst erwies, vielleicht nicht ganz selbstlos, denn Menk war eifrigst bestrebt, im Umgang mit den Hugenotten ein wenig Französisch zu lernen. Und Blanche Gamond freute sich immer, wenn sie seinen semmelblonden Wuschelkopf auftauchen sah und des Buben blanke Augen sie treuherzig anstrahlten. Ging sie in die Hauptgasse auf den Markt, oft auch nur, um sich am bunten Treiben und an den Farben der auf den Ständen feilgebotenen Früchte, Gemüse und Blumen zu erfreuen, dann trug ihr der Junge willig den Korb. Aber mit besonderem Stolz erfüllte es ihn, wenn er die beiden Franzosen in der Stadt herumführen durfte.

Er begleitete Blanche Gamond zu Jeanne Terrasson, die bei ihrer Schwägerin und deren Kindern ein schönes Heim gefunden hatte und über die Besuche ihrer treuen Gefährtin aus gemeinsam verlebter Notzeit glücklich war. Es ging Jeanne Terrasson gesundheitlich nicht sehr gut, trotz der liebevollen Betreuung durch die Schwägerin nahmen ihre Kräfte ständig ab, und stundenlang konnte sie im Lehnstuhl unter dem Fenster sitzen und, die Hände untätig im Schoß, versonnen vor sich hinstarren. Da tat es ihr jedesmal gut, wenn Blanche Gamond kam und sie in ein Gespräch verwickelte. Dann erlangte über wachgerufenen Erinnerungen diese treue Bekennerin wieder etwas von ihrer früheren Lebhaftigkeit zurück.

Blanche Gamond besuchte auch andere Flüchtlinge, die sich in Bern niedergelassen hatten, so Anne Dumas aus La Salle, mit der sie am 5. September 1687 den Fluchtversuch aus La Rapines Spital unternommen hatte.

Aber auch Kümmernisse und Enttäuschungen mancher Art blieben Blanche Gamond nicht erspart. Wie sehr hatte sie sich während ihrer Leidenszeit vorab in Grenoble und Valence danach gesehnt, wieder wie einst in Ruhe und ohne verfolgt zu werden ihrem geliebten protestantischen Glauben leben zu dürfen, der ja für diese Menschen der eigentliche Sinn ihres Lebens war, das Zentrum, dem sie alles untergeordnet hatten. Für diesen Glauben hatte Blanche Gamond gelitten, seelisch und körperlich, und sie hatte es trotz aller Schmerzen und Entbehrungen freudig getan in der Zuversicht und Hoffnung auf den endlichen Anbruch besserer Tage. Wie ihre Glaubensgenossen in ähnlicher Lage war sie überzeugt gewesen, mit dem Überschreiten der Grenze des Königreiches alles Schwere für immer hinter sich gebracht zu haben und im fremden Land in einen Zustand von Glückseligkeit versetzt zu werden. Im Streben nach diesem Ziele hin hatte sie die Dinge des Alltags zu gering bewertet und viel zu wenig bedacht, daß das Bild, das sie sich in ihrer Drangsal von der künftigen Wirklichkeit gemacht hatte, zu verklärt gewesen war, so daß ihr, wie allen andern Glaubensgenossinnen und Glaubensgenossen, Enttäuschungen nicht erspart bleiben konnten.

Die Freiheit des Glaubens hatte sie in der Schweiz erlangt. Und ihr standhaftes Ausharren im Glauben, die ihr vorausgeeilte Geschichte ihrer Leiden sicherten ihr die Liebe und die herzliche Verbundenheit vieler. Nun aber sah sie ein, daß es damit nicht getan war. Sie bedurfte auch der Mittel, um leben, um ein bescheidenes Leben fristen zu können. Denn ihr körperlicher Zustand machte es unmöglich, daß sie sich durch Arbeit selber hätte durchbringen können.

In Saint-Paul-Trois-Châteaux waren ihre Eltern wohlhabend gewesen. Vor allem hatte ihrem Vater die Seidenraupenzucht viel eingebracht. Aber was sie besessen hatten, war ihnen durch die einquartierten Dragoner genommen worden, alles hatten sie ihrem Glauben geopfert. Von dem, was sie vor der Abreise aus dem Verkauf des Hauses hatten lösen können, hatten sie fast alles zurücklassen müssen. Nun waren Michel und Blanche Gamond arm und bedürftig und damit im fremden Land auf die Hilfe wohltätiger Menschen angewiesen. Denn auch der Vater konnte nichts mehr arbeiten.

Viele andere befanden sich in ähnlicher Lage. Es dürften sich – die Schätzungen gehen weit auseinander – in den Jahren der großen Flucht nach der Aufhebung des Ediktes von Nantes 60000 französische Protestanten während kürzerer oder längerer Zeit in der französischen Schweiz aufgehalten haben. Von diesen waren 22000 hilfsbedürftig, 27000 verfügten über genügend eigene Mittel und 12000 zogen nach kurzem Aufenthalt nach der deutschsprachigen Schweiz oder nach Deutschland und Holland weiter. Aus der Betreuung der aus Frankreich über die Grenze strömenden und wenigstens vorübergehend aufgenommenen Flüchtlinge erwuchsen der Stadt Genf allein im Jahre 1685 Kosten im Betrage von 88000 Gulden, während die Totalauslagen Genfs für die französischen Flüchtlinge auf über fünf Millionen Gulden errechnet worden sind.

Am stärksten war der Flüchtlingsstrom nach der Schweiz in den Jahren 1686 bis 1688. Im Jahr 1687 beherbergte Bern etwa 2000 niedergelassene Franzosen, dazu kamen die vielen Flüchtlinge, die sich nur auf ihrer Durchreise in Bern aufhielten und deren Beherbergung eine schwierig zu lösende Aufgabe war. Für die gleiche Zeit meldete Zürich 1073 Niedergelassene. Die Regierung von Bern sah sich genötigt, an ihren Bemühungen um die Flüchtlinge die ganze Bürgerschaft zu beteiligen und die Durchreisenden der Reihe nach bei den Bürgern einzuquartieren. Altvogt Weiß, Altschultheiß von Bonstetten, Altlandvogt Ferdinand von Wattenwyl und Altvogt Hackbrett wurden beauftragt, in den vier Vierteln der Stadt bei den Bürgern persönlich vorzusprechen, um festzustellen, wer lieber Flüchtlinge aufnahm, und wer es vorzog, statt dessen eine jährliche oder monatliche Abgabe zu entrichten. So wurde zum Beispiel entschieden, der Weinrufer Meister Hegg habe in seinen Häusern Raum genug, um Flüchtlinge beherbergen zu können, und bei Stephani sowie Spitalmeister Herport könnten Kranke untergebracht werden, für die im Inselspital und in der Holiebe kein Platz mehr war. Ende 1687 waren dann sowohl die Spitäler als auch die andern für die Kranken bestimmten Häuser dermaßen überfüllt, daß mehrere Gebäude erstellt werden mußten, damit die kranken Exulanten einquartiert werden konnten.

Trotz aller Sorgfalt in der Betreuung der Flüchtlinge ereignete sich am 8. September 1687 ein Unglück, bei dem eine Barke mit 130 Franzosen zwischen Bern und Aarberg unterging, wobei über hundert Personen in der Aare ums Leben kamen.

Wie die Betreuung der Refugianten den Stand Bern in finanzieller Hinsicht belastete, geht aus einem Bericht hervor, den die Vennerkammer unterm 26. November 1691 dem Rat von Bern erstattete. Danach hatten die Auslagen für die Flüchtlinge von 1685 bis 1691 100000 Reichstaler betragen. Das waren bedeutende Opfer, wenn man erfährt, daß im gleichen Zeitraum die gesamten Einkünfte des Standes Bern lediglich 1689746 Pfund ausmachten. Die den Flüchtlingen gegenüber bewiesene Großmut war also für die betreffenden Städte mit großen Opfern verbunden, und nicht unbegründet mußten verschiedene Städte erklären, daß sie außerstande seien, in ihren Mauern noch weitere Refugianten aufzunehmen.

Blanche Gamond hatte schon während ihres Aufenthaltes in Genf von der «Französischen Direktion» in Lausanne eine Unterstützung erhalten. Es findet sich in den Registern dieser Direktion unter dem 13. Juli 1688 eine Eintragung: «Es wurde eine Anweisung von zehn Sols (nach heutigem Geldwert etwa zehn Franken) ausgestellt für Fräulein Gamond, Flüchtling aus Saint-Paul-Trois-Châteaux.» Sie muß also vornehmlich aus Mitteln gelebt haben, die ihr von privater Seite – von ihren Gönnern und Wohltätern – ausgerichtet worden sind. Auch als sie sich in Bern niedergelassen hatte, flossen ihr derartige Gaben zu, so daß sie und ihr kränkelnder Vater wenigstens während der ersten Zeit ihr bescheidenes Auskommen hatten. Aber nach und nach, als sich die erste Begeisterung den französischen Glaubensflüchtlingen gegenüber gelegt hatte, erlahmte die Gebefreudigkeit auch der Wohlgesinnten mehr und mehr, so daß die Lage für die Refugianten ernster wurde. – Diese Tatsache veranlaßte die Berner Regierung im Jahre 1689, der französischen Gemeinde in Bern – die französischen Flüchtlinge blieben Franzosen – die selbständige Konstituierung der «Französischen Kolonie» zu gestatten und für sie eine französische Kirchgemeinde zu errichten und dieser die freie Wahl ihrer Kirchenvorsteher zu überlassen. Dieses Vertrauen erwies sich als berechtigt, rechneten es sich doch die Ausgezeichnetsten unter den eingewanderten Franzosen zur Ehre an, als Kirchenälteste wirken zu dürfen. Außer den Sonntags- und Wochenpredigten wurde in der Woche viermal Religionsunterricht erteilt, und die Geistlichen waren gehalten, die Familien jeden Monat zu besuchen. Von 1694 an verwaltete die Direktion der französischen Kirche in Bern dann auch den Zentralfonds für Flüchtlinge, in den nicht nur die freiwilligen Beiträge und Vermächtnisse, sondern auch die amtlich erhobenen Kollekten im Bernbiet sowie die obrigkeitlichen

Zuwendungen Berns und der andern evangelischen Orte flossen. Um sich einigermaßen ein Bild machen zu können von der Aufgabe, die von der Berner Direktion zu bewältigen war, diene der Hinweis, daß vom November 1694 bis zum Juli 1695 die Direktion 32013 Pfund einnahm, denen in den gleichen sieben Monaten 24152 Pfund Ausgaben gegenüberstanden.

Blanche und Michel Gamond zählten von Anfang an zu den regelmäßig Unterstützten. Und der bedenkliche Gesundheitszustand der beiden machte bald noch zusätzliche Hilfeleistungen notwendig.

Längst hatten auf der Plattform die Novemberstürme die Kronen der Lindenbäume ihrer letzten fahlgelben Blätter beraubt, dann hatte es zu schneien angefangen aus einem bleigrauen, tiefverhängten Himmel, und nun war seit Wochen alles in Schnee gehüllt. Michel Gamond litt unter der Kälte und ging kaum mehr aus. Höchstens noch zu einem Predigtbesuch ins nahe Münster. Menk Barben sorgte dafür, daß wenigstens eine der Kammern immer geheizt war. Auch Blanche Gamond hatte vermehrte Schmerzen, und mit ihrem steif gewordenen Bein war auch für sie das Gehen auf den vereisten Straßen sehr mühsam. Dennoch hielt sie es nicht den ganzen Tag in den engen Kammern aus. Es zog sie immer wieder hinaus, und wenn es auch nur zu einem kurzen Gang über die Plattform war. Manchmal aber bettelte Menk so lange, bis sie nachgab und mit ihm an den Aargauerstalden ging, wo ein fröhliches Treiben herrschte, vergnügten sich hier doch nicht nur die Kinder damit, auf der glatten Straße hinunterzuschlitteln, wobei die Geschickten und Wagemutigen in sausender Fahrt bis zur Untertorbrücke gelangten. Hier traf Blanche Gamond immer Bekannte, und dann liebte sie den freundlichen Blick vom Stalden oben auf die verschneiten Türme und Dächer der Stadt.

Aber sowohl Blanche Gamond als auch ihr Vater waren von Herzen froh, als die Kälte endlich brach und das Schmelzwasser von den Dächern zu rinnen begann. Und eines Tages brachte Menk ein Büschelchen Schneeglöckchen, die er unterhalb der Rebgärten an den Halden im Marzili gefunden hatte. Und als an den wärmer gewordenen Abenden wiederum das Lied der Amseln von den Dächern erklang, da ließ sich auch Michel Gamond nicht mehr davon abhalten, den sonntäglichen Gottesdiensten im Münster wieder regelmäßig beizuwohnen. Er ging mit Blanche sowohl am Morgen als auch am Abend hin, wann immer der dumpf dröhnende und feierliche Klang der Glokken zum Kirchgang rief. Und ehe sie nach der Predigt durch die Kreuzgasse in die Brunngasse zurückkehrten, gingen sie immer noch ein wenig unter den Linden auf der Plattform auf und ab und blieben wohl auch an der Mauer stehen, um auf den rauschenden Fluß und in die Gärten hinunterzuschauen, die hinter den Häusern der Herrengasse und der Junkerngasse terrassenförmig, gleich den hängenden Gärten der Semiramis, angelegt waren, und in denen es nun fast über Nacht in allen Farben zu blühen begonnen hatte. An diesem Blühen, das sie so sehr entzückte, ließ der aufmerksame Menk Barben Blanche Gamond immer wieder aus nächster Nähe teilhaben, denn alle paar Tage brachte er glückstrahlend einen kleineren oder größeren Strauß in die Dachwohnung hinauf.

«Ach diese schönen Himmelsschlüsselchen, wo hast du sie nur gefunden?» freute sich Blanche Gamond über die blaßgelben Blüten, denen ein feiner Duft entströmte.

«Die habe ich auf der Wiese gepflückt, die zwischen den Sommerlauben[1] von Schultheiß von Erlach und Junker von Bonstetten gelegen ist», antwortete der Junge stolz.

[1] Sommerwohnsitze der Patrizier außerhalb der Stadt.

«Nicht mehr lange, und es werden daneben in Junker Mays Baumgarten die Kirschbäume blühen.»

«Die Kirschbäume», zuckte sie leicht zusammen, und sie mußte an ihre südliche Heimat denken, an die blühenden Mandelsträucher und an den niederrieselnden Schnee der Kirschblust, an die felsigen Hügel, die trotzigen Schlösser und die einsamen Weiden mit den Schafherden im Tricastin, und ein Würgen stieg ihr in die Kehle. «Wenn es soweit ist, mußt du mich hinführen, Menk, willst du das, mich zu den Kirschbäumen führen?»

«Freilich werde ich Euch begleiten. In wenigen Tagen schon.»

«Aber werden wir es auch schaffen können?»

«Bestimmt!» erklärte das Bürschchen eifrig. «Vom Weiher gehen wir dem Mühlebach entlang, das ist ganz nah. Oder wenn es Euch zu beschwerlich ist, über die Treppen zum Fluß abzusteigen, dann gehen wir vom Christoffelturm über den Hirschengraben und gelangen so zum Gäßchen, das zur Färberei führt. Und unmittelbar neben der Färbi liegt der Baumgarten. Das ist zwar etwas weiter, aber dafür ist es weniger beschwerlich.»

«Ich nehme dich beim Wort, Menk, zu den blühenden Kirschbäumen mußt du mich führen.»

Lange lag Blanche Gamond an diesem Abend schlaflos im Bett. Ihre Gedanken weilten daheim im Tricastin, und mit einemmal war es ihr, als atme sie Lavendelduft und als streiche die Sonnenwärme längst versunkener Sommertage wie eine Liebkosung über sie hin. Sie wagte kaum mehr zu atmen, um das Wunder nicht zu verscheuchen.

Die Schmerzen in ihren Gliedern waren schier unerträglich geworden, als ihr und ihrem halbsteifen Vater vom Arzt eine Badekur in Baden verordnet wurde. Die Verwalter der französischen Kolonie setzten sich dafür ein, daß die beiden die erforderlichen Mittel für ihre Badereise erhielten, und so traten sie denn die Fahrt mit all ihren Aufregungen und Unannehmlichkeiten an. Die Kur brachte ihnen, wie aus einem Brief hervorgeht, den Blanche Gamond nach ihrer Rückkehr an einen ihrer Wohltäter in Zürich schrieb, einige Erleichterung, so daß schon damals eine Wiederholung in Aussicht genommen wurde.

Als Blanche Gamond mit ihrem Vater wieder in Bern war, erfuhr sie, daß während ihrer Abwesenheit Anne Dumas von ihren Leiden erlöst worden war, die sie sich durch La Rapines Mißhandlungen zugezogen hatte. Friedlich und bis zuletzt klar im Geiste, war sie an einem Sonntagmorgen, als eben die Glocken des Münsters über die Stadt dröhnten, hinübergeschlummert. Die Nachricht vom Tode ihrer einstigen Schicksalsgefährtin beeindruckte Blanche Gamond tief. Sie war voller Unruhe, in der es sie trieb, sich mit Jeanne Terrasson über die ihnen nun vorangegangene Schwester zu unterhalten und sich mit ihr der gemeinsamen Leidenszeit in Valence zu erinnern.

Im Verlaufe ihres Beieinanderseins forderte Blanche Gamond Jeanne Terrasson auf, im Hinblick darauf, daß ja niemand die Stunde wisse, in der er abberufen werde, alles, was sie auf ihrer irdischen Pilgerfahrt um ihres Glaubens willen erlebt und erlitten habe, niederzuschreiben, damit es nicht vergessen werde. Blanche Gamond war zu jener Zeit auf Anregung ihrer Wohltäterin, Frau Sara Scherer in St. Gallen, bereits daran, einen solchen Bericht zu verfassen. Die Handschrift ihrer Memoiren, die Blanche Gamond Frau Scherer gewidmet hat, wird in Genf aufbewahrt. Auch Jeanne Terrasson hat sich dann der ihr gestellten Aufgabe unterzogen; sie hätte aber ihre Aufzeichnungen kaum zu Ende geführt, wenn sie nicht immer wieder durch ihre Freundin dazu ermuntert worden wäre. 1693 wurde sie mit ihrem Bericht fertig, und am 18. März 1696 hat Blanche Gamond die Richtigkeit ihrer darin gemachten

Angaben ausdrücklich bestätigt. Das Original von Jeanne Terrassons Aufzeichnungen befindet sich auch heute noch in privatem Besitz.

Aber da war etwas, was Blanche Gamond noch weit mehr beschäftigte und beunruhigte als ihr eigenes Schicksal mit all seinen Nöten und Kümmernissen. Und das war das Los der Galeerensträflinge. Sie hatte ja schon in Frankreich darüber gehört, aber erst während ihres Aufenthaltes in Bern, da sie nicht mehr selber auf der Flucht vor ihren Verfolgern war, hatte sie nähere Einzelheiten über das Los dieser Unglücklichen vernommen, und immer brennender wurde in ihr das Verlangen, ihnen zu helfen, damit auch sie von ihren Peinigern befreit würden, wie sie selber erlöst worden war. Gewiß waren schon früher, seit 1659, in Einzelfällen Hugenotten zum Galeerendienst für den König verurteilt worden; aber eine eigentliche Galeerenpraxis hatte sich erst seit der Aufhebung des Ediktes von Nantes gebildet, erst seit 1685 gelangte diese Strafe in größerem Umfange zur Anwendung. Verschiedene Gründe führten zur Verurteilung zum Galeerendienst. Es wurde hauptsächlich zu Rudersklaven gemacht, wer religiösen Versammlungen beigewohnt hatte, wer aus Religionsgründen versucht hatte, das Königreich zu verlassen, oder wer eine solche Flucht über die Grenze begünstigt hatte. Eine Verurteilung zum Galeerendienst wurde fast immer auf lebenslänglich ausgesprochen. Auf Alter und Herkunft wurde nicht die geringste Rücksicht genommen, so daß auf den Schiffen unter den Ruderknechten neben reifen Männern auch Halbwüchsige und Greise sowohl bürgerlicher als auch adeliger Abstammung angetroffen wurden. Die allgemein geübte Praxis war so, daß die zum Galeerendienst Verurteilten vorerst für ein paar Wochen unter scheußlichen Verhältnissen in einen Kerker gesperrt wurden, wo der Bekehrungspriester ein letztes Mal den Versuch unternahm, sie von ihrem Irrglauben abzubringen und zum allein seligmachenden Glauben zu bekehren. Unermüdlich wies er dabei die Gefangenen auf die Möglichkeit hin, abzuschwören, wozu die drei Wörter «Je me réunis» genügten. Wer sie sprach oder sonstwie seinen protestantischen Glauben abschwörte, wurde aus dem Gefängnis entlassen und durfte nach Hause zu den Seinen zurückkehren. Wer von dieser Gelegenheit keinen Gebrauch machte und in seinem verbotenen Irrglauben verharrte, wurde nach dem nächsten Hafen transportiert, wo dann die Sträflinge in Eisen gelegt und auf den Ruderbänken der Schiffe Mann neben Mann zusammengeschmiedet wurden. Die von ihnen geforderte Arbeit bestand darin, täglich bis zwanzig Stunden lang zu rudern, und zwar nach dem Takt, den der die Peitsche schwingende Rudermeister angab. Die Nahrung der Galériens bestand zur Hauptsache aus Brot und einer Bohnensuppe. Es war ihnen befohlen, während der auf dem Schiff gehaltenen Messe die Mützen von ihren Köpfen zu nehmen. Sie weigerten sich jedoch hartnäckig, diesem Befehl zu gehorchen, obwohl sie immer wieder damit rechnen mußten, für diesen Ungehorsam aus den Ketten gelöst und in den Mittelgang geschleppt zu werden, wo ihnen ein eigens hierfür angestellter Türke von herkulischem Körperbau und mitleidloser Grausamkeit die Kleider herunterriß und sie mit einem nassen oder geteerten Schiffstau durchprügelte. Hundert Schläge waren die Regel, doch war der nackte Rücken des Opfers meist schon nach fünfzig Schlägen dermaßen zerfetzt, daß die Verabfolgung der restlichen Hiebe auf später verschoben werden mußte. Die blutigen Rücken der oft in Ohnmacht Gefallenen wurden mit Salz und Essig eingerieben, weniger, um die Schmerzen zu vermehren, als um das Eitern der Wunden zu verhindern. Wer fühlte sich nicht beschämt durch die Glaubensstärke dieser Männer, die mit drei Wörtern den Qualen hätten ein Ende bereiten können, diese Wörter jedoch nicht aussprachen, um ihren geliebten Glauben nicht zu verraten. Benoist nennt von 373 Galeerensträflingen 85 Namen von solchen, die schwach geworden, das ist unter Berücksichtigung der Umstände eine bescheidene Zahl. Und mancher dieser 85 Sträflinge wechselte ja lediglich in der Absicht, nach erlangter Freiheit Frankreich zu verlassen, um jenseits der Grenze ungestört seinem hugenottischen Glauben dienen zu können.

Diese Standhaftigkeit hat denn auch auf viele tiefen Eindruck gemacht. Der Schiffskaplan Jean Bion wurde von der Glaubenstreue der hugenottischen Ruderskiaven dermaßen ergriffen, daß er selber zum Protestantismus übertrat und dann gemeinsam mit seinen Glaubensbrüdern als Ruderknecht die Sklavenketten trug.

Es ist anzunehmen, daß Blanche Gamond versucht hat, sowohl in der französischen Kolonie als auch bei der Regierung etwas zugunsten der französischen Galeerensträflinge zu unternehmen; ein Beweis hierfür liegt nicht vor. Dagegen ist ein Brief erhalten geblieben, den sie unterm 29. Weinmonat des Jahres 1691 an einen Wohltäter in Zürich geschrieben hat, damit er die Regierung von Zürich dafür interessiere, sich für die Galériens in Marseille zu verwenden: «Diese Leute stammen größtenteils aus gutem Hause, sind vom Heiligen Geist in besonderem Maße erleuchtet und ihrem Gott so völlig ergeben, daß sie unter allen Bekennern der Wahrheit wohl als die treuesten bezeichnet werden dürfen. Sie befinden sich in großer Zahl auf den Galeeren, sind dort zu fünf und fünf verteilt. Sie sind aller Annehmlichkeiten und Freuden dieser Welt beraubt, über irgendwelche Einkünfte verfügen sie nicht. Dafür sind sie wie gemeine Verbrecher gefesselt und angekettet und bar aller Hoffnung auf Erlösung von ihrer Fronarbeit, die sie in Hitze und Kälte, bei Hunger und

Durst und unter ständigen Mißhandlungen, fast zu Tode gequält, verrichten müssen. Es ist sowohl ihren Verwandten als auch ihren Freunden unmöglich, etwas für sie zu tun, jeder Versuch zieht die Bestrafung der Galériens nach sich. Seit zwei Jahren ist ihr Elend in Bern bekannt geworden, und es konnten ihnen mit aller gebotenen Vorsicht durch treue Vermittler schon recht ansehnliche Beträge zur Verfügung gestellt werden, um so ihre Not ein wenig zu lindern. Als ich vor einem Jahr in Baden zur Kur weilte, durfte ich von den dort anwesenden Damen und Herren aus Zürich mancherlei Guttat entgegennehmen.»

Das ist das letzte Dokument, das wir von der Hand Blanche Gamonds besitzen: ein Zeugnis dafür, daß ihr Glaube, dem ihr Leben gewidmet war, sie immer wieder veranlaßt hat, nicht nur Hörerin, sondern auch Täterin des Wortes zu sein und in christlicher Liebe andern zu dienen.

Ob sie mit ihrem Schreiben etwas erreicht hat, ist nicht bekannt, dagegen ist aktenkundig, daß sich sowohl die Regierungen verschiedener Stände als auch die evangelische Konferenz mehrmals und eingehend mit dem Schicksal der Galériens befaßt haben. So hat beispielsweise die Direktion der Flüchtlinge in Bern am 7. März 1695 den Unglücklichen in Marseille 1000 Pfund und weitere 1200 Pfund als Erträgnis einer in waadtländischen Städten durchgeführten Kollekte zugestellt.

Immer stiller wurde es um Blanche Gamond. Mehr und mehr richtete sich ihr Erleben nach innen. Ihre körperlichen Beschwerden nahmen zu, und auch dem Vater ging es nicht gut. Er litt nicht nur unter seinen Gebresten, die es ihm wegen des Treppensteigens beinahe verunmöglichten, noch auszugehen, er ertrug es immer schwerer, daß er so ganz von der Wohltätigkeit anderer abhängig sein sollte. In seiner Unzufriedenheit wurde er ungerecht und böse, so daß seine Pflege nicht leicht war. Er schrieb Briefe, in denen er sich darüber beklagte, daß er nur mangelhaft unterstützt werde, und ging dabei so weit mit ungerechtfertigten Vorwürfen, daß er von der Direktion der Flüchtlinge in Bern ernsthaft zurechtgewiesen und daran erinnert werden mußte, was schon alles für ihn und seine Tochter getan worden war. Auch im Haus Schneidermeister Barbens an der Brunngasse war es still geworden. Barben hatte Menk nach auswärts in eine Lehre gegeben, und so war denn auf einmal niemand mehr da, der Blanche Gamond auf ihren Gängen begleitete oder ihr gar Blumen gebracht hätte. Aber mehr noch als das vermißte sie des treuherzigen Burschen unbekümmerte Fröhlichkeit, die für sie wie warmes Sonnenlicht gewesen war.

Wenn das Wetter es erlaubte, ging Blanche Gamond zu ihrer Freundin Jeanne Terrasson, die nun aber seit einiger Zeit völlig ans Bett gefesselt war. Aber es schien, als seien ihre klaren Augen noch heller geworden seither, wie wenn sie bereits die Helle einer andern Welt schauten.

Nach Weihnachten 1696 ließ die Schwägerin Jeanne Terrassons durch eines ihrer Kinder Blanche Gamond holen, da sie befürchtete, die Kranke erlebe den Abend nicht mehr. Lange saß Blanche am Bett der Freundin, die abgezehrte Hand in der ihren haltend. Aber es dauerte dann doch noch einige Zeit, bis der Geist den gebrechlichen Körper verließ. Womit mochten sich ihre letzten Gedanken beschäftigt haben? Vielleicht mit den Worten, die sie, ein paar Jahre zuvor, an den Schluß ihres Lebensberichtes gesetzt hatte: «Meine Seele, wie willst du deinem Herrn alle dir erwiesenen Wohltaten vergelten? Weil du in Christus bist, so liebe deinen Schöpfer. Werde zur neuen Kreatur! So sei es.»

Am 29. Januar 1697 wurde der leicht und müde gewordene Leib der mutigen Bekennerin im kleinen Gottesacker des einstigen Predigerklosters, beim scheppernden Klang des Glöckchens der Französischen Kirche, der Erde zurückgegeben, und wehmütiger Gedanken voll kehrte Blanche Gamond in die nahgelegene Brunngasse zurück. Da der Vater schlief, war sie froh, daß Frau Barben sie hinunterholte und mit ihr plauderte.

Und wie das Wasser des Flusses ohne Unterlaß rauschte, so zogen die Jahre vorüber im Gleichmaß der Zeit. Der Winter wich dem Frühling, es blühten die Schneeglöcklein und die Primeln, und nicht lange dauerte es, bis die blühenden Zweige der Fliedersträucher schwer über die Gartenmauern hingen, vor denen Goldlack und Stiefmütterchen in hellen Farben prangten.

War es einmal soweit, dann stieg das Blühen und Duften über Nacht hinauf in die Linden auf der Plattform, und das Summen der Bienen in den alten Baumkronen war wie ein ferner Orgelton, dem Blanche Gamond, die vor der warmen Kirchenmauer auf einer Bank saß, lächelnd lauschte, während sie dem schwirrenden Flug der Schwalben zusah. Und schon war des Sommers hohe Zeit wieder vorbei, es folgten die stillen Herbsttage, an denen hinter dem Gurten die Schneeberge ihre Schönheit enthüllten und auf ihren Firnfeldern das Licht des Himmels wie eine köstliche Verheißung aufleuchtete. Dann begannen die Blätter der Linden zu vergilben, in den Gärten brachen die letzten Astern auf, ehe wiederum der Schnee seine Decke auf alles niedersinken ließ.

Mit jedem Jahr ward für Blanche Gamond der Kreis des Lebens enger. Zu Beginn des neuen Jahrhunderts starb in St. Gallen ihre Wohltäterin Frau Sara Scherer, und kurze Zeit darauf verlor sie auch Bürgermeister Escher in Zürich, der mit seinem warmen Herzen so viel für sie und ihren Vater und wohl noch für viele andere getan hatte. Und dann, 1709, verließ sie der Vater. Für ihn, der sich immer weniger hatte zurechtfinden können und der viel hatte erdulden und erleiden müssen, war der Tod als Erlöser gekommen. Lange hatte ihn der alte, müde gewordene Mann sehnlich erwartet.

Noch stiller, noch einsamer war es nun um Blanche Gamond geworden. Alle, die ihr in Bern nahegestanden, lebten nicht mehr. Und sie erinnerte sich der letzten Wochen in La Rapines Spital zu Valence, da zuerst Jeanne de Leuze und wenige Tage später Jeanne Terrasson sie verlassen hatten und sie allein zurückgeblieben war in dem von Grauen überschatteten Haus.

Als wenig später eine Gönnerin aus Zürich ihr schrieb, sie hätte vom Tode ihres Vaters gehört und freute sich, wenn sie nun, da nichts mehr in Bern sie zurückhalte, zu ihr käme und die schon lange für sie bereitstehende Kammer bezöge, da war es ihr noch einmal, als streiche die Sonnenwärme vergangener Sommertage über sie hin, und wenn es ihr auch schwerwerden wollte beim Gedanken, noch einmal in neuer Umgebung beginnen zu müssen, so überwand doch ihr Sehnen nach Liebe und nach dem Verstandensein durch gütige Menschen ihre Bedenken und sie sagte zu.

Das neue Heim in Zürich wurde der letzte Halt auf ihrer irdischen Pilgerreise. Sie fand es so, wie man es ihr beschrieben und versprochen hatte. Hier durfte sie sich in Liebe und Fürsorge geborgen fühlen. Die unter dem Dach gelegene Stube war groß und hell, und wenn sie am Fenster stand, sah sie über den Dächern das mächtige Zifferblatt von St. Peter, das so deutlich an die Vergänglichkeit der Zeit und alles Irdischen mahnte.

«Alles Fleisch ist wie Gras und alle Herrlichkeit der Menschen wie des Grases Blume», sprach Blanche Gamond leise vor sich hin beim Anblick des Feldblumensträußchens, das die beiden Kinder ihr in einem Glas auf den Tisch gestellt hatten, und das nun nach ein paar Tagen welk und unansehnlich geworden war. «Das Gras ist verdorrt und die Blume abgefallen, aber des Herrn Wort bleibt in Ewigkeit.» Und dieses Wort ließ sie an das andere denken: «Ein Mensch ist in seinem Leben wie Gras, er blühet wie eine Blume auf dem Felde; wenn der Wind darüber geht, so ist sie nimmer da, und ihre Stätte kennet sie nicht mehr.» Und sie setzte sich in den hohen Lehnstuhl mit den gestickten Kissen, ihr Blick schweifte durchs geöffnete Fenster, und sie sah nichts als die seidige Bläue des Himmels. Auch über sie würde der Wind gehen, denn so war das aller Kreatur bestimmte Los. Doch dieses Vergehen würde nicht Ende, sondern der Anfang sein. Als die Kinder kamen, um sie zum Essen zu holen, da war sie eingeschlafen und ein freundliches Lächeln lag auf ihrem Gesicht.

In der Stille ihrer Tage erlebte sie dann doch noch eine große, sie zu Tränen rührende Freude. Das waren die Feierlichkeiten, die 1713 nicht nur in Bern, sondern auch in Zürich zum Empfang der freigelassenen Galeerensträflinge begangen wurden. Und zwei Jahre später beschäftigte sie die Nachricht vom Ende Ludwigs XIV. Darüber wurde viel geschrieben und gesprochen. Daß aber im selben Jahr 1715 im kleinen Weiler Le Bouchet de Pranles im Vivarais als Kind des Gemeindeschreibers Marie Durand geboren wurde, die dann durch ihr ganzes Leben mit gleicher Standhaftigkeit wie sie, Blanche Gamond, für den hugenottischen Glauben zeugte, diese Botschaft drang nicht mehr in Blanche Gamonds Stille.

Es war ihr nun nur noch eine kurze Zeit zugemessen.

Am 9. Mai des Jahres 1718, an einem Tag, an dem um sie her ein himmlisches Blühen und Duften war, da durfte sie eingehen zu ihres Herrn Freude und die Krone des Lebens empfangen, die jenen verheißen ist, die treu im Glauben stehen bis an den Tod.

Zeittafel

1598 am 13. April, erläßt Heinrich IV. nach seinem Übertritt zum Katholizismus das *Edikt von Nantes* zugunsten seiner früheren Glaubensgenossen. Durch dieses Edikt wird den 2 Millionen Protestanten in Frankreich Freiheit in der Ausübung ihres Glaubens für alle Zeiten zugesichert. Als Unterpfand ihrer Sicherheit werden ihnen eine Anzahl befestigter Städte übergeben.

1661 Regierungsantritt Ludwigs XIV. Auf Betreiben und unter dem Einfluß seiner Ratgeber und Ratgeberinnen beginnt sofort die Unterdrückung der Protestanten.

1664 wird in der Nähe von Orange, in der Bischofsstadt Saint-Paul-Trois-Châteaux, als einzige Tochter wohlhabender hugenottischer Eltern, Blanche Gamond geboren. Der Vater heißt Michel Gamond, die Mutter Benoîte Malarte. Der Sohn Claude, der ein paar Jahre älter ist als Blanche, begibt sich schon in jungen Jahren nach Paris.

1681 Beginn der Dragonaden. Protestanten, die sich weigern, ihren Glauben aufzugeben, haben die zwangsweise Einquartierung von Dragonern zu gewärtigen, die «gestiefelte Missionare» genannt werden.

1682 Dadurch, daß sich die Protestanten von Saint-Paul-Trois-Châteaux weigern, die Glocke ihrer Kirche für die Kathedrale auszuliefern, und sie heimlich vergraben, erregen sie in besonderem Maße den Unwillen des Bischofs, der zur Bestrafung der Aufrührerischen für sein Gebiet Dragonaden anordnet.

1683 Im Februar rücken die gefürchteten Dragoner in Saint-Paul ein, wo sie sich auch im Hause Michel Gamonds einquartieren.

1685 am 22. Oktober *Widerruf* des Ediktes von Nantes. Dadurch wird der protestantische Gottesdienst in Frankreich untersagt, die protestantischen Geistlichen werden aufgefordert, das Königreich innert 14 Tagen zu verlassen. In der Folge verlassen 600000 Flüchtlinge unter Zurücklassung von Hab und Gut das Land, um im Ausland ihren protestantischen Glauben ausüben zu können. Für die in Frankreich zurückbleibenden Protestanten beginnt eine

Zeit grausamer Verfolgung und bitterster Leiden. Wie an andern Orten, so wird auch in Saint-Paul die protestantische Kirche, der «Temple», niedergerissen.

Michel Gamond beschließt, mit seiner Frau und seiner Tochter Saint-Paul zu verlassen und sich nach dem etwa 30 Meilen entfernten Orange in Sicherheit zu begeben, denn Orange gehört nicht zu Frankreich, sondern ist seit 1544 im Besitz des Hauses Nassau-Oranien. So wird Orange immer mehr zum Zufluchtsort für die Protestanten. Widerrechtlich wird Orange durch französische Truppen besetzt. Die Hugenotten müssen fliehen, wenn sie nicht in Gefangenschaft geraten wollen. Die Gamonds halten sich wochenlang in der Wildnis verborgen. Dann kehren, erschöpft und gebrochen, Michel Gamond und Benoîte Malarte nach Hause zurück. Um weiteren Verfolgungen zu entgehen, geben sie nach und wechseln den Glauben. Blanche aber bleibt standhaft. Sie gewinnt die Mutter und den Bruder für ihren Plan, nach der Schweiz zu entfliehen.

1686 am 1. Juni, werden die Flüchtlinge, schon nahe der Grenze, bei der Brücke von Goncelin, verhaftet. Claude Gamond entkommt, aber Blanche Gamond und deren Mutter werden mit andern Gefangenen nach Grenoble ins Gefängnis gebracht. Sobald sich herausstellt, daß Benoîte Malarte schon früher gewechselt hat, wird sie aus der Haft entlassen. Blanche Gamond wird mit andern Standhaften in ein unterirdisches Verlies geworfen.

1687 am 23. Mai, wird Blanche Gamond mit andern «Unverbesserlichen» auf der Isère nach Valence verbracht, um dort im Spital von dem durch seine Grausamkeit berüchtigten Vorsteher La Rapine «die letzte Ölung» zu erhalten. Blanche Gamond wird in unvorstellbarer Weise gemartert und gequält, doch hält sie ihrem Glauben unentwegt die Treue.

Am 5. September unternimmt sie mit andern kranken Mitgefangenen einen Fluchtversuch. Sie stürzt dabei vom obersten Stockwerk auf die Straße und bleibt mit gebrochenem Bein und zerschunden liegen. Auch ihre Gefährtin Jeanne Terrasson wird wieder eingebracht, während zwei andern Gefangenen die Flucht gelingt. Für Blanche Gamond und Jeanne Terrasson beginnt eine Zeit neuer Plagen.

Während kurzer Zeit ändert die Regierung ihre Praxis den Hugenotten gegenüber. Um sie endlich loszuwerden, wird ihr Abzug ins Ausland begünstigt. Das verschafft auch Blanche Gamond und Jeanne Terrasson die ersehnte Freiheit. Jeanne Terrasson verläßt am 12. November, Blanche Gamond am 26. November das Spital La Rapines in Valence.

1688 im Frühling, trifft Blanche Gamond mit ihren Eltern in Genf ein. Nach einigen Wochen ziehen die Eltern weiter nach Bern, Blanche bleibt vorerst noch in Genf.

Im September stirbt Benoîte Malarte in Bern. Daraufhin zieht Blanche Gamond zu ihrem vereinsamten Vater. Am 25. Oktober kommt sie in Bern an.

1697 im Januar, stirbt Jeanne Terrasson in Bern.

1709 Tod Michel Gamonds in Bern.

1718 am 9. Mai, stirbt Blanche Gamond in Zürich.

...alle, die gottselig leben wollen in Christo Jesu, müssen Verfolgung leiden. 2. Tim. 3, 12

Liste der im Spital von Valence gefangengehaltenen Hugenotten

Nach den Aufzeichnungen Jeanne Terrassons waren zu ihrer Zeit im Spital von Valence 50 bis 52 Hugenotten als Gefangene untergebracht. Die hier folgende Liste, die nach den Angaben von Elie Benoist, Blanche Gamond und Jeanne Terrasson erstellt wurde, ist also sehr unvollständig. Die einigen Namen beigefügten Daten beziehen sich auf die Zeit, in welcher der Aufenthalt der Betreffenden in La Rapines Spital durch Dokumente belegt ist.

Männer:

Daniel Avond

Clair, von Beaumont bei Valence, November 1687

Louis Galland, von Beaufort, Oktober oder November 1687

Joachim, von Annonay

Jean Menuret, von Montélimar. Eingetreten im Juni 1686, gestorben im April 1687

Royer (oder Rozier), Juni 1687, ausgetreten im Juli oder August 1687

N..., 21jährig, gestorben 1687

N..., ebenfalls gestorben 1687

Frauen:

Marie Audemar, von Nîmes, eingetreten im Februar 1687

Marguerite Audemar, 23 Jahre alt, eingetreten im Februar 1687

Anne Audemar, 21 Jahre alt, eingetreten im Februar 1687

Madeleine Audemar, 19 Jahre alt, eingetreten im Februar 1687

(Diese vier Mädchen waren die Töchter von Jean Audemar und Marie Maystre. Eine fünfte Tochter, Françoise, zur Zeit des Widerrufs des Ediktes von Nantes erst zehn Jahre alt, scheint nicht in das Spital von Valence eingeliefert worden zu sein.)

Antoinette Besson, von Saint-Auban (Dauphiné), November 1687. Eingetreten im April oder Mai 1687

Charlotte de Castelfranc, von Montredon bei Castrais, 16 Jahre alt, eingetreten im Juli oder August 1687

Jeanne de Castelfranc, 14 Jahre alt, eingetreten im Juli oder August 1687

Isabeau de Castelfranc, 12 Jahre alt, eingetreten im Juli oder August 1687

Marie Clot, von Annonay, September 1687, ausgetreten im November 1687

Jeanne de Leuze (auch Deleuze geschrieben), von Montpellier, eingetreten am 23. Mai 1687, ausgetreten im November gleichen Jahres

Zwei oder drei Demoisellen *Ducros*, aus Nîmes, eingetreten im Februar 1687. Die jüngste von ihnen starb im März oder April im Spital

Anne Ducros, Witwe des Isaac de Chabrières, Herr von Baix, Dauphiné, 1686

Anne Dumas, von La Salle (Languedoc), eingetreten am 23. Mai 1687, entflohen am 5. September desselben Jahres

Blanche Gamond, von Saint-Paul-Trois-Châteaux, 23jährig. Eingetreten am 23. Mai 1687, ausgetreten am 26. November desselben Jahres

Claudine Graverol, Witwe des Claude de la Farelle, von Nîmes, 42 Jahre alt, April oder Mai 1687

Witwe Jaquin, von Nonnières (Dauphiné), April 1687

Drei Demoisellen *Lambert*, Töchter des Pierre Lambert, genannt Beauregard, von Saint-Antoine (Dauphiné)

Mademoiselle *de Mostardié*, aus Aiguemargues (Languedoc), Juni 1687

Susanne Peloux, von Montélimar, August 1687. Entflohen am 5. September desselben Jahres

Mademoiselle *Rançont*, von Annonay, eingetreten am 23. Mai 1687

Judith Riory (oder Roiry), von Montmeyran, 24jährig, April oder Mai und Juni 1687

Jeanne Terrasson, Frau des André Reymond, von Die. Eingetreten im April 1687, entlassen am 12. November desselben Jahres

Anne Voisin, von Livron, September 1687, kurze Zeit darauf entflohen

N..., von Mens, eine halbblinde, 60jährige Frau, April oder Mai 1687

Benützte Literatur

Sämtliche zitierten Aussprüche, Aufzeichnungen, Briefe usw. wurden nicht aus bereits vorhandenen Übertragungen übernommen, sondern sind in jedem Falle aus dem französischen Originaltext neu übersetzt worden. Übrigens erscheinen viele dieser Zitate hier zum ersten Male in deutscher Sprache, die Gespräche und Gebete Blanche Gamonds entstammen ihren eigenen Aufzeichnungen, die in Genf aufbewahrt werden. Sie tragen den Titel: «Le récit des persécutions que Blanche Gamond de Saint-Paul-Trois-Châteaux, en Dauphiné, agée d'environ 21 ans a endurées pour la querelle de l'évangile, ayant dans icelles surmonté touttes tentations par la grace et providence de Dieu.» Ihre Erinnerungen hat Blanche Gamond für Frau Sara Scherer-Locher in St. Gallen aufgeschrieben.

Die Orte und Landschaften, in denen sich die geschilderten Ereignisse zugetragen haben, sind dem Verfasser von verschiedenen Studienaufenthalten her aus eigener Anschauung vertraut, für das Studium des geschichtlichen Geschehens standen ihm vorab die nachstehend aufgeführten Bücher zur Verfügung:

TH. CLAPARÈDE et ED. GOTY: Deux héroïnes de la foi: Blanche Gamond – Jeanne Terrasson. Récits du XVIIe siècle. Librairie Sandoz et Fischbacher, Paris 1880.

E. ARNAUD: Histoire des protestants du Dauphiné. Volume deuxième: Troisième période: Le régime de l'édit de Nantes. 1598–1685. Grassart, Paris 1875.

E. ARNAUD: Histoire des protestants du Dauphiné: Volume troisième: Quatrième période: Le désert. 1685–1791. Grassart, Paris 1876.

JOSEPH CHAMBON: Der französische Protestantismus. Sein Weg bis zur Französischen Revolution. Evangelischer Verlag, Zollikon-Zürich 1948.

ROBERT P. GAGG: Kirche im Feuer. Das Leben der südfranzösischen Hugenottenkirche nach dem Todesurteil durch Ludwig XIV. Zwingli-Verlag, Zürich 1961.

HEDWIG ANNELER: Blanche Gamond. Ein Hugenottenbuch. Verlag Oprecht, Zürich 1940.

Saint-Simon: Der Hof Ludwigs XIV. Herausgegeben und eingeleitet von Wilhelm Weigand. Insel-Verlag, Leipzig 1925.

Heinrich Fliedner: Die Kirche in der Wüste. Leiden, Kämpfe und Siege der Hugenotten. St.-Johannis-Druckerei, Lahr-Dinglingen.

Florian Imer: La colonie française, ancienne commune huguenote de Berne. Avec préface de H. Rennefahrt. Thèse, Berne et Neuchâtel 1933.

Hans Wildbolz: Die französische Kolonie von Bern. 1689–1850. Geschichte einer Hugenottengemeinde. Als Dissertation gedruckt in Bern, 1925.

J. C. Mörikofer: Geschichte der evangelischen Flüchtlinge in der Schweiz. S. Hirzel, Leipzig 1876.

E. Bähler: Kulturbilder aus der Refugiantenzeit in Bern. 1685–1699. Neujahrsblatt des Historischen Vereins des Kantons Bern, 1908.

hänssler

Emil-Ernst Ronner

Der Turm der Constance
Marie Durand – Der Engel der Vergessenen

Tb., 424 S.,
Nr. 74.102, ISBN 3-7751-0892-0

Da im Haus der Familie Durand hugenottische Zusammenkünfte stattfinden, werden die Eltern eingekerkert, die erst fünfzehnjährige Marie für achtunddreißig Jahre gefangengehalten. Aber Marie Durand nutzt ihre Gefangenschaft, um sich der etwa dreißig Mitgefangenen in Liebe anzunehmen, sie zu pflegen, zu trösten, mit ihnen Andachten zu halten und sie mit ihrer Liebe und ihrer starken Glaubenstreue immer wieder aufzurichten. Das von ihr im Gefängnis eingekratzte Wort »RECISTER« (»widerstehet, haltet Stand«) wird zum Glaubensbekenntnis der Gefangenen.

Bitte fragen Sie in Ihrer Buchhandlung nach diesem Buch! Oder schreiben Sie an den Hänssler-Verlag, Postfach 1220, D-73762 Neuhausen-Stuttgart.

hänssler

Emil-Ernst Ronner

Die Lerchen Gottes
Die drei Hirten von Bordeaux
Aufstand der Kamisarden

Tb., 320 S.,
Nr. 74.103, ISBN 3-7751-1994-9

Nach Aufhebung des Ediktes von Nantes erläßt Louis XIV. ein neues Dekret, in welchem u. a. den etwa sechshundert protestantischen Pfarrern befohlen wird, Frankreich innerhalb von fünfzehn Tagen zu verlassen oder zum katholischen Glauben überzutreten. Mit dem Fehlen der Pfarrer bricht für die Hugenotten eine Zeit bitterer Leiden an, in der für sie nur noch unter Todesgefahr heimliche Zusammenkünfte möglich sind. Die sich daraufhin ausbreitende Inspirationsbewegung erfaßt in großer Zahl auch Kinder und Jugendliche, von denen manche auch zu predigen beginnen, um die Hugenotten zum weiteren Ausharren zu ermutigen. Amos du Ferre, ein begüterter Edelmann und eifriger Protestant, bildet Jugendliche heimlich zu Predigern aus, die mit begeistertem Einsatz erfolgreich als Lerchen Gottes zu wirken beginnen – unter ihnen die drei jungen Hirten aus Bordeaux.

Bitte fragen Sie in Ihrer Buchhandlung nach diesem Buch! Oder schreiben Sie an den Hänssler-Verlag, Postfach 1220, D-73762 Neuhausen-Stuttgart.

hänssler

Emil-Ernst Ronner

Der Mann mit der Laterne
Dr. Barnado – Der Vater der Niemandskinder

Tb., 512 S.,
Nr. 74.104, ISBN 3-7751-0642-1

Der einundzwanzigjährige Thomas John Barnado übersiedelt nach London und beginnt dort mit dem Studium der Medizin. An einigen Abenden in der Woche stellt er sich der Armenschule als Lehrer zur Verfügung. Dabei stellt er fest, daß es in London ganze Rudel von Burschen gibt, die sich verwildert in den Slums herumtreiben. Barnado nimmt sich ihrer an und wird so zum Entdecker und Vater der Niemandskinder, für deren Rettung er seine ganze Kraft einsetzt. In den vierzig Jahren seiner Wirksamkeit gründet er über hundert Barnado-Homes, in denen auch heute noch, unter dem Patronat der englischen Königin, gefährdete Jugendliche betreut werden.

Bitte fragen Sie in Ihrer Buchhandlung nach diesem Buch! Oder schreiben Sie an den Hänssler-Verlag, Postfach 1220, D-73762 Neuhausen-Stuttgart.

hänssler

Johanna Dobschiner

Zum Leben erwählt
Ein jüdisches Schicksal

Tb., 296 S.,
Nr. 391.684, ISBN 3-7751-1684-2

Eine atemberaubende Geschichte, wie die Autorin die schreckliche Zeit der Judenverfolgung im Dritten Reich durchlebt. Sie verliert darin fast ihre ganze Familie. Im Untergrund fällt ihr eine Bibel in die Hand, und sie findet dadurch zum Glauben an Jesus Christus als ihren Messias. Sie überlebt den Holocaust. Lesen Sie hier die bewegende Lebensgeschichte einer Frau, die trotz Verfolgung »zum Leben erwählt« war.

Bitte fragen Sie in Ihrer Buchhandlung nach diesem Buch! Oder schreiben Sie an den Hänssler-Verlag, Postfach 1220, D-73762 Neuhausen-Stuttgart.